KB232395

예배와 삶의 일치
복음에는 하나님의 의가 나타나서 믿음으로 믿음에
이르게 하나니 기록된 바 오직 의인은 믿음으로
말미암아 살리라 함과 같으니라
로마서 1 : 17

걷지 못하면 춤을 추어라

걷지 못하면 춤을 추어라

캐롤린 마틴

그레그 루이스 엮음 / 박 진 호 옮김

서문 필립 얀시

비젼북출판사

예배와 삶의 일치

복음에는 하나님의 의가 나타나서

믿음으로 믿음에 이르게 하나니; 기록된바,

"오직 의인은 믿음으로 말미암아 살리라" 함과 같으니라.

로마서 1 : 17

비전북은 **줄과추** 와 **하늘사다리** 가 연합한 출판사로서

주님이 다시 오실 그날까지 오직 믿음으로 주님을 섬기려고 존재하며,

이 땅에 하나님 나라의 확장을 위하여 꿈과 비전을 가지고,

삶의 모든 영역 속에서 예배와 삶의 일치를 이루는 출판 공동체입니다.

걷지 못하면 춤을 추어라

1판 1쇄 인쇄 : 2001년 9월 10일
1판 1쇄 발행 : 2001년 9월 20일

저 자 : 캐롤린 마틴
역 자 : 박 진 호
발행인 : 이 원 우 / 발행처 : **비전북출판사**
주 소 : (121-839)서울시 마포구 서교동 388-1 대강 B/D 201호
전 화 : (02)3141-9090(대) / 팩 스 : (02)3144-6620
E-mail : Vsbook@hanmail.net
등록번호 : 제10-1452호

공급인 : 박 종 태 / 공급처 : **비전북**
전 화 : (031)907-3927 / 팩 스 : (080)403-1004

Copyright ⓒ 2001 비전북출판사
값 9,000원
ISBN 89-87613-71-2   03230   Printed in Korea

I Can't Walk So I'll Learn to Dance

By Carolyn Martin
With Gregg Lewis
Foreword by Philip Yancey

C·O·N·T·E·N·T·S

차례

아버지를 기억하며,

나를 도울 수 있는 일이라면 무엇이든 도와주었고
또 지금도 도움을 주고 있는 엄마와 나의 언니와 오빠들.
그 일이 쉽지 않지만 언제나 나의 편에 서 주신 그들에게,

그리고

노스다코타 제임스타운에 있는 앤칼슨학교의 앤 칼슨 박사에게,
다른 사람들은 한치 앞도 못 보고 있을 때,
나로 하여금 계단을 올라갈 수 있도록 고무하셨고
내게 첫 번째 계단을 보여 주셨을 뿐만아니라,
그 계단을 끝까지 올라갈 수 있다는
신념을 내게 심어 주셨음을 감사드리며

이 책을 바칩니다.

서문 – 필립 얀시(Philip Yancey)

겉으로 보여지는 뇌성마비의 특징 –어색한 팔 움직임, 침 흘리기, 알아들을 수 없는 발음, 까딱까딱 흔들리는 머리– 들은 뇌성마비 환자들을 모자라는 사람으로 보이게 한다. 그래서 그들은 사람들이 자기들을 지진아(학습이나 지능 발달이 늦은 아동)라고 부르는 것에 익숙해져 있다. 그러나 사실과 다르게 그들 중에는 사고 능력이 정상인과 같은 사람들도 많이 있다; 단지 근육을 마음대로 통제하지 못할 뿐이다.

이 책의 저자인 캐롤린 마틴도 예외는 아니다. 그녀 역시 다른 뇌성마비 환자들과 마찬가지로 손을 잘 움직이지 못하며 소리내는 것조차 마음대로 할 수 없다. 그녀가 다른 사람과 의사 소통을 하는 것은 거의 불가능하다 해도 과언이 아니다. 왜냐하면 그녀가 어떤 말을 하려고 해도 자신의 의도대로 나오는 것이 아니라 뒤죽박죽이 되어 무슨 말인지 알아들을 수 없기 때문이다. 그녀는 또한 어떤 인위적인 도움 없이는 걸을 수가 없다. 그래서 대부분의 시간을 휠체어에서 보낸다.

캐롤린 마틴이 뇌성마비 환자가 된 연유를 말하자면, 그녀는 태어날 때 의사가 집게로 머리를 당겨낼 정도로 난산이었다. 그때 그 의사의 조치가 그녀의 뇌를 다치게 했던 것으로 알려졌다. 담당 의사는 그녀가 죽은 줄 알고 내버려두었음에도 불구하고 어떤 동정심 많은 간호사가 그녀를 살리자고 고집해 겨우 생명을 건지게 되었다. 불행 중 다행으로 그녀의 사고 기능은 다치지 않고 보전되었다는 것이 뒤늦게 발견되었다.

캐롤린이 교육을 받으면서 글쓰기를 시작했는데, 이것은 참으로 놀랄 만한 일이 아닐 수 없다 - 그녀는 수십 년 동안 그녀의 일상 생활에 일어났던 일들을 몇 상자나 되는 원고에 기록해 왔다. 그녀에게 있어서 글을 쓰는 것은 쉬운 일이 아니다. 흔들리는 손으로 타자기에 종이를 끼우는 일만 해도 그녀에게는 중노동인 셈이다. 타자를 칠 때 그녀의 손가락이 치고자 하는 글자 위에 놓이도록 도와주는 특수한 오타 방지기가 있음에도 불구하고, 그녀의 손가락이 자판기 위에 정확하게 놓여지기 힘든 것은 너무나도 당연한 일이다. 그래서 그녀가 한 페이지를 치는데만 무려 45분이란 시간이 소요된다. 그러나 그녀는 그렇게 힘든 과정을 중복해야 하는 어려움을 거치면서도 수정을 계속했고 하나의 수려한 작품을 만드는 데 성공하였다.

내가 처음으로 캐롤린의 원고를 읽었을 때 -그녀의 원작은 장장 500쪽이나 되었다- 마치 내가 전에 전혀 경험해 보지 못했던 세계를 보고 있다는 느낌이 들었다. 헬렌 켈러의 자서전이나 크리스티 브라운의 「나의 왼발」 또는 존 메릭의 「코끼리 사람」같이 캐롤린의 책 또한 정상인과는 전혀 다른 관점에서 삶의 의미를 조명한 작품이다.

"꿈 속에서 나는 언제나 정상이었다" 라고 캐롤린은 말한다. 하지만 이 책은 그녀의 꿈 이야기가 아닌 현실을 묘사한 책이다.

주로 그녀는 침대에 누워 하루 종일 울기만 했기 때문에 태어나면서부터 정신박약아로 판명이 되었다. 그 때문에 그녀의 성장은 여러 면에서 위축되었다. 지금 그녀는 어렸을 때 있었던 일들을 당시 그 어린아이의 관점으로 돌아가 명백하게 기억할 수가 있다 : 그녀가 갓난아이였을 때 사람들이 그녀에게 했던 무자비한 말들, 그녀에게 퍼부었던 분노, 그녀가 처음으로 소리내어 한 말, 글을 배우면서 겪어야 했던 고충 등 실제 두세 살 아이의 생각 그대로 정확하게 묘사하고 있다.

프랜크이스 트러패츠의 영화에 나오는 "늑대 소년"과 같이 사실상 캐롤린은 정상적인 아이같이 보이지 않았다. 그녀는 마치 뒤집어진 도마뱀 한 마리가 마룻바닥을 허우적거리는 것처럼 그렇게 기어다녔고 공포는 항상 따라다녔다. 낯선 사람이나 새로운 것을 보면 괴성을 질러댔다. 자기의 불구가 그녀의 가족들 사이에 불화의 불씨가 되는 것을 목격하면서 죄책감을 느꼈으며 도저히 어쩔 수 없는 절망감을 느꼈다. 내면적으로는 제맘대로 되지 않는 육체 안에 고립되었고, 외면적으로는 자신의 세계에 대하여 남들과 제대로 의사 소통을 하지 못했기 때문에 그녀는 완전한 외톨이였다.

어느 상담 선생님은 "너를 교육시키는데 쓰여지는 돈이 가치가 있을지 모르겠다" 라고 면박을 주었다. 또한 그녀의 아버지는 "너는 너무 게을러서 탈이야!" 라고 화를 내며 구박했다. 어떤 의사는 그녀의 병을 치료한답시고 전기 충격을 가하기도 했고 어떤 목사는 그녀가 불구가 된 것이 하나님의 뜻이라고 했다. 그리고는 도저히 용납할 수 없는 상황에서 그녀를 성적으로 학대했다.

캐롤린의 삶과 그녀가 겪은 어려움을 읽는 것 자체만 해도 내게는 큰 고통이었다 : 어떻게 그런 고통 속에서 그녀가 살 수 있었는지 나로서는 상상도 할 수 없었다. 그러나 그녀의 글이 아름다운 이유는 거짓이나 꾸밈없이 사실을 사실대로 묘사했다는 데 있다. 그녀는 자신이 바보처럼 보이는 것을 두려워하지 않았다.

이 책은 그것이 그녀가 유일하게 경험했던 자신의 삶 바로 그것이다. 그녀는 그 부서진 삶의 조각들을 다시 한번 끼워 맞추어 보려고 이 책을 썼다고 했다. 그 상처들을 너무나 솔직하게 털어놓아 나로 하여금 그녀에게 연민의 정이 들게 했다. 물론 그녀의 유머, 섬세한 모습, 담백한 용기로 가득 찬 이 이야기에 연민이란 전적으로 정당한 반응은 아니다.

그녀는 12년 동안을 정신 박약자들이 주로 기거하는 요양원에서 살았다. 이 12년의 세월이 그녀의 성장기에 심대하게 나쁜 영향을 끼쳤다. 나의 성장기를 회상해 보면 테니스 팀의 주장 톰과 수업 시간마다 휴대용 체스 판을 가지고 와서 선생님 몰래 체스를 두던 게리라는 고등학교 친구들이 항상 떠오른다. 그러나 캐롤린은 그녀의 십대 시기를 자기 옷을 갈기갈기 찢고 화초와 흙을 먹어댔던 베리 같은 친구와 또 사람만 보면 엄마라고 불렀던 엘린 같은 친구들과 함께 보냈다.

나는 정신 박약자들이 사는 기관을 방문한 적이 있었다. 그러나 나는 그 환자들을 볼 때마다 단순하게 몇 가지 그룹으로 나눠 일괄적으로 모자라는 사람들로 판단했다; IQ가 낮은 자들, 뇌 손상 환자들, 학습 능력 결핍자들. 이렇게 내가 부친 저능아라는 꼬리표를 넘어서 그들을 한 개인으로서 진면목을 가지고 대해 본 적이 없었다. 사실 캐롤린의 부서진 몸 안에는 예민한 지각이 있었음에도 불구하고, 같은 이유로 유리창 너머 저쪽에서 오랫동안 살 수밖에 없었다.

그녀의 가장 친한 친구들 대부분이 만약 요즘 같은 시대에 태어났다면, 자궁 속에 있을 때 벌써 양수 검사 같은 의학적 신기술로 불구인 것을 알고 아마 낙태를 당했을 것이다.

캐롤린의 글은 특히 "인간이 된다는 것, 망가지고 뒤틀어진 육체를 가지고 튜브로 생명을 유지하면서도 그 안에 하나님의 형상을 유지한다는 것"이 무엇인지에 대하여 완전히 새로운 눈을 뜨게 해 준다.

사실 캐롤린 자신도 현대 미국인들이라면 대부분이 임신 초기에 낙태시켜 버릴 "한계 인간"이다.

이 글은 단순히 낙관적인 글이 아니다. 그녀는 절망이 무엇인지 알았다; 너무나 깊은 절망에 빠져 자살을 시도하려 했다. 그러나 그녀의 신체적 한계 때문에 그 자살마저도 성공할 수 없다는 것을 깨닫게 되었다. 반면에 그녀는 또한 유머와 열정이 무엇인지도 알았다 : 시간이 흐르면서 점차적으로 사랑하는 것과 신뢰하는 것을 배우게 되었다.

캐롤린은 우리가 당연하다고 생각하는 그런 간단한 삶의 모습(그녀에게는 불가능한 것)을 극적인 드라마로 승화시켰다. 그녀가 대학을 졸업하던 날 자기의 휠체어를 뒤에 놓고 졸업장을 받기 위해 복도를 걸어가자(그녀는 고등학교를 26살에 졸업했다) 학생들과 부모들은 모두 일어나 박수를 치고 눈물을 흘리기도 하며, 15분 동안이나 축하해 주었다. 나 또한 그녀의 거실에서 그녀와 함께 차를 나눌 때에 그녀에게 기립 박수를 치고 싶다는 강한 충동을 느꼈다. 그것은 그녀가 3개월 동안에 넘어지거나 부엌을 어지럽히지 않으며 차를 끓이고, 찻물을 찻잔에 제대로 붓는 연습을 했다는 이야기를 들었기 때문이다.

사실 이 책은 그 자체가 바로 은혜와 기적이다. 그녀는 글 쓰는 행동을 통해 정상인이 되는 또 다른 성취를 맛보았다. 당신의 손에 들려진 이 책은 다른 어떤 책과 다를 바 없다. 찌그러지지도 않았고, 꼬이지도 않았으며 어디 하나 상한 데도 없다. 캐롤린 미틴은 -그레그 무이스의 헌신적인 도움과 함께- 수많은 고통과 분투를 거쳐 마침내 온전하고 경이로운 작품을 탄생시켰다. 침을 흘리고 팔을 떨면서도 그녀는 하나님의 형상을 경험하고 나타낼 수 있음을 정말 진심으로 믿게 되었다.

그녀 자신이 하나님께서 창조하신 온전한 한 인간인 것과 또 그분의 형상을 나타내는 고귀한 존재라는 것을…(이사야서 52-53장의 말씀에 비추어 보면 어쩌면 정상인 우리 모두들보다도 더 하나님의 형상을 잘 나타내는지 모른다). 이 책이 바로 그 증거이다.

이 책을 통해 걸을 수 없었던 캐롤린이 마침내는 춤을 추게 되기까지의 과정을 따라가 보기를 진심으로 바란다.

감사의 글

이 책을 내는데 도움을 주신 분들이 많이 있었다. 사실 그분들의 격려와 도움이 아니었다면 이 책이 나올 수도 없었을 것이다. 그분들이 내 삶에 공헌한 내용들은 이미 반영돼 있기도 하지만 특별히 몇 분에게는 내 감사의 마음을 표하고 싶다.

■ 필립 얀시 – 나의 귀한 친구이자 훌륭한 작가. 만약 그가 나를 만나 내 얘기를 믿어 주며 위로해 주지 않았다면, 또한 나를 자극시켜 일깨워 주는 일을 하지 않았다면 내 글은 아마도 영원히 내 마분지 상자에 보관되어 있었을 것이다.

■ 그레그 루이스 – 성실과 정직의 사람. 지금까지 썼던 모든 글을 그의 손에 맡겼고 그는 뛰어난 재능으로 믿을 만한 편집자이자 친구임을 증명하였다.

■ 낸시 이레몽거 – 필립 얀시는 그녀에게 사과 상자 3개를 채우고도 남도록 25년 동안 써 모은 나의 글을 정리하라는 불가능해 보이는 임무를 맡겼다. 그녀는 조직적인 기술, 인간적인 헌신과 깊은 통찰력, 그리고 창의력 넘치는 보조로 그때그때 나와 그레그를 도와주었다. 그녀는 보석 같은 존재였다.

■ 로즈 레이놀슨 – 진실을 결코 겁내지 않는 여자.

■ 짐 리즈밀러 목사 - 내게 "연장"을 쥐어 주며, 하나님께서 도와주시면 내가 그 일을 해낼 수 있다고 믿어 주신 분.

■ 캐런 메인스 - 집필하는 번거로움 때문에 내가 망설이고 있을 때, 그녀는 나의 내면의 욕구를 직시하고 이 책을 쓰라고 격려해 주었다. 수백 장이나 되는 원고지를 탈고한 지금은 그녀의 말대로 나는 자유로워졌다.

■ 존더반 출판사 - 발행자 스캇 보린더, 편집자 존 스로안과 댄 러논, 그리고 내 이야기가 책으로 나올 만한 가치가 있다고 믿어 주신 출판사의 모든 이들에게 감사한다.

그리고 마지막으로,

■ 루터교 성경대학 - 내게 언제나 큰 힘과 용기가 되어 주신 모든 직원들과 학우들에게 감사의 마음을 전한다.

머리말 – 그레그 루이스(Gregg Lewis)

쓰다 남은 우스팡스런 뼈다귀

당신은 정말로 캐롤린 마틴을 한번 만나봐야 한다. 그녀가 매일 직면해야 하는 신체적 어려움을 목격해 보아야만 이 책에 기록된 그녀의 인생 여정을 진정으로 이해하게 될 것이다. 또한 그녀가 어떻게 지금의 그녀가 되었는지를 알아야만 그녀가 극복해온 감정적, 심리적 고통이 얼마나 고된 것이었는지도 상상할 수 있을 것이다. 마지막으로 그녀와 가장 간단한 대화를 해보려 해도 그것이 얼마나 힘든지를 겪고 난 뒤라야, 그녀가 자신의 삶을 책으로 쓰기 위해 얼마나 눈물겨운 노력이 필요했다는 것을 이해하게 될 것이기 때문이다.

이 책의 공동 집필자로, 편집자로, 또한 그녀의 친구로서 나는 어떤 사실적인 사진보다도 더 명확하게 아주 짧은 글로 캐롤린의 참모습을 소개하고자 한다.

캐롤린은 이렇게 힘주어 말한다.

"하나님께서는 나를 창조하실 때 쓰다 남은 우스팡스런 뼈다귀를 가지고 만드셨던 것 같아요. 이 뇌성마비 때문에 꼭 쓰다 남은 부속품으로 맞춰놓은 듯 하잖아요. 사실 나는 내 외모가 어떻게 생겼는지 거의 신경 안 써요. 내면에 있는 내가 진짜 나니까요. 또 나에게는 그 내면의 내가 정상이니까요!"

캐롤린을 보는 대부분의 사람들은 그녀가 비정상이라고 생각한다. 겉으로 보여지는 그녀의 신체적인 모습 때문에 정신적으로도 문제가 있을 것이라고 단정짓기 때문이다. 그리고 그렇게 이상하게 생긴 여자와 얘기하는 것을 피하려 하는 것이 대부분의 사람들이 나타내는 반응이다.

그 사람들을 대하는 캐롤린의 말이다.

"사람들은 아마 내가 자기들 꿈에라도 나타날까봐 겁내는 것 같아요. 손은 벌벌 떨고 있죠, 침은 질질 흘리고 있죠, 목소리는 꼭 입에다 자갈을 한 주먹 넣고 얘기하는 것 같죠, 나는 신이 나서 노래 부르는데도 동물 같은 소리만 나죠, 비쩍 마른 몸뚱어리는 휠체어 한쪽으로 기울어져 있고, 머리는 쉬지 않고 까딱까딱 흔들리고 있으니 도대체 누가 나를 좋아하겠어요. 아마도 사람들이 나같이 될까봐 지레 겁을 먹는 것 같아요!"

심각한 신체적 한계가 그녀로 하여금 일상의 잡다한 일에 끝도 없는 에너지 소모와 감정적 노력을 필요하게 했다. 음식을 만들고 먹는 일만 해도 엎지르고 흘리는 스릴을 맛보아야 한다. 그리고, 음식을 먹기 위해 음식을 만들지만 사실 그 만드는 시간 동안 에너지를 다 소모할 때가 많다. 게다가 찌꺼기를 치우며 설거지해야 하는 시간에 나머지 에너지까지 다 써버리니 그녀가 항상 배고파하는 것을 흉봐서는 안 될 것이다.

평생 뇌성마비라는 병을 앓으면서 그녀가 터득하게 된 것이 있다면 무엇이든 세심하게 계획하고 논리적으로 분석한다는 것이다. 무슨 일이든 여러 단계의 과정으로 나눠서 각 과정마다 필요한 크고 작은 동작들을 미리 설계해 보지 않고는 시작하는 법이 거의 없었다. 그리고 그 설계도가 지시하는 대로 따르기 위해 온 신경을 집중해서 제멋대로 움직이려는 근육을 통제해야 했다.

불구라는 제약이 그녀를 창조적으로 문제를 해결해 나가는 전문가로 만들었다. 식빵을 사면 비닐 봉투 끝에 묶여 있는 매듭을 풀기 위해 10분에서 15분 동안 실랑이를 벌려야 하는데 그녀는 그렇게 하기보다 가위로 싹뚝 잘라버리는 방법을 택했다; 그리고 나서 빨래집게로 간단하게 빵 봉지를 봉함으로 빵을 신선하게 보전하는 것이다. 계란을 깨는 방법으로는 먼저 계란을 차 여과기에 올려놓은 다음 그것을 싱크대에다 탁하고 부딪힌다. 그러면 계란이 깨지면서 껍데기만 남고 알맹이는 쏙 빠지게 된다. 또 뜨거운 것을 따를 때는 싱크대 안에다 컵이나 그릇을 놓은 다음 그것을 따르는 방법을 고안했다. 그렇게 함으로써 설사 뜨거운 것을 흘린다고 해도 그것이 싱크대 안으로 떨어지니까 데일 염려가 없는 것이다.

그녀의 아파트를 돌아보면 그녀의 천재성이 엿보이는 장치들에 감탄을 금치 못한다. 냉장고 벽에 붙어 있는 큰 자석이 바닥이나 싱크대 안으로 떨어지는 병뚜껑 같은 것을 집어 올리는데 쓰인다는 것을 금방 알아차릴 수가 있다. 화장실에 가 보면 비누통에 비누가 들어있는 것이 아니라 못쓰는 양말 안에 비누가 들어있다. 왜냐하면 비누통을 쓰면 손이 미끄러워 잡을 수가 없기 때문이다. 또한 현관문 고리에는 큰 강아지를 잡아매는데 쓰는 짧은 가죽끈이 달려 있다. 이것 역시 문을 열고 닫기에 편하도록 만든 장치이다. 전화기 옆에는 커다란 글씨로 써 있는 전화번호가 붙어 있고 캐롤린 친구 목소리로 녹음된 자동 응답기가 놓여있다. 그 자동 응답기는 메시지를 남겨 놓으라고 하면서 캐롤린의 말을 대신해서 해줄 수 있는 사람이 오면 그때 다시 전화를 하겠다라고 녹음된 말이 나온다. 또한 램프에 달려 있는 손잡이에는 길고 넓은 리본이 하나 달려 있다. 그리고 마지막으로 책을 읽을 때 책장을 넘기는 장치로써 20cm쯤 되는 막대기가 하나 있는데 그 끝에는 엄지손가락에 끼어 돈이나 종이를 셀 때 쓰는 고무 덮개가 달려 있다.

매일의 일과가 이렇게 힘이 드는데도 불구하고, 캐롤린이 글을 쓰는 정력과 창조력을 유지할 수 있다는 것은 놀라운 일이 아닐 수 없다. 그녀를 위해 특별히 제작된 워드 프로세서에 종이 한 장을 넣는데도 10분이 넘게 걸린다. 또한 한 장을 타자 치려면 거의 한 시간이 걸린다는 것을 고려해 볼 때, 그녀가 그 많은 페이지 분량의 원고를 타자치고 또 여러 번 교정을 보았다는 것은 정상인으로서는 상상하기 어려운 일이다.

나는 이 책을 다듬고 정리하는 일을 하였다. 하지만 이 책의 이야기는 캐롤린 그녀 자신의 경험을 그대로 반영한 것이다. 이제 캐롤린은 마침내 자기 자신의 생각을 다 말할 수 있는 청아한 목소리를 얻게 되었다. 이 책을 읽으면서 그녀의 그 아름다운 목소리를 들을 수 있게 되길 바라는 바이다.

1

첫 4년을 나는 폐쇄되었지만 안전하게 보호할 수 있는
유아 침대의 울타리 안에서만 보냈다.

어린 시절의 모자이크

나는 다시 내 인생을 이야기하는 것이 늘 하던 퍼즐 게임을 끼워 맞추는 것처럼 쉬울 것이라고 생각했다. 그러나, 곧 그 퍼즐 조각 중 몇 개는 잃어버렸고 또 남아 있는 것 중 몇 개는 끼워 맞추기가 불가능하다는 것을 알았다. 그렇지만 완전하지 않다고 해서 그 일을 포기하지는 않겠다고 생각했다.

나는 언젠가는 쓸모 있는 것을 골라내거나 고쳐서 유용하게 쓸 수 있으리라는 기대를 가지고 오랫동안 잡동사니 물건들을 불룩한 상자에 모아 왔다. 내 인생은 이 넝마(오래된 헌옷 따위 - 편집자) 상자들과 아주 흡사하다. 나 또한 야릇하고 부숴진 조각들이 합쳐진 것이다. 이 책을 쓰는 것은 내 인생의 모자이크를 짜 맞추기 위해 그 조각들을 하나하나 모아 가는 작업이 될 것이다.

내가 태어난 1946년 6월이 되기 몇 달 전 부모님은 한 사진 집지를 보고 있었다. 뇌성마비 어린이에 관한 기사의 커버스토리였다. 엄마는 아빠에게

"우리가 돈에 조금 여유가 생기면 이런 애들에게 보내 줘야 해요. 그들을 도울 수 있다면 무엇이라도 해야 해요!" 라고 무심코 이야기했다. 부모님은 그런 일이 현실로 나타났을 때 그들이 해줄 수 있으리라고 생각했던 것보다 훨씬 더 많이 베풀어 주었다.

엄마가 나를 낳을 때 오랜시간 진통을 심하게 겪었다. 그래서 의사들은 집게를 사용해야 했다. 세상에 나온 내 조그만 몸둥이는 핏기 없이 흐늘거리며 완전히 죽은 모습이었다. 의사들은 움직이지 않는 아기를 살 가망이 없다고 보고 옆 탁자에 팽개친 채 산모에게만 관심을 쏟았다. 그때 한 간호사가 전문의의 의견에 반대하면서까지 나를 살려 보자고 떼를 썼다. 그때 누군가 산소 호흡기를 씌웠고, 그리하여 나는 비록 뇌성마비이지만 생명의 특권을 누리게 되었다.

격심한 산고, 집게 사용, 출산 후 즉시 소생 노력을 하지 않은 것들 중 무엇이 원인이었던지 간에 담당 의사는 당초부터 문제가 심각할 것이라고 진단을 했어야 했다. 그는 엄마에게 단지 내가 다른 일곱 형제들보다는 성장이 조금 더딜 것이라고만 했다. 1년이 넘게 나는 고개를 들거나, 구르거나, 앉거나, 기지도 못했고 엄마의 염려는 점점 커져 갔다.

엄마가 계속해서 재촉하자 그 의사는 한 신경 전문의에게 나를 보냈다. 그 전문의는 간단한 테스트와 몇 가지 질문만으로 상태를 정확히 알아냈다. 나는 행동 발육이 전혀 되어 있지 않았을 뿐만아니라 어떠한 형태라도 움직여 보려는 낌새를 보여 주지 못했다. 신생아는 제멋대로 몸을 움직여서 사지를 발달시키고 수주 내에 손을 뻗어 물건을 만지게 된다. 곧 이어 어른들의 손가락이나 좋아하는 장난감을 집게 된다. 그런데 나는 한 살이 되도록 만지지도 집지도 못했다.

"엄마, 아빠"같은 간단한 말도 못했고, 알아들을 수 있는 규격화된 어떤 음절도 발음하지 못했다. 단지 울고 비명을 지르는 그것뿐이었다. 시선이 끌리는 방향으로 고개를 움직일 수 없어 시력이 발달하지 않은 채로 있었기에 시각적 자극에는 거의 반응을 보이지 못했다.

그 반면에 청각적 자극에는 과민하게 반응했다. 처음 듣거나 예상치 못한 소리는 비록 소리가 크지 않을지라도 내 몸의 모든 신경 세포에 작은 폭발을 점화시키는 것 같았다. 팔 다리가 격렬하고도 무절제하게 꿈틀거리게 되고, 놀라서 울며 소스라치게 비명을 지르곤 했다.

그 의사는 진찰을 마치고 엄마에게 진단을 내려 주었다. 나는 정신 박약 저능아였던 것이다. 식물인간에서 나아질 희망이 없다고 했다. 엄마가 할 수 있는 최선의 길은 나를 전문 기관에 맡기고 내가 존재하고 있다는 사실을 잊고 열심히 사는 것이라고 권했다.

그 신경 전문의의 충고를 거절한 엄마를 잘 이해하기 위해서는 우리 가족을 잠시 소개해야 할 것 같다.

내가 세상에 모습을 드러냈을 때 우리 가족은 캘리포니아주 산호세의 교외에서 조그만 돼지 농장을 하고 있었다. 모든 식구가 "패피"라고 부르던 아빠는 카이저 석고 공장에서 일했다. 농장 일은 아빠, 오빠, 언니들이 저녁과 주말을 이용해서 했다. 아빠의 이 임시 직업은 항상 별도의 수고가 필요했지만 생계에는 도움이 되었다. 8명의 아이를 부양하기 위해서는 고정적인 제2소득원이 있는 것이 중요했다.

아빠는 사냥과 낚시 그리고 총을 만지작거리는 것을 아주 좋아했다. 비록 두 가지 직업의 통상적 일 때문에 야외에서 보낼 시간이 별로 없었지만 그는 언제나 야성적인 사냥꾼으로서 자연과 함께 있을 때가 가장 행복해 보였다. 내가 우리 가족 열차의 마지막 칸에 탑승했을 때 이미 그는 노년에 접어늘었다. 남아 있는 머리카락이라곤 머리 가장자리를 겨우 휘감을 정도였다. 국자 모양의 콧수염과 기다란 귀밑 수염과 하루만 지나면 고슴도치만큼 따끔따끔하게 자라는 구레나룻으로 덮인 얼굴의 털이 머리카락보다 훨씬 많을 정도였다. 그는 키가 크고 육중했다. 그러나 뚱뚱하지는 않았다. 그의 검고도 진지한 눈동자는 기분이 좋아지면 장난꾸러기 같은 빛을 띠었다.

아빠는 위장과 허리 수술을 받은 뒤 1년 간 침대에 누워 있었다. 오랫동안 참고 있던 허리의 통증이 농장의 힘든 일과 돼지 사료를 매일 몇 톤씩 삽질하느라 날로 더 심해졌던 것이다.

뽀얗게 윤기가 흐르고 연분홍 빛이 도는 새하얀 얼굴에, 헤어스프레이를 뿌리지 않으면 제자리에 붙어 있지 않는 아기처럼 가느다란 머리카락을 쪽을 지어 땋은 엄마도 농장에서 일해야만 했다. 엄마는 돼지 사료로 쓰기 위해 매일 음식 찌꺼기를 모으고 정기적으로 돼지를 시장에 내다 파는 일을 맡았다. 이 일이 요리하고 집안일하며 많은 자녀들을 돌보고 또 누워지내는 남편을 종일토록 간호해야 하는 주부로서의 일보다 우선이었다. 바로 이런 때 엄마는 나를 임신하셨다.

엄마는 대체로 조용하고 수동적인 성격이었으나 때로는 대가족을 꾸려 나가야 하는 과중한 일에 대해 힘겨워 하곤 했다. 언제나 생계에 필요한 최소한의 일용품으로 견뎌야 했고, 고급품이라고 할 만한 물건을 살 여유 돈은 가져 본 적이 없었다.

그러나 조직적이지 못한 성격의 엄마에게 그렇지 않은 점도 있었다. 돈이나 귀중품을 잃어버리지 않으려고 골동품 설탕 종지와 꽃 병 같은 곳에 넣어 놓았다. 그러나 아빠는 엄마의 숨겨 놓은 장소를 귀신같이 알아내곤 했다. 그러면 엄마는 화를 내면서 엄마의 모든 보물을 다른 데로 옮겼다.

엄마와 아빠 사이는 언제든 불꽃을 피울 수 있는 부싯돌 통과 같았다. 극과 극으로 대조되는 두 사람은 언제나 서로의 절반만 가까스로 공유할 수 있었다. 서로 다른 북소리에 맞춰서 엉뚱한 목적지를 향해 행진하며 가끔 태풍을 거쳐가면서도 여전히 같이 살고 있었다.

엄마의 꿈은 자기가 어렸을 때 경험했던 것과는 전혀 다른 생활을 자기 아이들에게 마련해 주는 것이었다. 외할머니는 남편으로서도, 아버지로서도 자격이 없는 남편과 이혼한 후 엄마와 하나뿐인 남동생을 어렵사리 봉제 기술로 먹여 살렸다. 그래서 엄마는 궁핍하게 자란 것을 증오했다. 거기에다 외롭게 자란 것을 싫어해 언젠가는 대가족을 거느리고 풍족하게 살 것이라고 다짐했었다. 대가족을 갖는 첫 번째 목표는 달성됐으나 두 번째 목표를 성취하려고 계속 힘들게 노력하고 있었다.

아빠는 헤프지 않고 무엇이든지 아끼며 저축하는 사람이었다. 그는 열심히 일했고 손수 무슨 일을 하거나 직접 어떤 물건을 만들 때마다 행복해 했다. 돈을 쓰는데는 매우 인색했는데 특별히 자신이 사치라고 생각하는 일에는 더 그러했다. 그 가운데는 실내 변기나 난방 장치도 포함됐다. 새 것은 거의 사지 않았다. 농장이나 집 안에서 쓸 물건은 고물상에서 무엇이든 구해서 고쳐 썼다.

엄마와 아빠는 아주 초보적인 협조 관계를 형성하는 데만도 수많은 시간과 노력이 필요했는데 그것도 아주 드물게 이뤄졌다. 같이 무슨 일을 할 양이면 평균 이하의 수준을 겨우 유지하기에 급급했다.

우리 가족이 농장에 사는 동안 외할머니가 아이들 돌보는 일을 도와주었다. 우리가 "가가(Gaga)"로 부르는 외할머니는 우리집 차고 바로 건너편 작은 흰 벽돌집에 살고 있었는데 키가 아주 큰 외할머니는 언제나 은발 머리를 그물로 묶고 있었다. 외할머니의 주름진 피부를 만지는 것이 재미있었다. 손등에는 갈색 반점이 보기 흉하게 많아 장갑을 끼지 않고는 어디라도 외출하지 않았다. 심지어는 구멍 가게에도…. 정숙한 숙녀는 모자와 장갑 없이 바깥출입을 해서는 안 된다는 것이 외할머니의 지론이었다.

나는 외할머니가 모직 치마와 녹색 옥으로 된 핀을 꼽지 않은 모습을 기억할 수 없다. 매일 "캐시미어 부케" 목욕 파우더를 뿌렸으며 특별한 날에는 "화이트 숄더" 향수를 뿌리곤 했다.

8명의 아이들을 키우는 데는 실제로 3층 집의 많은 침실이 필요했다. 대가족을 먹여 살리느라 엄마는 무슨 도움이라도 아쉬워했고 또 도움을 받으면 감사해 했다. 맨 꼭대기에는 아빠가 오빠 던(엄마가 아빠를 만나기 전에 낳은 아이)과 로버트와 맥신, 중간층에는 켄과 셜리가 그리고 맨 아래층에는 로즈마리, 엘리자벳, 그리고 내가 살았다.

내가 태어났을 때 던 오빠는 20살이었는데, 그는 어린 동생들에게 형이라기보다 마음씨 좋은 삼촌 같았다. 내 기억으로 그는 벌써부터 자기만의 세계를 갖고 있었다.

로버트 오빠는 가무잡잡하고 아주 뚱뚱했다. 누이들이 그를 사정없이 뚱뚱하다고 놀려댔기 때문에 거인들 속에 끼인 꼬마처럼 느껴지는 것을 아주 싫어했다. 나는 비록 실제 키 157cm보다는 커 보였지만 다른 식구들처럼 살이 찌고 건장하지 않았기 때문에 그에게는 내가 가족 중 가장 난쟁이가 된 것이 다행이었다.

맥신 언니는 내가 어렸을 때 딱 한번 본 기억 밖에 없다. 그녀는 나보다 그렇게 어려 보이지 않는 그녀의 아들을 안고 현관 베란다의 등나무 의자에 앉아 있었다. 그 아이는 불치의 병에 걸려 있었고 그로부터 얼마 안 되어 죽었다. 아이가 죽자 그녀는 수년 간 모델 겸 가수로 일하던 시카고로 가 버렸다.

켄 오빠는 내가 태어날 때 11살이었는데 내 어린 시절을 집에서 함께 보낸 형제 중에서는 가장 나이가 많았다. 끊임없이 여동생들과 말썽을 피웠지만 그의 참을성 많고 순진해 보이는 얼굴 모습이(가장한 것인데도) 외할머니와 엄마를 속여서 마땅히 받아야 할 엉덩이 맞는 벌을 종종 면하곤 했다. 소방수가 되려는 전조였는지는 몰라도 켄은 불지르기를 좋아했고 그것을 우리에게 덮어 씌웠다.

셜리 언니는 켄 오빠보다 한 살 어리지만 큰누나 역할을 했다. 그녀는 외할머니의 살인적인 다리미 -아주 섬뜩한 고문 도구같이 난로 불 위에 달구어서 쓰는 원시적인 형태- 로 퍼머하는 것이 싫어 긴 갈색 머리를 땋아 놓고 있었다. 제각기 고집이 센 우리 식구 가운데 셜리는 유독 부드럽고 온유한 성격으로 자기만의 길을 지켜 나갔다. 그녀는 언제나 멋을 내거나 심지어 고등학교에 가는 것보다 가축들을 돌봐 주는 일을 더 흥미있어 했다.

로즈마리 언니와 엘리자벳 언니는 나보다 각각 2살과 1살이 많았다. 서로 전혀 다른 성격을 지녔지만 마치 쌍둥이 같았고 나는 항상 그들이 함께 있는 것만 보았다. 그래서 언제나 그들을 함께 생각하게 된다. 그들은 실제로 자기들끼리만 통하는 언어를 만들었다. 엘리자벳이 어렸을 때 누구라도 그녀를 이해하기 위해서는 로즈마리에게 통역을 요청해야 했다.

통통하고 부끄럼 잘 타는 로즈마리는 오히려 여동생을 흉내냈다. 어린애답지 않게 절제 있는 로즈마리는 엘리자벳의 활달한 어릿광대 짓을 배우려 들었다.

엘리자벳은 불꽃이 타고 있는 전깃줄 같아서 뭔가 자꾸 일을 저질렀다. 외할머니를 자주 곤경에 빠트리는 그런 일들이었다. 심지어 그녀는 그 결과가 어떻게 되리라는 것을 알면서도 일부러 짓궂게 굴었다. 결과가 어찌되었든 전혀 상관하지 않았다. 그녀가 외할머니를 "낡은 싸움 도끼" 라고 놀리고선 벌을 안 받으려고 벌거벗은 채로 풀밭 문틀을 뛰어넘어서 달려 도망갔던 날을 기억한다. 엘리자벳은 화가 날 때면 벌거벗고 달린다. 외할머니나 어느 누구도 그녀를 길들일 수 있는 방법은 없었다.

형제들과 같은 갈색 머리와 갈색 눈을 가진 나는 분명히 우리 마틴 가족의 일원이었다. 그러나 애초부터 모든 식구는 나를 자기들과는 다르다고 생각했다. 얼마 안 돼서 나 또한 그 사실을 알았다.

첫 4년을 나는 폐쇄되었지만 안전하게 보호할 수 있는 유아 침대의 울타리 안에서만 보냈다. 탁아소나 유치원에 갈 나이가 되어도 나는 앉거나 구르거나 뒤엎지 못했다. 숟가락을 쓰지 못했고 병을 쥐지도 장난감을 집어 들지도 못했다. 도대체 신체의 어느 한 부분도 내 마음먹은 대로 움직일 수 없었다. 내 목의 근육이 너무 약해서 스스로 질식 당하거나 내 자신의 침 때문에 기도가 막힐까봐 언제나 베개로 내 머리를 조심스럽게 받치고 있어야 했다.

그 당시의 나는 그런 부자유함으로 인해 특별히 짜증났던 기억은 없다. 좁은 감옥 같은 내 거주 공간이 오직 내가 아는 전부였기 때문에 그대로 수용했던 것 같다. 설령 불편을 느꼈더라도 움직일 수 없었기 때문이라기보다는 의사 소통을 할 수 없었기 때문에 뾰족한 수가 없었을 것이다. 한마디 말도 못했기 때문에 내가 원하는 것을 누구에게도 전할 수 없었고 심지어 내가 무언가를 하기 원한다는 사실조차도 남에게 알릴 수 없었다. 비명을 지르거나 우는 것 말고는 할 수 있는 것이 없었기 때문에 의사들이 예견한 대로 나는 정말 식물인간 그대로였다.

2

의사들은 내가 식물인간에 불과하다고 하지 않았는가?
이제 나는 덜익은 작은 토마토로 변화되고 있었다.

설익은 작은 토마토

예상치 못한 소음이나 귀에 익지 않은 목소리는 무엇이든 극도로 예민한 내 반사신경을 갑작스레 자극시켰다. 처음 듣는 소리에는 무조건 어쩔 줄 몰라했고 격렬하게 요동치면서 공포에 질려 비명을 질러댔다. 그래서 항상 내 침대는 손님이 오거나 낯선 사람이 들어오기 전에 미리 다른 방으로 치워져야 했다.

엄마가 나를 특수 유아원에 등록시킬 때에 낯선 사람에 대한 공포 때문에 많은 애를 먹었다. 어떤 치료사나 선생님도 나를 다룰 수 없었다. 장난감을 집어던지고 비명을 지르며 물어뜯었다. 또 그 모든 일을 참고 나를 도우려는 사람들에게 일부러 오줌을 싸기도 했다. 치료사들은 내가 진정하고 그들을 믿을 때까지 아무것도 할 수 없다고 결론지었다.

엄마와 외할머니로선 그 특수 유아원에 나를 등록시키려 데리고 갈 때마다 어떻게 내가 알아차리는지 도저히 알 길이 없었다. 단지 세 살밖에 안 되었으며 너무 작아서 자동차 앞 좌석 두 사람 사이에 끼여 앉아 있어야만 했는데도 말이다. 그들은 내가 자동차 전면이나 옆 유리창을 넘겨 볼 수 없다는 것을 잘 알고 있었다. 그러나 도시에는 높은 빌딩, 자동차 경적 소리, 교통 신호 같은 것들이 있고, 시골에는 나무, 전봇대, 들풀 냄새들이 있다는 것을 생각지도 못하는 그들이 내가 보기에는 얼마나 어리석은지 하고 생각했던 것이 기억난다.

나는 냄새와 소리와 하늘에 보이는 모습들로 어디를 가는 것인지 추측했었다. 엄마가 어떤 길로 해서 그 특수 유아원으로 차를 몰았던지 간에 나는 차를 돌려 집으로 향할 때까지 발로 차고 소리를 질렀다.

나의 신경질이 애처롭게도 엄마와 외할머니를 부끄럽게 만들었지만 치료사와 선생님들은 좋게 해석했다. 그들은 엄마에게 나의 그런 행동이 언젠가는 내 스스로 뭔가 할 수 있을 살아 있는 존재라는 것을 의미한다고 안심시켜 주었다.

어느 날 낯선 사람에 대한 나의 태도가 바뀌게 되는 사건이 일어났다. 한번도 본적이 없는 한 남자가 우리 부엌으로 걸어 들어왔다. 언니가 침대를 밀고 침실로 향했으며 나는 이전처럼 막 울려던 참이었다. 바로 그때 갑자기 이 용감하고 다정한 방문객은 침대를 세우고 나를 안아 올리고선 매혹적인 덴마크식 억양으로 소리쳤다.

"헤이! 네가 바로 그 잘 울어 대는 아기니?"

그는 내가 겁에 질려 계속 고함질러도 차분하고 사랑스러운 태도로 대해 주었다. 그는 내가 몸부림치며 비명을 지르는데도 소리를 그치게 하려 하지 않고 그저 안고만 있었다. 내가 그를 신경질나게 할 방법은 아무것도 없었으며 그의 전략은 먹혀들었다. 나는 결국 조용해졌고 그를 연구하기 시작했다. 우리는 서로 물끄러미 쳐다보았다. 나는 그의 와이셔츠 주머니에 쵸코렛바가 있는 것을 알아채고 집으려 했다.

"오! 이것 가질래? 한번 더 해봐!"

그는 웃으면서 주머니 밑에서부터 그것을 미끄러뜨려서 내가 집을 수 있을 만큼 가까이 밀어 주었다. 내가 너무 세게 쥐어 부숴지자 그는 싱긋 웃으면서 포장지를 벗겨 내고 하나씩 내 입에 넣어 주었다.

엄마와 외할머니는 놀라서 멍하니 보고만 있었다. 생전 처음으로 낯선 사람이 나를 들어 안아도 될 만큼 얌전해졌던 것이다. 그 이후로는 우리 가족은 방문객들이 와도 그들 속에 나를 같이 있도록 했다. 그리고 외할머니와 엄마가 집안일을 할 때 내가 지켜볼 수 있도록 유모차를 가까이 끌고 오는 새로운 시도를 했다. 어느 날 외할머니가 맥신의 남자친구에 대해 빈정대는 야유를 했을 때 나는 소리내어 웃었다. 나는 외할머니가 한 이야기를 정확하게 이해하지 못했지만 그녀의 목소리가 무언가 웃기면서 그리 좋은 이야기가 아니라는 것을 감지했다.

외할머니와 엄마는 깜짝 놀라 나를 되돌아보았다. 의사들은 내가 식물인간에 불과하다고 하지 않았는가? 이제 나는 설익은 작은 토마토로 변화되고 있었다. 내가 과연 사람들이 이야기하는 것을 이해했을까? 얼마나 이해했을까? 바로 그때 그 자리에서 외할머니와 엄마는 네 살박이라면 알 수 있을 만한 문제를 내게 물어 보기로 했다.

"켄이 어디 있지?"가 첫 질문이었다.

켄과 아빠가 밖에서 일하고 있어서 나는 눈을 돌려 부엌 미닫이 문쪽을 쳐다봤다. 질문은 점점 더 정밀해졌고 나는 그때마다 눈동자로 대답했다. 찬장의 경첩은 어디에 붙어 있나? 이 기계는 커피 끓이는데 쓰는가, 감자 으깨는데 쓰는가?

엄마와 외할머니는 내가 집안 식구들이 어디에 있는지 뿐만아니라 주방 기구의 이름과 용도까지 알고 있다는 것을 발견하고 깜짝 놀랐다. 그들이 나를 두고 그런 하찮은 일로 법석을 떠는 것을 보고 생각했다.

'참 한심한 어른들이야!'

그러나 한편으로 '얼마나 재미있는 놀이인가!' 라는 생각도 들었다. 그날은 하루 종일 먼저 있었던 일을 보지 못한 사람들을 위해 계속해서 같은 게임을 반복했고, 즉석에서 나는 재주꾼이 되었다. 그러나 나는 여전히 감정적으로는 폭발적인 아기였다. 특별히 집안에서 긴장이나 소리가 정상보다 높아질 때마다 그러했다.

집안이 비교적 조용할 때에 나의 이 두 가지 영리한 재능이 나타났으므로, 외할머니와 엄마는 좀더 안정되고 조용한 환경이라면 더 나아질 수 있을 것이라고 생각했다. 그들은 나를 길 건너 외할머니의 작은 집으로 옮기기로 했다.

외할머니의 집은 야생화, 억새풀, 화초, 야채가 심겨진 작은 밭으로 둘러싸여 있었다. 할머니는 내 마음이 안정되도록 음악을 틀어 주었고 나의 일상적인 활동을 헌신적으로 일일이 돌보아 주었다. 밥 먹여 주는 것부터 시작해서 나를 따뜻한 햇볕에서 놀 수 있도록 나무 상자에 조심스럽게 받쳐서 밖으로 들고 나오는 것까지 외할머니와의 새 생활은 전에 느껴 보지 못한 안락한 기분을 안겨 주었다.

외할머니는 그 작은 집에서 "브리치(Breech : 개 이름을 엉덩이, 반바지, 승마용 반바지의 뜻을 가진 Breech로 지음 – 역자)"라는 이름의 검정과 흰 바탕의 테리어개와 같이 살고 있었다. 개의 모습을 보면 그 이름의 뜻을 알 수 있었다. 머리에서 몸통은 흰색이고, 뒷다리 부분은 검정색이라 마치 검정색 모직 반바지를 입혀 놓은 것 같았기 때문이었다. 브리치는 꼬리를 살 흔들어 댔는데, 특히 목욕을 하고 난 뒤는 거의 쉴새없이 흔들어 댔다. 외할머니는 깨끗해야만 직성이 풀리는 성격이라 브리치를 자주 목욕시켰다.

나는 껑충껑충 뛸 수 있는 힘이 부러워서 브리치가 뛰노는 모습을 쳐다보길 좋아했다. 브리치는 오후에 날씨가 더워지면 내 옆 그늘에서 누워 잤다. 차도 길 바로 건너편에 불안과 소란의 세계가 있다는 것이 나로서는 이해하기 힘들었다.

외할머니 집으로 이사를 온 후 바로 내게는 긍정적인 결과가 분명히 나타났다. 내가 몇 가지 적응을 하기 시작하자 외할머니와 나는 마냥 한적하게 보낼 수 없게 되었다. 물리 치료사가 준 설계도에 따라 아빠는 복판에 구멍이 뚫려 있고 나를 안전하게 붙들어 주는 문이 달린 조그만 탁자를 만들어 주었다. 탁자에 앉으면 나는 똑바른 자세를 유지할 수 있었고 혼자서 재미있는 시간을 보낼 수 있었다. 아빠는 그 탁자를 빨간 소방차 색깔로 칠했고 내가 커서도 쓸 수 있도록 탁자의 다리를 조정할 수 있게 설계 변경을 했다.

외할머니는 손놀림을 개발할 수 있는 교육용 장난감들을 많이 가져다 주었다. 그러나 나는 갖고 놀기 힘들어 짜증날 때는 화를 내면서 그것들을 탁자에서 밀쳐 버렸다. 그러면 외할머니는 야단을 치셨고 그러기를 수도 없이 반복하고 나서야 오른손으로 정신을 집중해서 장난감 작업대를 붙들고, 좀 더 자유로운 왼손으로 망치질을 한다면 장난감 못을 그 작업대에 박을 수 있다는 것도 알게 됐다. 외할머니가 끊임없이 "서두르지 말고 네가 하고 싶은 것을 생각해 봐!"라고 격려해 주었으며 나는 점차 더 많은 것을 배워 나갔다.

내가 서두르거나 조급하게 굴면 아무것도 할 수 없었다. 그러면 나는 신경질이 최고조에 달해 하염없이 몇 시간이나 울어댔다. 내가 하고 싶은 것을 할 수 없어 화가 났을 뿐만아니라 나는 나쁜 여자아이니까 이렇게 울어서라도 외할머니를 화나게 만들어야 한다고 생각했다. 그녀의 잘못이 아님을 억지로라도 인식시켜 주어서 외할머니를 위로하고 싶었던 것이다.

조용할 때는 특별히 끼워 맞추는 놀이를 좋아했다. 조각 모양이 각기 달라 유치원 아이들도 끼워 맞출 수 있는 게임은 너무 쉬워서 금방 싫증이 났다. 다 맞추었을 때 성취감을 느낄 수 있는 그보다 훨씬 큰 그림 맞추기 게임은 재미있었다.

수많은 시행 착오를 겪으면서도 그것에 비례해 지능이 발달해 갔다. 인형을 안전하게 갖고 놀기 위해 블록을 벽 쪽에 쌓는 방법을 고안해 냈다. 그럴때도 알파벳을 배우는 것이 재미있어서 글자와 숫자가 쓰인 큰 블록을 사용했다.

외할머니는 정상적인 아이를 양육하는 상식적인 방법으로만 나를 다루었기 때문에 나에 대해 정확히 알지 못하는 부분도 있었다. 외할머니는 자신의 방법이 가장 좋다고 믿기 때문에 오빠나 언니들로부터도 나를 과잉 보호하려고 들었다. 그녀는 내 응석을 끝없이 받아 주었기 때문에 나는 점차 그 점을 이용하게 되었다. 어느 날 가게에 쇼핑하러 가서 가방을 든 한 인형을 보았다. 나는 그것이 갖고 싶다는 이유만으로 울음을 터트렸고, 외할머니와 엄마는 너무 부끄러워서 나를 단지 조용하게 할 양으로 그것을 사주었다. 이러한 잘못에도 불구하고 외할머니의 사랑과 보살핌이 없었다면 나는 결코 학교 갈 때까지 차분한 성격으로 바뀌지 못했을 것이다.

어느 날 엄마는 나와 외할머니에게 차를 태워 주겠다고 했다. 학교 화단에 아이들이 심은 꽃들이 예쁘게 보였는지 나도 그걸 보면 좋아할 것이라고 짐작했던 엄마는 나에게 학교에는 들어가지 않고 단지 화단만 보러 갈 것이라고 말했다.

그 화단은 특수 아동학교의 창문 아래에 있었기 때문에 나는 아이들이 교실에서 재미있는 일을 하고 있는 것을 볼 수 있었다. 외할머니가 그 학급의 아이들이 화단을 가꾸고 팬지꽃을 심었다고 얘기해 주자 나는 곧 교실로 들어가고 싶었다. 외할머니가 나에게 한번도 허락한 적이 없었던 일 – 땅바닥에 앉아 흙장난을 실컷 하고 싶었던 것이다.

엄마는 그날 교실로 들어가는 것은 무례하고, 수업을 방해하는 일이라고 말했다. 그러나 내가 진정으로 원하고 선생님이 시키는 대로 하는 착한 소녀가 되기로 약속한다면 곧 학교에 갈 수 있다고 말했다. 나는 약속했다. 그리고 기억에 남는 날이 곧바로 왔다.

학교에 간 첫날 가장 인상적이었던 것은 다른 애들은 모두 잘하고 있다는 것이었다. 비명도 지르지 않았고 울지도 않았으며 신경질을 부리지도 않았다. 각자가 조용히 앉았거나 서 있었다. 아이들은 함께 조용히 놀고 있었고 모두가 행복해 보였으며, 무질서라곤 없었다. 그것을 보면서 '나도 저 애들처럼 된다면 얼마나 좋을까?' 라고 생각했던 것이 기억난다.

학교에 나간 지 얼마 안 되어 착해지려고 한 나의 결심을 시험하는 첫 번째 큰 사건이 일어났다. 창 밖을 꿈꾸듯이 쳐다보고 있었는데 선생님이 나에게 주의를 집중하지 않으면 커튼을 내려 버리겠다고 경고했다. 그러나 창문 바로 옆 교정 탁자에 앉아 있었기 때문에 창 밖의 광경은 자연스럽게 또다시 내 주의를 끌게 되었다. 선생님은 말없이 다가와 커튼을 내려 버렸다. 얼마나 놀랐는지…! 외할머니는 보통 어떤 행동을 하기 전에 수도 없이 주의를 주곤 했었는데 놀랍게도 선생님은 결코 화를 내지 않았다. 그냥 조용히 걸어와서 커튼을 닫았다. 나는 즉시 그녀가 나에게 순종하기를 원한다는 것을 알아챘으므로 평소 때처럼 앙탈부리지 않고 가만히 있었다.

이때쯤부터 다른 사람들의 눈에 - 적어도 외할머니와 함께 쇼핑 갈 때에 만나는 사람들이 나를 비정상으로 보고 있다는 것을 어렴풋하게나마 알게 됐다. 사람들은 내가 아직도 갓난아기나 탈 유모차에 타고 있는 것을 확인하고는 "이 애가 무슨 문제가 있어요?" 라고 외할머니에게 물었다.

그러나 학교에서는 한번도 소외감이나 이질감을 느끼지 못했다. 나는 특수교육반에 속해 있어 급우들도 여러 장애를 갖고 있었다. 나는 우리 모두가 넘어지지 않도록 좌석에 고정되어지거나 교정용 탁자에 줄로 묶여 있어야 된다고 생각했다. 어떤 아이는 좌석에 줄로 묶여져 있었을 뿐 아니라 자신을 자해하지 못하도록 머리를 의자 등받이에 고정시켜 놓은 것을 보고 참 안됐다고 생각했다.

나는 학교에서 소꿉장난과 그림 그리는 것을 좋아했다. 보조 교사는 나를 가정 교육 교실로 데려가 조그만 의자에 곧추세워 줄로 묶고서 좋은 옷을 입혔다. 비록 몸에는 부목(副木)을 대었지만 나는 걸을 수 있는 내 나이 또래의 두 남자아이와 소꿉장난 놀이를 했다. 나는 언제나 엄마 역할을 맡았고 두 아이 중 하나는 아빠를, 또다른 아이는 우리 아들이 됐다.

미술 시간에는 보조 교사가 붓을 쥔 내 손가락을 감싸 안고 내 허리를 앞뒤로 흔들어 대면 여러 색깔의 물감이 튀면서 붓 자국이 크게 만들어졌다.

나는 친구들과 그렇게 새로운 놀이를 즐겼다. 그 중에서 가장 좋아했던 놀이는 보조 교사 없이 혼자서 손바닥 물감 찍기, 진흙 놀이, 꽃밭의 흙을 파면서 손을 더럽히고 놀 수 있을 때였다. 더러워질 때 진정한 즐거움을 느꼈다. 외할머니는 물리 치료원에 갈 때, 내가 좋아하는 자주색 작업복을 더 자주 입게 했더라면 좋았을 것이다. 그랬더라면 외할머니가 주름 달린 예쁜 치마를 빨고 다려서 가장자리를 꿰매는 수고를 훨씬 덜었을 텐데….

나는 자전거 타기를 좋아했다. 그때마다 치료사들은 세발 자전거의 등이 높은 의자에 나를 앉히고 발을 페달 위에 묶는데 편하도록 도와주었다. 머리를 보호하기 위해 전에 느껴 보지 못한 안전감을 주는 작은 미식축구 헬멧을 쓰고 새 친구들과 함께 자전거를 타고 학교 운동장을 도는 일은 얼마나 신나는 일이었는지 모른다.

나는 또 두꺼운 천막 천으로 만든 겉옷에 멜빵과 바퀴를 달아 엎드려서 기 훈련을 했다. 내가 할 수 있는 일은 팔 다리를 좌우 대칭으로 움직이는 것뿐, 어떻게 해야 기어다닐 수 있을는지 알기도 힘들었다. 짜증이 났지만 단념하지 않았다. 친구들이 할 수 있다면 나도 연습해야 된다고 생각했다.

어떤 아이들은 나무로 가장자리를 두른 문이 달린 번쩍거리는 웨곤 모양의 새 스쿨버스를 타고 등교했다. 나는 엄마와 외할머니가 내가 다른 아이들과 함께 그 차를 타고 싶다는 것을 알아차릴 때까지 그 차를 볼 때마다 차를 가리키며 발을 굴러댔다. 그들은 처음에는 반대했다. 무엇보다 여전히 나 혼자서는 앉아 있을 수 없었기 때문이다. 그러나 한번 타 보도록 허락했다.

젊은 버스 운전사 마이크는 어떻게 해야 엄마와 외할머니를 안심시킬 지 잘 알았다. 그는 나를 뒷자석의 우리 학교에 다니는 여고생 2명 사이에 조심스럽게 앉혔다. 그들이 그림책을 펴서 설명해 주는 동안 나는 그들 사이에 고정되어 있는 형태였다. 그들은 나에게 너무 잘 해주었기 때문에 나도 크면 그들처럼 되어야지 하고 생각했다.

매일 학교로 가는 도중에 엄마들은 자기 아이들이 차에 오르는 것을 도와주면서 종종 뒤쪽에 있는 나를 기대 섞인 눈으로 쳐다보면서 "이 귀여운 것! 한번 웃어봐!" 라고 말했다.

내가 내 자신을 볼 때 전혀 귀엽지 않은데도 그들은 그렇게 표현했다. 아마 나를 잘 몰랐던 것 같다. 나는 집에서 온 집안 식구를 너무나 귀찮게 하는 나쁜 소녀에 불과했다.

나의 이런 기분을 이야기 할 방법이 없었다. 이런 감정이 나를 엄습할 때는 쉴새없이 킬킬거리거나, 화가 갑작스레 치밀어 올라 울다가 결국에는 심한 죄의식에 사로 잡혔다. 가족들은 내가 울 때마다 가족 중 누군가 나를 화나게 만들었다고 서로 비난했다. 그러면 나 때문에 가장 사랑하는 사람들 사이에 긴장과 분노와 싸움이 자주 생기는 것을 보고 더 심하게 울었다. 어느 누구도 나를 나쁜 애라고 한 적은 없었다. 그러나 나는 내가 그런 아이라는 것을 알았다.

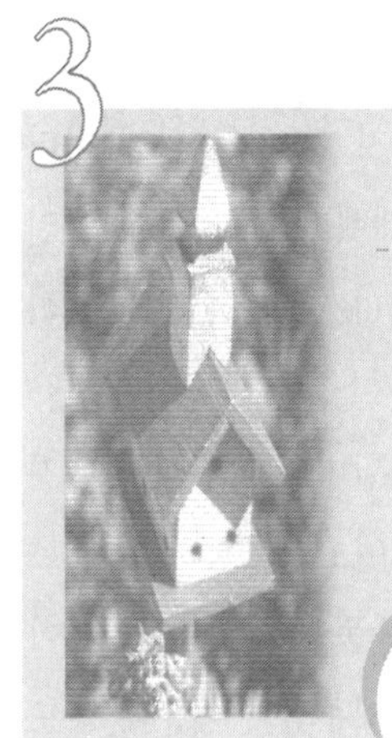

3

Growing with Gaga

외할머니는 매일이다시피 나를 바닷가로 데리고 가서는
해변 도로에서 매점을 운영하는 옛 친구로부터
그 동네 이야기 거리들을 주워 들었다.

외할머니와 함께

상당 기간 동안 가족들이 "꼬마 테일러"라고 부르는 푸른색 보행 기구에 나를 태워 이리저리 밀어 주었다. 나는 접을 수 있는 발걸이에서 발을 빼내어 보행기를 들어올리면 바닥에 설 수 있고 그리고 이리저리 바퀴를 굴려 뒤뚱거리면 걸을 수 있다는 것을 발견했다. 엄마와 외할머니는 나의 이런 영악스러움에 혀를 내둘렀다.

내가 그 보행기를 탈 수 없을 정도로 커 버리자 한 치료사가 아빠에게 더 큰 보행기 만드는 법을 가르쳐 주었다. 할머니는 두꺼운 머슬린 천으로 앉는 자리를 만들었고 아빠는 틀을 만들어 커다란 바퀴를 달았다. 나는 그렇게 큰 바퀴에는 아직 익숙하지 못해서 처음 새 보행기를 탔을 때 너무 빨리 굴러 중심을 잃었다. 넘어질까 두렵고 빨리 나오고 싶어 비명을 질렀다.

할머니가 나를 붙들었고 보행기에 너무 큰 바퀴를 달았다고 아빠를 야단쳤다. 아빠는 외할머니에게 그렇게 잘 알면 장모님이 직접 고치라고 대꾸

하고 뛰쳐나가 버렸다. 보행기는 치워져 버렸고 어떻게 됐는지 알 수 없었다. 모든 문제의 발단은 내 잘못이라고 생각했다. 집에서 내가 할 수 있는 것이라고는 말썽 일으키는 것뿐이었다.

얼마 후 아빠는 알래스카 지사 임시근무로 발령이 났다. 아무도 나에게 그가 왜 떠났는지 말해 주지 않았지만 그가 엄마와 외할머니와 많은 언쟁을 했다는 것은 알았다. 그래서 겉으로 내색은 하지 않았지만 아빠가 떠난 것은 아마 어떤 면에서 내 탓이었을 거라고 생각했다.

아빠가 알래스카로 간 후 우리는 돼지 농장에서 엄마가 "꿈의 궁전"이라고 이름 붙인 집으로 이사했다. 12개의 넓은 손님용 객실이 딸려 있고, 가족들이 사는 곳과 본 채의 입구가 별도로 돼 있는 그 집은 한때 사냥꾼용 산장이었다. 오랫동안 키워 온 아이들 숫자보다 더 많은 방들을 이용하여 근처의 캘리포니아 명소를 탐방하고 시골 분위기에 젖게 하는 어린이용 여름 캠프장을 시작하려고 생각했다.

산장 주변은 나무들이 마치 거대한 공원처럼 둘러싸고 있었다. 엄마는 수영장을 근사하게 지었다. 처음에는 물에 들어가는 것이 무서웠지만 금방 나보다 큰 아이들이랑 풀장에서 노는 것이 너무 재미있어 안 나가려고 울어 댔다. 자세를 바로 세우고 균형을 잡는데 도움이 되어 물 속에서 걷는 것을 아주 좋아했다.

외할머니랑 함께 쓰는 침실의 커다란 유리창을 통해 들에서 강낭콩 깍지를 까고 있는 외국인 노동자들을 볼 수 있었다. 오후 늦게 일꾼들이 일을 마치고 나면 외할머니가 아이들을 밭으로 줄지어 가서 따다 남은 것들을 주워 오게 했다. 그 싱싱한 콩에 베이컨을 곁들여 저녁을 먹었다.

나는 콩을 따러 갈 수 없어 외할머니를 위해 콩깍지를 까 주었는데 그 일이 너무 재미있었다. 셜리와 로즈마리와 엘리자베스 언니들이 왜 콩깍지 까는 일을 나만큼 좋아하지 않는지 도저히 이해하지 못했다.

나는 아기 때 몇 가지 소리만 낼 수 있었다. 언니들이 머리를 빗질하는 것을 보고 생전 처음 "오우!" 라는 말을 했다. 나는 여섯 살까지도 여전히 말을 못했다. 심지어 하려고도 하지 않았다. 외할머니는 내가 무엇이 필요하고 원하는지 거의 다 알아챘기 때문에 별로 할 필요가 없었다. 내가 의사소통을 하고 싶을 때는 손가락으로 가리키고 울고 그리고 고함지르는 것으로 충분했다.

어느 날 외할머니는 큰 침실에서 편안히 쉬면서 방 중앙 탁자에 나를 앉히고 방금 구운 케이크를 잘라 한 조각씩 먹여 주었다. 입안 가득 케이크를 머금고 있을 때 엄마가 걸어 들어왔다. 나는 올려 보면서 "한… 조각… 먹어…" 라고 말했다.

그 말은 어눌하고 더듬거리며 분명치 못했지만 엄마의 놀란 표정을 볼 때 분명히 알아들은 것 같았다. 그녀는 외할머니에게 얼굴을 돌리며 "분명히 들었어요?" 라고 물었다. 그리고는 대답도 듣지 않은 채 다시 나를 쳐다보았다.

"뭐라고 그랬지? 포지야!"(포지는 가족들이 내가 연약한 작은 꽃 같다고 부쳐준 애칭이었다.)

내가 겨우 다시 중얼거리자 엄마와 외할머니는 나를 끌어안고 똑같은 말을 시키고 또 시키고 하더니 마치 내가 굉장한 마술을 생전 처음 해보인 것처럼 신기해했다. 나는 그 일이 왜 그리 대단한 일인지 알지 못했고 내가 정말로 원한다면 언젠가 말할 수 있으리라고 꿈꿔 왔었던 것이다.

엄마와 외할머니는 비록 더듬거리지만 몇 마디라도 할 수 있게 되자 내게 자꾸 말을 시켰다. 두 사람은 내가 무엇을 가리키면 본체만체 했다. 내가 무엇을 가리킬 양이면 내가 원하는 것을 가까스로 말할 때까지 등을 돌리고 모른 체했다. 종종 나는 되풀이해서 말해야만 했다. 그래도 그들은 못 알아듣는 경우가 많았다. 어쨌든 날이 갈수록 나의 표현 방식이 나아졌거나 아니면 식구들이 뒤죽박죽하는 식의 내 발음에 익숙해졌거나 둘 중 하나였다. 혹은 둘 다인지도….

나는 집안에 새 이야기 책이 있으면 내용을 알지 않고는 못 견뎠다. 고맙게도 외할머니는 내가 그리 졸라대지 않아도 기꺼이 읽어 주었다. 외할머니는 억양을 바꿔 가면서 이야기 속 인물들이 생생하게 살아 있는 것처럼 만드는 천부적 재질이 있었다.

외할머니가 읽어 주는 많은 이야기들을 단어 하나하나까지 재빨리 외워 버렸다. 벽에 세워 놓은 내 인형들을 향해 우물거리고 더듬는 말투로 그 이야기를 들려주고 있다고 하자 그녀는 웃었다. 나는 그녀가 내가 말하는 뜻을 완전히 이해했다고는 생각하지 않았다. 내 인형들은 나에게 다시 이야기해 달라, 더 천천히 말하라, 다른 단어를 써라 등의 요구를 하는 적이 없었다. 바로 이것이 내가 인형하고 대화하고 읽어 주는 것을 좋아하는 이유였다.

새 집이 너무 크고 엄마와 외할머니가 온종일 나를 지켜봐 줄 수 없을 만큼 바빴던 것이 오히려 내 신체 발달에 도움이 되었다. 그 산장의 구석구석을 보고 싶었고 또 누구의 도움을 기다릴 것 없이 이방 저방으로 돌아다니고 싶었기 때문에 내 스스로의 기동성을 창안해 냈다.

등을 대고 누워 엉덩이를 들어올리는 것과 동시에 다리를 쭉 뻗어 내지르면서 몸을 머리 쪽으로 조금씩 움직였다. 이 동작을 하고 또 했다. 들어올리고 뻗고 들어올리고 뻗고를 반복했다. 다른 아이들과 TV를 같이 보려고 마치 뒤집어진 도마뱀이 꿈틀거리는 모습으로 복도를 가로질러 문간방으로 기어갔다.

나는 아이들이 춤추는 장면을 아주 재미있게 보았다.

그러나 단지 지켜보는 것보다 따라하기를 원했다. TV에 나오는 아이들이 물구나무서기를 하면 나 또한 따라 하지 못할 이유가 없다고 생각했다. 그래서 다시 복도를 따라 꿈틀거리며 먼지 구덩이의 지름길을 택해 훈련용 매트리스가 깔린 뒷방으로 갔다. 거기에서 내 딴에는 물구나무서기를 흉내 냈다고 생각할 때까지 쓰러질 듯한 모습으로 혼자서 열심히 연습했다.

학교에서나 집에서나 배우는 일에는 자신감이 있었고 점차 성취감을 느꼈다. 혼자 있으면서 스스로 뭔가를 배울 때가 가장 행복했다. "외할머니가 뭘 할 것인지 생각해봐! 내가 도와줄 수 없을 때 너는 어떻게 할꺼야?"라고 하는 말이 도전이 되었다. 나는 종종 엄마와 외할머니가 도와주지 않고 단지 내가 시도하는 것을 지켜봐 주길 원했다.

나의 이 새롭고 확신에 찬 모험은 학교에서 세발자전거가 뒤엎어져 내장을 다쳐 입원하는 바람에 심각한 위기를 맞게 됐다. 다시 학교에 나가게 되자 엄마와 외할머니는 학교측에 분노를 터트리고 선생님들에게는 나에게 안전한 놀이만 시키도록 당부했다. 선생님들은 교실 내부 벽면의 위험스런 부분에 안 닿도록 나를 의자에 묶어 놓고 커다란 블록들로 그 주위를 빙 둘려가며 집을 쌓아 올려 주었다. 그래서 비록 세발자전거는 더 이상 탈 수 없었지만 학교 다니는 것은 계속해서 즐거웠다.

여름 방학이 오자 엄마는 알래스카에 간 지 1년이 넘는 아빠를 방문했다. 아빠는 그곳 카이저 석고회사 지사의 일은 좋아하지 않았으나 알래스카는 사랑했다. 그는 지사를 사직하고 앵커리지 교외에 짓고 있는 댐 건축 공사장에 취직했다.

그는 특히 큰돈 만지기를 좋아했다 - 월급날 받는 후한 급료 뿐만아니라 쉬는 날에 잡는 사냥감도 큰 것만 좋아했다. 나이든 오빠들, 로버트와 켄도 자기처럼 알래스카에 와서 일하도록 설득시켰다. 그리고 이젠 엄마와 우리

딸아이들도 같이 와서 살기를 원했다. 그의 눈에 1950년대의 알래스카는 모험과 기회가 얼마든지 보장되는 약속의 땅이었다.

그러나 엄마는 썩 달가워하지 않았다. 그녀는 시골 구석의 건축 공사장으로 여자 아이들을 데려가는 일에 한참 동안 망설였다. 그녀와 외할머니는 내가 알래스카에서 겨울을 보내는 것이 현명하지 않다고 판단했다. 나는 너무 추위를 잘 타서 조금만 날씨가 싸늘해도 파랗게 질리며 고통스러워했다. 캘리포니아의 겨울밤은 선선한 정도인데도 보온병을 끌어안고 자야 했다. 그렇게 해도 아침에 내 손발을 따뜻하게 데우는데는 몇 시간씩이나 걸렸다. 알래스카는 나에게 너무 위험한 곳이었다.

가족들의 결론은 엄마와 언니들은 가고 외할머니와 나는 남는 것으로 되었다. 이제 일곱 살밖에 안 된 여자 아이가 가족과 헤어진다는 것이 힘든 일이었지만 그래도 그것이 최선이었다. 알래스카 공사장에서의 우리 가족은 실내 수도는커녕 우물조차 없는 자갈 투성이 땅에서 아스팔트 종이를 바른 오두막집에 살아야 했다.

아빠에게는 알래스카가 꿈이 땅이었는지 모르지만 엄마에게는 결코 그렇지 못했다. 그녀와 언니들은 별수없이 적응해야 했지만 그녀는 한번도 그런 야만스런 생활 환경을 좋아하지 않았다. 그녀가 식탁보와 설탕 종지 그리고 크림 따르는 조그만 주전자 없이는 절대 식사를 차리지 않겠다고 선언했으므로 그 건축 현장에서 단연 화제의 인물이 되었다. 아무리 그런 환경에 산다고 해서 크림을 커피 잔에 크림 병으로 바로 따르는 야만스런 짓까지 참아야 할 필요는 없다는 것이었다.

작업장 근처에 학교가 없어 언니들은 통신으로 공부를 계속하려고 계획했었다. 그러나 칼버트 통신 강좌는 학교 공부와 상관없는 지식의 책이나 사람과 자연같은 것 뿐이었다. 교과서와 자습서를 구했지만 언니들은 한번도 제대로 그 코스대로 따라한 적이 없어 결국 한 해가 늦어졌다.

2-3개월 간 그 낡은 산장에 외할머니와 나 둘만 남게 되었다. 얼마 안가 엄마는 곧 그 산장의 할부금을 지불할 수 없게 되었고, 가장 가깝다고 하는 마을이 30마일이나 떨어져 있는데다 전화도 없는 산장을 관리할 수도 없었다. 결국 그녀의 꿈의 궁전은 팔렸고 외할머니와 나는 캘리포니아주 산타크루즈로 이사했다. 외할머니는 바다와 소금기 있는 공기가 나에게 좋으리라고 생각했다. 또 그곳은 그녀가 오래 전 큰 호텔에서 일하며 살았던 곳이라 친구들이 많았다.

우리는 외할머니의 오랜 친구가 운영하는 바닷가의 다 낡아빠진 모텔로 이사했다. 옥외 변소가 하나씩 뒷마당에 딸린 방갈로식 모텔이었다. 외할머니가 방 두 개짜리 오두막집을 먼지 하나 없이 깨끗하게 관리했지만 곰팡내가 벽에 스며드는 것만은 어쩔 수 없었다. 나는 그 냄새를 사랑했다. 나에게는 마치 보물이 가득 찬 트렁크처럼 느껴지는 먼 옛날의 고독하고 신비스런 냄새였다.

그곳에서의 생활은 단조로웠다. 부엌 딸린 모텔 방에는 작은 오븐이 있었고, 일주일에 두 번씩 배달되는 얼음을 넣어 둘 수 있는 아이스박스가 있었다. 할머니는 조그만 식탁 위에 식탁보대신 흰 바탕에 붉은 체크 무늬가 있는 기름먹인 종이를 깔고 짝이 안 맞는 접시와 수저로 상을 차렸다. 우리는 튤립 무늬의 멋진 세트 유리잔으로 마셨다. 탁자 위 큰 유리 그릇과 땅콩 버터 병에 담아 두는 야생화 꽃다발을 거의 매일 새것으로 갈았다.

하나뿐인 침실에서 외할머니는 우리 옷의 대부분을 재봉틀로 손수 만들었다. 우리가 새 옷을 사 입을 형편이 안 되는 줄 알고 있었는데도 외할머니는 사 입는 옷이 몸에 맞는 법이 없다고 변명 하듯 말했다. 나는 옷을 만드는 그녀를 지켜보면서 제스퍼라고 이름 부친 낡은 원숭이 인형과 타잔 놀이를 하듯 침대 위를 오르락내리락거리곤 했다. 제스퍼는 외할머니의 낡고 커다란 성경책을 넣어두는 골동품 양철 고리짝에서 누워 잠을 잤다. 고리짝에는 1906년 대지진의 기사가 실린 누렇게 변색된 신문 스크랩과 골동품 벽난로용 시계와 짬이 나면 옷을 만들어 입히려고 벗은 채로 둔 도자기로 만든 인형 등 그녀가 아끼는 것들이 들어 있었다.

겨울철 우기가 닥치자 할머니는 고리짝을 열고 물건들을 정성스레 다 꺼내어 보면서 언젠가는 작은 집을 마련하게 될 것이라고 꿈꾸곤 했다. 그러나 몇 달이 안가 돈이 떨어지게 되자 그녀는 고리짝과 그 속에 든 골동품들을 단돈 50달러를 받고 몽땅 팔아 버렸다. 엄마가 나에게 소용되는 돈은 정기적으로 부쳐 주었지만 외할머니는 도움을 받지 않고 필요한 것을 살 수 있어야 된다고 생각했다.

외할머니는 매일이다시피 나를 바닷가로 데리고 가서는 해변 도로에서 매점을 운영하는 옛 친구로부터 그 동네 이야기 거리들을 주워 들었다. 외할머니는 팝콘 장수 위버 씨나 해변가 잡화점 주인 닉 씨와 함께 그녀가 이전에 이곳에서 일했던 추억담을 서로 나누며 잡담하길 좋아했다. 외할머니는 몇 번이나 그녀의 시계를 위버 씨에게 저당잡혔다가 엄마가 편지와 함께 보내 주는 돈으로 다시 찾곤 했다

또 당나귀가 그려진 바보 같은 비취모자를 항상 쓰고 잡화점 뒤편의 한 집에서 혼자 살고 있는 상이군인 죠를 거의 매일 방문했다. 그는 커다란 앞바퀴가 달린 휠체어를 타고 있었다. 나는 그것이 신기했다. 나도 크면 저런 의자를 가져야겠다고 생각했다. 아직도 나는 "카트" 라고 부르는 대형 유모차처럼 생긴 수제품 수레를 타고 다녔다.

외할머니가 바느질을 하거나, 집안 청소를 하거나, 또는 창가의 좁다란 꽃밭에서 일할 때에는 나는 가끔 모텔의 마당에서 혼자 놀았다. 외할머니가 일단 손을 대기 시작하는 빈 땅은 모두 꽃밭으로 바뀌었다. 하지만 대부분의 시간을 나는 사람들이랑 보냈다. 외할머니 친구들 외에두 이웃에 사는 두 여자 아이랑 자주 어울렸는데, 그들은 학교 놀이를 하면서 블록으

로 나에게 철자법을 가르쳐 주길 좋아했다. 동네의 큰 저택에 사는 대학생들도 가끔 우리의 친구가 되어 주면서 그들도 때때로 이 학교 놀이에 어울렸다. 외할머니는 내가 정식학교에 가는 것을 원하지 않았다. 아마도 그녀는 학교의 장점을 인정하지 않았거나 그 세발자전거 사건이 생각나 내가 다시 다칠까봐 걱정했던 것 같다. 그러나 엄마는 나에게 교육이 필요하다는 것을 확신하고 있었다. 엄마는 외할머니에게 만약 내가 다시 정규 교육을 배울 수 있도록 조치하지 않으면 나를 알래스카로 데려가 버리겠다고 위협했다.

그래서 나는 살리나에 있는 특수유아학교에 등록했고 어떤 부인이 매일 아침 다른 아이들과 함께 학교까지 태워 주었다. 아이들과 함께 교실에 있다는 사실은 다시 한번 나를 기쁘게 했고 특히 나는 화술 교정시간을 좋아했다. 교정사가 숨 내쉬는 것을 잘 조정할 줄 아는 것이 화술 교정에 필수적이라고 해서 달걀 껍질을 미로판 위에다 놓고 불어서 바른 길로 통과시키는 연습을 많이 했다.

그때쯤 나로서는 많은 말을 했다. 그런데 사람들이 내 말을 못 알아듣는 것이 문제였다. 혼자서 흉내내는 데는 자신이 있었지만 대부분의 단어들이 마치 진흙처럼 엉켜 나왔다. 교정사는 내가 발음하기 힘든 단어를 따라하길 고집했고 그럴 때면 나는 그를 머리로 떠받으면서 같은 뜻의 다른 단어를 말할 때가 종종 있었다.

화가 난 교정사는 계속해서 자기가 가르치는 단어를 발음하도록 다그쳤다. 그러나 나도 그만큼 고집이 센 편이었다. 외할머니와 엄마는 발음하기 어렵거나 남이 못 알아들으면 발음하기 쉬운 같은 뜻의 다른 단어를 생각해 보라고 가르쳐 주었는데 그는 그런 사실을 모르고 있었다. 나에게는 엄마의 방법이 훨씬 합리적이었다.

그래서 나는 이 새 학교를 썩 좋게는 생각하지 않았는데 그럴만한 또다른 이유가 있었다. 나는 선생님이 왜 편지 봉투를 꼭 봉투 자르는 칼로만 뜯으라고 가르치는지 도무지 이해할 수 없었다. 내가 플라스틱 칼날이 봉투 속에 충분히 들어가도록 꼭 잡고 있느라 애쓰는 동안 선생님의 시선이 나를 떠나지 않는 것을 느꼈다.

'봉투를 뜯는 것은 어른들이 할 일이야. 나는 아직 아이에 불과해. 왜 읽는 것부터 가르쳐 주지 않지?'

나는 선생님들을 이해할 수 없었다. 분명히 그들도 나를 이해하지 못했다.

학교 생활은 짜증났지만 매일의 삶 속에서 배우는 것들은 결코 나를 지겹게 하지 않았다. 길가 간판에는 많은 글이 쓰여 있다. 기초적인 발음법을 알고 있었기 때문에 내가 발음하는 것을 나 스스로가 분명히 알아들을 때까지 소리를 내지 않고 간판 읽는 연습을 했다. 그래서 남들이 내가 과연 읽을 수 있을까 의심하기 훨씬 전부터 나는 읽을 줄 알았다. 모든 어린이가 나처럼 제 나름대로의 방법으로 배우고 있는데도 어른들은 어린이들이 그럴 수 있다는 것을 도대체 모르는 것 같았다.

나는 문장으로 말하기가 어려워 단어 하나하나에 집중했다. 특별히 발음은 같으나 뜻이 다른 단어에 흥미를 가졌다. 아무도 놀러 나오지 않는 비오는 날은 이 동음이의어(同音異義語)들을 -그런 단어들을 동음이의어라고 한다는 것을 알기 훨씬 전부터- 머리 속에 떠올리는 놀이를 했다.

또 그런 날에는 쓸쓸하고 외로운 바닷가에서 외할머니는 나에게 언제나 "감사합니다(Thank you)!"와 "부탁합니다(Please)!"를 잊지 않고 말하는 연습을 시켰다. 그런 말을 쓰기 싫어하거나 잊고 덧붙이지 않을 때는 내가 원하는 것을 주지 않았다. 외할머니는 귀에 못이 박히도록 "단지 말하는데 어려움이 있다는 이유만으로 네가 무례한 것은 변명이 될 수 없어. 점잖은 숙녀는 항상 예의가 발라야 돼!" 라고 말했다.

겨울이었지만 따뜻한 날이면 학교가 끝난 후 외할머니는 내 수레를 밀고 아무도 없는 황량한 해변 길을 따라 산책을 나갔다. 그녀가 사람이라곤 보이지 않는 바닷가 나무 계단에 앉아서 을씨년스런 겨울 파도를 지켜보고 있는 동안 나는 모래사장에서 혼자 놀곤 했다. 그럴 때마다 외할머니의 눈에 먼 옛날을 그리워하는 모습이 맺히는 것을 느꼈다. 그 바다가 외할머니에게 가져다 줄 수 있는 것이 있다면 나에게도 가져다 줄 것이 있을 것이라고 생각했다.

외할머니 때문에 쓸쓸한 오후, 그 강력하면서도 제멋대로인 바다의 모습을 사랑하는 마음이 나에게도 생겨나면서 끝도 없이 밀려오는 파도와 태풍같이 우렁찬 소리를 사랑하게 되었다.

알래스카의 미운 오리새끼

아빠의 건축 공사일이 끝난 후 부모님은 앵커리지의 언니들이 다니는 학교 근처에다 집을 샀다. 엄마와 아빠가 앞으로 무엇을 할 것인가를 결정할 때까지 당분간만 그곳에 머물 작정이었다.

그동안 아빠는 경비행기로만 갈 수 있는 아주 먼 오지에서 관목 제거하는 일거리를 얻었다. 열악한 조건과 악천후와 싸우면서 3-6개월을 숲 속에서 고립되어 일해야 하기 때문에 대우는 아주 좋았다.

이 때문에 아빠가 오랫동안 집을 비울 예정이라 엄마는 외할머니와 나를 가족과 함께 있도록 초청했다. 외할머니가 그 계획을 얘기해 주었을 때 나는 흥분해서 소리를 질렀다. 1년이 지난 이제서야 드디어 그들을 다시 보게 된 것이다.

엄마와 언니들은 알래스카까지 내륙 항로를 따라 배를 타고 갔었다. 엄마의 편지에 따르면 우리가 가야 할 길은 장관의 여정이었다.

그 배를 탔을 때 나는 8살이었고, 그 배의 유일한 어린이 승객이었다. 승무원들이 나를 식사때마다 종치는 사람으로 지명했다. 그들이 내 손에 밧줄을 쥐어주면 나는 그것을 꽉 감싸쥐고 모든 힘을 다해 홱 잡아당겼다. 그들은 문턱을 지날 때에 내 수레를 들어올릴 틈을 외할머니에게 주지 않았다. 한 승무원이 항상 대기하고 있다가 웃으면서 우리를 도와주었다.

다른 승객들과는 달리 나는 흔들리는 갑판 위를 똑바로 걷는데 별다른 어려움이 없었다. 배의 움직임이 비틀거리는 내 걸음걸이와 다를 바 없어 수레에서 일어나 배 난간을 붙들면 균형을 잡을 수 있었다. 한번은 신발이 벗겨져 거의 물 속에 빠뜨릴 뻔했다. 외할머니는 그때 내가 위험하게 신발을 발가락 끝에 걸고 장난을 쳤다고 야단이셨다.

매일 대부분의 시간을 갑판 위에서 배가 얼음 파도 위를 미끄러지는 것을 바라보고 바다 안개가 얼굴을 스치는 것을 느끼면서 보냈다. 고요하고도 번쩍이는 내륙 항로를 따라 나아가면 빽빽이 들어찬 나무들이 싱싱하고도 향긋한 초록빛을 뿜내며 시퍼런 바닷물 바로 가장자리에서부터 성큼 다가오는 듯해 그 경이감에 완전히 나는 사로잡히게 되었다. 가장 좁은 뱃길을 통과할 때는 그 숲이 마치 물 위로 쏟아져 내려 북쪽으로 배를 밀어 제치는 것 같았다.

쉐우드에 정박하자 엄마가 마중 나왔다. 그곳에서 앵커리지까지는 벌판을 따라 차로 달렸다. 하늘을 찌를 듯한 숲들과 격류가 흐르는 강들과 만년설이 덮인 높은 산들과 "쿡 내해(內海)"의 꾸불꾸불한 자갈 해변길이 스쳐 지나갔다. "큰사슴 산길"이라고 쓰여진 이정표가 나타나자 엄마는 야생 사슴들이 자주 길을 가로질러 다닌다고 설명해 주셨다. 바로 그때 어미 사슴 한 마리가 숲 속에서 길로 튀어나왔다. 그 뒤로 쌍둥이 새끼 사슴이 길고 호리호리한 다리를 아래 위로 뒤뚱거리면서 잔뜩 부끄럽고 겁먹은 표정으로 따라 나왔다.

자연 속에서 야생 동물을 본 것은 생전 처음이라 기뻐서 고함을 질렀다.

그 새끼 사슴의 모습과 숲의 싱싱한 냄새가 내 뇌리 속에 영원토록 새겨졌다. 알래스카에서의 첫날 나는 단 한순간에 그 고요한 원시 땅의 경이로운 참모습에 완전히 매료되었다.

집에 가까이 가자 엄마는 우리가 살아야 할 집에 대해 미리 단단히 각오하라고 계면쩍은 듯이 말했다. 외할머니께도 그 집은 단지 임시로 있을 집이라고 강조했다. 미국 본토에서 너무 많은 사람들이 몰려와 마땅한 집이 없었다고 변명했다. 설명을 들으니 그런 대로 살만한 집이라고 여겨졌으나 그녀는 계속해서 "지붕만 있는 집"이라고 우겨됐다.

차고 쪽으로 들어서는 순간 도대체 정신을 차릴 수 없었다. 그곳은 마치 언덕 위의 폐차장을 연상케 했다. 잡초, 야생화, 쓰러진 나무, 그리고 완전히 망가진 차 부품들이 앞마당을 가득 메우고 있었다. 흥미진진한 것들이 잔뜩 널려져 있었다. 가파르고 더러운 제방을 파서 만든 계단이 집이라고 부를 만한 나무 구조물의 현관문 두 개와 이어져 있었다. 네 개의 방에 붙은 유리창은 귀신이 나올 만큼 작아 도저히 햇빛을 제대로 흡수해서 따스하게 하거나 혹은 차단해서 선선하게 할 것 같지 않았다.

아빠는 그 집을 단 한번 그것도 추운 겨울밤에 보고 사기로 계약했다. 전 주인이 폐품을 이용해서 지었지만 아주 잘 지어진 집이라고 너스레를 떨었어도 전혀 신경 쓰지 않았다. 그리고 전 주인이 교회 신자인 것을 알고 말하는 대로 곧이 듣고 검사라곤 하지 않았다. 아빠는 교회에 나가지 않았지만 교인들은 믿을 수 있다고 생각했었다. 그런 그도 이번만은 실망했다. 전 주인은 겨울이 장막을 벗고 숨겨진 거짓들이 드러나기 훨씬 선에 그 동네를 떠나가 버렸다.

아빠는 이사가기 전에 곰팡이에 절은 카펫을 전부 걷어내려고 했다. 그러나 그 집에 마루가 깔려 있지 않다는 사실을 그때서야 알았다. 못을 박을 마룻바닥도 없이 나무 받침대 위에 바로 부대자루나 판지만 깔려져 있었다. 앞쪽 방은 무너질 것같이 썩어서 고물상 마당이 되기 일보 직전이었다. 회갈색 벽돌 무늬의 차디찬 벽지에는 평평한 지붕에서 벽을 타고 내려온 빗물 자국들이 싯누렇게 변색되어 번쩍거리고 있었다.

배관 기술에는 자부심을 가질 만큼 능숙한 목수인 아빠는 한눈에 그 집에 제대로 된 것이라곤 하나도 없다는 것을 알아챘지만 이미 집을 사버린 후였고, 또 식구들이 누워 쉴 곳이 당장 필요했으므로 가장 심각한 문제부터 서서히 고쳐 나가면서 전 주인을 저주하는 일 말고는 뾰족한 수가 없었다.

아빠는 집안에 우물을 파려고 했으나 그보다 먼저 땅을 파는 진동을 견디도록 집의 구조부터 다시 고쳐야 했다. 그동안 외할머니와 나는 수도 시설도 없이 지내는 법에 익숙해져야 했다. 마음씨 좋은 외할머니는 이웃집 우물에서 열심히 물을 길어 날랐다. 그 물을 침실의 나무 때는 난로 위에 놓고 데웠다.

우리가 도착한 뒤 몇 주간이나 계속해 비가 와서 빨래를 방 안에서 말려야 했다. 뻣뻣하게 얼은 아빠의 길다란 내의가 난로 앞에서 녹아 내리는 모습은 얼마나 웃겼는지! 언니들은 얼어붙은 딱딱한 내의를 부드럽게 하기 위해 명태를 두드리듯이 막대기로 탁탁 두드려대며 웃고 재미있어 했다. 비록 아빠가 안 계셨지만 아빠 내의를 그렇게 한 것은 너무 했다 싶었다. 아빠는 결코 우리만큼 재미있어 하지는 않았을 테니까.

몹시 추운 어느 날 아침. 이상하리만큼 적막해 놀라 깼다. 빗물이 떨어지지 않게 침대 위에 매달아 둔 플라스틱 위에 빗방울 떨어지는 소리가 평소 때와는 달리 들리지 않았다. 엄마가 문을 여니까 밖에 있는 모든 것이 흰눈 -신선하고, 고요하고, 아름다운 흰 눈- 으로 완전히 덮혀 있었다.

늙어 빠진 애견 브리치는 다시 강아지가 되어 문 밖으로 뛰쳐나갔다. 솜털같이 변해 버린 땅바닥에 놀라 짖어댔다. 뼈까지 얼어붙을 정도로 추웠지만 평생 처음 밖에 나가 눈사람을 만들며 놀고 싶다고 떼를 썼다. 엄마는 먼저 아침을 먹게 한 뒤 씨름하듯이 방한복을 입히고 장화를 신긴 후에 밖으로 안고 나와 나를 눈 구덩이에 던졌다.

외할머니는 너무 오래 눈에서 놀다 감기들까 걱정했지만 엄마는 내가 생전 처음 본 눈을 나만큼 즐거워 해줬다. 요술처럼 하늘에서 커다란 솜털송이가 위를 쳐다보고 있는 내 얼굴에 살풋이 내려왔고 소리내어 웃을 때는 입 안에서 녹아 내렸다. 오전 중반쯤 드디어 모든 나무가 하얀 레이스의 옷을 입었고 오후 중반쯤에는 그 보기 흉했던 우리집 앞마당 마저 깨끗한 순백의 요정나라로 변했다 - 한겨울의 낙원 바로 그것이었다.

그날은 또 나 같은 뇌성마비 아이에게 또 다른 취약점이 있다는 것을 발견한 날이기도 했다. 밖에서 너무 오래 노는 바람에 이때까지 겪어 보지 못한 심한 오한을 느꼈다. "사후 경직 전초 단계(pre-rigor mortis)"라고 하는 것이 가장 적합한 표현이라고 할 수 있을 만큼 심한 증상이 나타났다. 평소에는 봉제 인형같이 부드러운 내 몸이 아빠의 얼어 붙은 내의처럼 뻣뻣해져 난로 앞에 빨래들과 함께 자리를 잡고 있어야 했다.

따뜻한 캘리뽀니아에서 자란 외할머니도 마당에 쌓인 눈을 바라보길 좋아했다. 심지어 옥외 변소에 가려면 눈 치우는 삽을 갖고 가야 하는데도 귀찮아 하지 않았다. 그 온화했던 산타크루즈의 티끌하나 없이 깨끗했던 옥외 변소는 표준 좌변기식으로 사용하는데 전혀 불편이 없었다. 그에 비해 알래스카식 옥외 변소는 너무나 원시적이었는 데도 그녀는 결코 불평하지 않았다. "아빠식 표준형"은 주름 장식천도 없었고, 좌식(座式) 변기 대신 넓직한 판자 하나를 떼어 낸 사이로 입을 벌리고 있는 구덩이가 전부였다.

하나뿐인 옥외 변소의 그 구덩이는 실제로 너무 넓어 대변을 보려면 마치 생명을 걸고 모험하는 것 같았다. 나는 혹 빠져서 아무두 발견하지 못하면 어쩌나 너무 무서웠다. 엄마는 나에게만 귀한 손님용으로 예비한 간이 변기를 쓰도록 해줬다. 그래서 변소에 갈 때마다 옥외 변소까지 엄마가 나를 안고 가야 하는 수고도 덜었다.

50년대 중반의 알래스카는 살기에 험난하고 위험했지만, 미국의 마지막 미개척지라 아빠가 이끌렸던 것같이 외할머니도 기회의 땅으로 생각했다. 그녀는 76살의 나이임에도 이주해서 정착하기로 결심했다.

어느 날 오후, 드라이브하는 중에 그녀는 엄마에게 자기가 원하는 땅을 지적하면서 구매 절차를 밟으라고 요청했다. 외할머니는 그리 크지 않은 그 땅에 예쁜 정원을 꾸미고 자작나무 숲으로 포근히 둘러싸인 작은 통나무집을 지을 꿈을 꾸었다. 외할머니와 아빠는 한번도 좋은 관계를 가져본 적이 없었지만 아빠는 그 땅을 개간하여 오두막집을 지어 주기로 약속했다. 외할머니가 나를 도맡아 키우다시피 하므로 아빠는 외할머니에게 해줄 수 있는 최소 한도의 보답이라고 이야기했다.

알래스카에 대한 소망과 이주 문제는 어른들이 모일 때마다 중요한 화제거리가 되었다. 그러나 우리 아이들은 어른들 이야기를 엿듣는 것에도 지쳐 우리만의 꿈을 추구했고 실현할 계획을 마련했다.

어른들이 부엌에 모여 이야기할 때는 대개 아이들을 문간방에 제 마음대로 놀게 내버려두었다. 추측컨대 그들은 그 방이 이미 망가질 대로 망가졌다고 생각했는지 아무리 시끄럽게 굴고 부러트려도 화를 내지 않았다. 얼마나 많은 친구들과 이웃집 아이들이 그 방에서 뒤엉켜 노는 지 알 수 없을 정도였고, 나는 그런 소용돌이 속에 섞이는 것을 좋아했다.

캘리포니아에 있을 때는 나는 마룻바닥에 주저앉아 놀면서 주로 시간을 보냈다. 앵커리지의 우리 집은 너무 추워 몇 시간이고 꼼짝 안 하고 담요를 두른 채 의자에 앉아 있어야 했다. 언니들과 그 친구들은 의자에 앉아 있는 나에게 종종 장난감이나 인형을 갖고 건네주거나 내 옆 탁자 위에 놓이기구를 갖다놓고 자기들 놀이에 끼이도록 해 주었다. 그래도 나는 의자에서 내려가 함께 놀고 싶었다. 외할머니는 나에게 "포지, 엄마의 대빗자루가 바닥에 얼어붙을 정도인데 너는 큰일 나!" 라고 하며 못하게 했다.

세 언니들은 나의 짜증을 이해했다. 셜리가 아기 봐주어 번 돈을 저축해 두었다고 말했다. 그들은 나를 가게에 데려가 나의 캘리포니아식 겉옷에 걸쳐 입을 덧옷을 사 주겠다고 했다. 외할머니와 엄마가 틀림없이 우리끼리 가라고 할 것 같지 않아 그들에게 말하지 않았다.

셜리가 나를 안아 수레에 태우고 살금살금 집을 빠져 나와 더러운 길을 따라 수레가 털썩거릴 정도로 재빠르게 가장 가까운 가게로 밀고 들어갔다. 내 기억으로는 생전 처음 엄마나 외할머니 없이 외출했다. 셜리는 줄쳐진 초록색 무명천의 청바지와 노랑과 초록색이 섞인 긴 팔 스웨터를 골라 주었다.

돈을 지불한 뒤 셜리는 혹시 어른들이 잘못 샀다고 야단을 칠까봐 나를 탈의실로 데려가 미리 입어 보게 했다. 그 일은 마치 내가 정상아이들과 다름없이 된 것 같은 착각 속에 남모르게 좀도둑 장난을 할 때처럼 유쾌한 느낌을 주었다.

우리가 차고 쪽으로 걸어 올라가니까 외할머니가 부엌문 앞에 서 있었다. 외할머니의 사랑스런 보호망에서 벗어나 마치 내가 항상 그랬던 것처럼 다른 사람과 어디론가 가 버렸다는 것을 확인한 후의 외할머니의 얼굴에 서린 놀란 표정은 평생 잊을 수가 없다. 내 새 바지와 스웨터를 보고서야 한시름 놓고 화를 풀었다. 나는 다른 아이처럼 똑같이 될 수 있는 일이라면 무엇이라도 해야겠다고 마음먹었다.

외할머니는 나더러 따뜻한 옷을 사준 셜리에게 **고맙다**는 인사를 하라고 일러줬다. 몰래 나갔다 온 것을 너무 재미있고 자랑스럽게 느껴서인지 외할머니와 엄마는 화를 풀고 웃으며 가서 놀라고 말했다.

드디어 내 마음대로 집 주위를 돌아다닐 수 있는 자유를 얻게 되자 모험심에 가득 찬 내 눈을 벗어날 것이라곤 없었다.

어느 날 오후, 처음 보는 동화책을 발견하고 소리내어 제목을 읽어보려 했으나 말이 너무 어려워 셜리에게 갖고 가 대신 읽어 달라고 했다.

언니는 더 재미있는 생각을 해냈다.

"우리 학교 놀이 하자. 내가 읽는 법을 가르쳐 줄게!"

내가 글을 읽을 수 있다면 모두 깜짝 놀랄 것이라고 판단했다. 오랜 세월 책읽기를 소원해 왔으므로 너무 흥분되었다.

셜리는 내가 문간방의 회색과 붉은 색 무늬의 미끄러운 비닐 소파에 똑바로 앉을 수가 없어 낡은 군용 모포를 소파 위에다 뭉쳐서 깔았다. 그녀는 내 앞에 조그만 초록색 아이들 책상을 갖다 놓았다. 침을 묻혀서 책장을 안 넘겨도 되게끔 굵은 줄로 마분지 조각을 묶어내 생전 처음 갖는 독서대를 만들어 주었다.

셜리는 가위와 크레용과 마분지만으로 마치 요술을 부리는 것 같았다. 거실에 있는 엄마와 외할머니가 눈치채지 못하게 그 일을 했다. 그들이 혹시 방 안을 훔쳐보더라도 이 놀랄 만한 일을 들키지 않기로 했다. 우리가 아주 조용하게 잘하고 있었으므로 그들은 우리가 무엇을 하는지 몰랐다.

셜리는 내가 이미 알고 있는 기초적인 발음법을 복습하도록 했다. 내가 아는 상식으로 어느 정도 읽어 나갈 수 있었는데 그녀가 제시한 단어 가운데는 그런 규칙이 통하지 않는 것들도 있었다. 그래서 나는 책을 펴 무조건 읽어 나가기로 했다. 캘리포니아의 간판이나 신문 제목에서 본 단어도 있었다. 언니는 내가 가까스로 읽는 것을 잘 해석해 주었으며 그녀뿐 아니라 심지어 나 자신이 놀랄 정도로 늘었다.

읽는 것이 예상과 달리 이렇게 쉽다니!

오래지 않아 셜리는 내가 외할머니와 엄마를 놀래 줄 정도가 되었다고 판단했다. 그들은 내가 갑자기 읽을 수 있고 매우 어려운 단어도 발음하는 것을 보고 너무 놀라워 했다. 그들은 내가 어떻게 외할머니가 가르쳤던 것보다 훨씬 많은 단어를 알게 되었는지 궁금해 했다. 나는 새 단어를 볼 때마다 그 뜻을 추측하는 것이 재미있어 쭉 그렇게 해왔다고 설명해 주었다.

엄마는 날더러 "이 앙큼한 것 같으니!" 라고 하면서 기뻐 소리치고 또 소리쳤다. 엄마는 내가 항상 매사에 호기심을 가지고 듣고 관찰해 왔기 때문에 보기보다 훨씬 많이 알고 있다는 것을 확인했다. 외할머니와 엄마는 둘 다 너무 놀라면서 대견해 했다. 그들은 마분지 독서대를 잘 만들었을 뿐 아니라 가르치는 능력도 뛰어나다고 셜리를 칭찬해 주었다.

그 놀라운 일이 있고 얼마 후 엄마는 나를 검사해서 적합한 교육 프로그램이 있는지 알아보기 위해 알래스카장애아동협회(ACCA)와 만날 약속을 했다. 나는 정상학교에 갈 수 있으리라 기대하고 매우 흥분했다. 나는 놀이와 물리치료만 가르치는 특수유아학교에 지칠 대로 시쳐 있었다. 걷고 이야기하는데 장애가 있다는 이유만으로 꼭 그런 학교에만 계속 다니라는 법이 있는가? 읽고, 쓰고, 철자법과 숫자를 모른 채 잘 걷고 말만 한다면 무슨 소용이 있단 말인가?

그 협회를 처음 방문했을 때 나는 이해가 안 되었다. 장애아동을 위한 협회 사무실이 얼음이 얼어 있는 좁고 가파른 옥외 계단을 통해 올라가야 하는 상점의 위층에 있고 또 좁고도 미끄러운 난간에 서서 죽을 힘을 다해 두꺼운 겉문과 내부 덧문을 열어야 한다는 것이 8살밖에 안 된 나에게도 너무나도 이상했다.

내부에는 커다란 방이 두 개 있었다. 하나는 교정실이고 다른 하나는 교실이었다. 나에게는 교실이 특히 흥미로웠다. 날짜를 뗐다 부쳤다 하는 펠트 천으로 된 커다란 달력이 눈에 들어왔다. 칠판, 탁자, 책상, 의자들이 있었다. 아무리 해도 진급할 수 없는 유치원이 아니라 정상학교 1학년에서 배우는 바로 이것이 내가 꿈꿔 왔던 것이었다.

그날 내가 치른 시험은 쉽고도 재미있었다. 가장 어려웠던 일은 건물 다른 쪽에 있는 심리치료사 사무실로 통하는 좁은 계단을 기어올라가는 것이었다. 일단 들어가자 내가 해야 할 일이라곤 편안하게 앉아서 한 쌍의 그림을 맞추어 보고 서로 다른 것을 찾아내는 것이었는데 별것 아니었다.

며칠 후 학교 수업 시간에 맞춰 개인교수 한 분이 매일 우리 집으로 오기 시작했다. 스토너 부인은 말하지도, 연필을 쥘 줄도, 심지어 책장을 스스로 넘기지도 못할 정도로 증세가 심한 장애아동을 가르쳐 본 적이 없었다. 나도 그때까지 책, 연필, 종이를 가진 선생님을 만나본 적이 없었다. 그래서 우리는 서로 배워야 할 것이 많았다. 드디어 다른 아이들처럼 교과서를 가졌다는 것만으로 잔뜩 어른스러워진 것 같아 행복했다.

스토너 부인은 중년부인이었지만 매우 점잖고 부드러운 태도를 지녔다. 그녀 짐작에 내가 모르고 있으리라는 것을 설명할라치면 어찌할 바를 몰랐다. 그러나 나는 그녀보다 두발자국 정도 앞서 있었다. 엄마는 당황해 하는 이 개인교수에게 내가 언니들과 학교 놀이를 매우 열심히 해서 기초적인 것을 이미 많이 알고 있다고 설명해 주었다. 그녀는 감동을 받은 것 같았다. 그녀는 내가 배우는 데 그렇게 열심이라면 훨씬 쉽고 재미있게 가르칠 수 있을 것이라고 말했다.

가장 혹심한 추위를 잠시 피하기 위해 외할머니와 나는 앵커리지를 떠나 캘리포니아로 되돌아왔다. 산타크루즈 해변가로 가는 대신 산호세로 와서 그 학기의 나머지를 다른 개인 교수에게서 배웠다. 여름이 오면 우리는 짐을 싸서 알래스카로 완전히 이사할 계획이었다. 자기만의 오두막집을 가지려는 외할머니의 꿈은 살아 있었다. 마침내 나는 가족과 함께 살면서 알래스카장애아동협회의 학교에 가게 된 것이다.

외할머니와 함께 있는 것은 언제나 즐거웠지만 가족과도 함께 있고 싶었다. 언니들과 같이 자라고 싶었다. 그러나 무엇보다도 학교에 가고 싶었다. 언니들과 그들의 친구로부터 떨어져 버린 소외감보다 아이들이라면 누구나 가는 학교에도 가지 못하는 고통이 뇌성마비에 미치는 신체적 부작용이 심하다고 느꼈다.

나의 외모와 장애에 대해 내 생애의 이 시점까지도 나름대로 느끼는 점이 없었다고는 할 수 없다. 다른 아이들이 하는 일을 나는 할 수 없는 일에 대하여 점차 많이 알게 되었다.

한 생일 잔치에 초대받아 가는 다른 아이들에게는 할머니 같은 사람이 같이 있어줄 필요가 없고 또 고깔 모자 쓰는데 도움을 받지 않는다는 것을 불현듯 알게 되었다.

사람들이 자주 나를 뚫어지게 쳐다보거나 내가 마치 저능아여서 이해하지 못할 것이라 지레 짐작하여 바보 같은 질문도 나에게 직접 묻지 않는다는 것을 짐차 알게 되었다.

그럴 때 내가 마치 그들과 전혀 다른 사람처럼 느껴져 울었다. 그럴 때마다 엄마는 나에게 미운 오리새끼 이야기를 해 주었다. 그 밉고 작은 새가 커서 아름다운 백조로 변해 모두를 놀라게 했다는 이야기를 수도 없이 들었건만 들을 때마다 새로운 위안이 되었다. 그 이야기는 나에게 자신만의 특유한 모습을 발견하게 되는 날이 있으리라는 희망을 심어 주었다.

내 자신이 미운 오리새끼에서 백조로 변하기 위해서는 교육이 필수적이라고 굳게 믿었다. 그러기 위해선 학교에 가는 것이 최선의 방법이었다. 비록 알래스카장애아동협회가 특수학교였지만 그것은 하나의 시작이었다. 언젠가는 다른 아이들과 같은 학교에 다닐 수 있으리라는 희망을 버리지 않았다.

꿈 속에서 언니들과 숲 속을 뛰어다니며 술래잡기하고, 친구들과 춤을 추며, 큰길을 따라 두발 자전거로 경주하는 내 모습을 꿈꾸곤 했다. 꿈 속에서 나는 일어서고, 걷고, 심지어 로즈마리나 엘리자벳만큼 빨리 달릴 수 있었다. 그 광경은 너무나 멋졌고, 자유로웠고, 생생했으므로 꿈에서 깨어나 여전히 부서져 있는 내 몸을 발견하면 실망하곤 했었다.

꿈 속에서 나는 언제나 정상이였다.

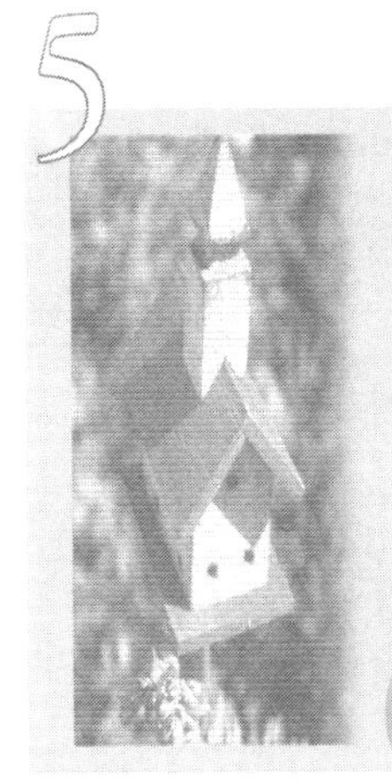

홀로 숨을 쉬며

캘리포니아로 돌아와 외할머니는 자기 또래의 여자에게서 방 하나를 세냈다. 화장실과 부엌은 주인 할머니 웨글리 부인과 공동으로 사용했다. 그러나 우리가 쓰는 커다란 문간방은 창이 많아 햇빛이 가득 찼디 알래스카와는 선혀 날랐다.

웨글리 부인의 낡은 집은 현관 난관까지 높다란 계단이 있었다. 외출할 때마다 외할머니는 내 수레를 먼저 내려놓고 계단 위로 다시 올라와 우리가 개발한 "징검다리"방법으로 내려갈 수 있도록 도와주었다. 한 계단씩 할머니가 먼저 내려가고 내가 난간을 잡고 내려갈 때까지 기다렸다. 이때쯤 나는 옆으로 기는 게처럼 두 손으로 난간을 겹쳐 잡으면서 천천히 옆 걸음으로 계단을 오르락내리락 할 정도는 되었다. 그러나 외할머니가 계단을 혼자 다니는 것은 너무 위험하다고 고집하여 항상 그녀가 이끄는 방법대로 했다.

외할머니는 언제나 나 스스로 무엇을 시도하는 일에 있어서 엄마만큼 관대하지 못했다. 엄마는 내가 하고 싶은 대로 해 주려고 했다 그나마 엄마가 그랬기 때문에 내가 외할머니나 사람들이 생각하는 만큼 무능하게 되지 않았다. 알래스카에 머무르고 있는 동안 엄마와 외할머니가 바쁠 때면 스스로 많은 일을 하려고 애썼다.

예를 들어 내 마음대로 하게 내버려두면 컵으로 물 마시는 법을 연습했다. 부엌 창문 곁에 버드나무 가지로 짠 커다란 광주리가 놓여 있었다. 광주리에 기어올라가 양쪽 가장자리를 잡고 가까스로 일어설 수 있었다. 광주리 옆 카운터 위에 엄마는 음료수 양동이와 물 떠먹는 묵직한 푸른 고무 컵을 항상 놔두었다. 나는 컵을 들고 물을 떠먹으려 했다. 단지 할 수 있나 없나만 알아보려 했다.

몇 번이나 실패하다보니 내 힘으로 물이 든 컵을 들고 마실 수 있다면 얼마나 좋을까 생각했다. 다시 컵을 단단히 움켜쥐고 물에 잠갔다가 천천히 들어 올려 덜덜 떨면서 입으로 가져가 덮어쓰듯이 하며 가까스로 마실 수 있었다. 목구멍으로 삼킨 물보다 셔츠에 쏟은 물이 훨씬 많았다. 한번 성공한 이후로 누구라도 물 마시는 것을 도와줄 양이면 거절했다.

잘못 삼켜 질식하는 것을 방지하기 위해 엄마는 항상 컵에다가 한번에 1인치씩만 붓는 기지를 발휘했다. 또 그녀는 유아용 특수 컵을 사왔는데 꽉 닫힌 뚜껑의 구멍으로 한번에 몇 방울씩만 나오기 때문에 더 효과적이었다. 그래도 물을 흘려 옷이 젖기 일쑤였다. 그래서 외할머니는 우리가 웨글리 부인과 사는 동안만은 내 식으로 물을 마시지 말도록 고집했다. 결국 우리는 외할머니가 생각하기에 알래스카보다 훨씬 세련된 사람들의 방식대로 식탁에 앉게 되었다.

나는 더 큰 승리를 얻기 위해 기꺼이 그 작은 양보를 해줬다. 마침내 할머니는 나 스스로 세수하고 이빨 닦고 옷을 입도록 허락해 주었다. 우리가 알래스카로 돌아가면 나는 학교에 가야 하고 또 여학생이라면 그 정도 일은 반드시 할 줄 알아야 한다고 설득하면서 그렇게 하게 해 달라고 졸라댔다.

그래서 외할머니는 침실 바닥 한복판에 넓직한 고무판을 깔았다. 그 판

위에 따뜻한 물이 담긴 대야를 놓고 칫솔, 치약, 기타 옷가지들을 내게 넘겨 주었다. 외할머니는 내가 정해 놓은 "보지 말기" 규칙을 충실히 지켜주었다. 스스로 뭔가 새로운 일을 시도할 때마다 남들이 나를 지켜보는 것을 참지 못했으므로 내가 고양이 세수나 옷 끼워 입기를 시도할 동안 그녀는 내내 신문을 보고 있어야 했다. 내가 혹시 미끄러져 넘어질까 염려하여 샤워는 절대 못하게 했다.

세수하고 옷 입는 첫번 시도는 한 시간 이상 걸렸다. 특히 옷 입기는 많은 시행착오를 겪어야 했다. 천신만고 끝에 티셔츠에 머리를 내밀고 왼팔을 바른 소매에 끼워 넣었다. 아뿔싸! 오른팔 넣을 곳이 없었다. 입은 채로 도저히 다른 팔 소매를 찾아 고쳐 입을 수 없었다. 그래서 벗고 처음부터 오른팔을 먼저 넣었는지 분명히 확인하면서 다시 했다. 그때서야 입을 수 있었다.

옷을 바로 입기 위해선 먼저 양팔을 소매에 제대로 끼운 후 옷을 머리 위로 뒤집어써야 한다는 것을 곧 알게 되었다. 거의 대부분의 옷을 능숙하게 입을 수 있을 때까지 나만의 이 뒤집어쓰기 기술을 계속 연마했다. 첫번 시도의 성공에 힘입어 수주 내에는 목털이 달린 양말을 혼자 벗을 수 있는 경지에까지 이르렀다.

아무리 해도 신발 끈 매듭 매는 것과 스웨터의 단추는 잠글 수 없었다. 머리 속으로는 두 가지 다 할 수 있었는데 손으로 하려면 되지 않았다. 그러나 세수와 옷 입기 성공만으로도 나는 커다란 용기를 얻었다. 또 다가오는 가을 알래스카에서 학교 다닐 것을 대비하여 정상적인 아이처럼 행동할 수 있는 나만의 방식을 개발을 해야겠다고 생각했다.

외할머니는 산호세 신문에 광고를 내어 가정 교사를 구해 주었다. 엄마가 그러길 고집했고 그에 소용되는 돈을 추가로 보내줬다. 은퇴한 교사인 오스굳 부인은 격주마다 새 책을 갖다 주면서 내가 책을 읽는 속도가 빨라 새 책을 구해 오기가 힘들다면서 좋아했다. 그러나 수학은 영 딴판이었다. 한번에 2자리 숫자 이상의 더하기나 빼기를 할라치면 완전히 헤매었다. 오스굳 부인은 참을성 많게도 몇 번이나 반복해서 가르쳐 주었고 내가 겨우 해내면 언제나 과분할 정도로 칭찬해 주었다.

세월은 빨리 흘렀다. 여름이 다가오면서 알래스카로 완전히 이사해야 할 때가 다가왔다. 가끔 외할머니는 저녁을 먹으면서 웨글리 부인에게 자신의 꿈에 대해 이야기했다. 외할머니는 그 나이에도 불구하고 여전히 꿈을 버리지 않았다. 외할머니의 얼굴을 볼라치면 집을 지을 그 땅을 마음 속에 그려보고 있는 듯했다. 외할머니의 오두막은 넓고 밝아야 했다. 밖에는 닭들이 접근 못하게 울타리를 두른 커다란 야채 밭을 꾸밀 작정이었다.

빙긋이 웃기만 하는 웨글리 부인에게 항상 꿈꿔 왔던 모험가의 길이 이제 드디어 열리게 되었다고 흥분해서 설명했다. 자식들과 외손자들을 키우는데 60년이나 바쳤으므로 이제는 충분히 그럴 때가 되었다고 말했다.

어느 비오는 금요일 봄날. 외할머니는 "포지, 오늘부터 알래스카로 갈 짐을 꾸리자!" 라고 선언했다. 상자 하나를 주면서 갖고 갈 장난감을 고르도록 했다. 내가 물건들을 점검하기 시작하자 깡통 우유가 바닥이 난 것을 알게 되었다. 그녀는 하루 전날 외출했을 때 우유 사는 것을 잊어 먹은 사실에 화가 나 길모퉁이 가게가 주말에는 혹 문을 닫을 지 모른다며 당장 걸어서 갔다 오려고 마음먹었다. 집에 나를 혼자 둔 적이 한번도 없었지만 알래스카로 가기 전에 혹시 내가 못 먹어 감기들까 염려했다. 수건을 목에 두르고 외투를 걸치면서 말했다.

"갔다 올 동안 꼼짝 말고 방 안에 그대로 있어야 돼. 집안을 돌아다니지도 말고 웨글리 부인을 귀찮게 하면 안돼. 금방 올꺼야!"

그리고는 급하게 문을 열고 나갔다.

외할머니가 폭우 속에서 집 앞길을 건너려 할 때 어떤 차가 외할머니를 치어 넘어뜨리고는 그대로 뺑소니를 쳐버렸다. 구급차가 오자 그녀는 구조원더러 병원보다는 집으로 데려다 달라고 떼를 썼다. 그녀는 아무 이상 없다고 계속 우겨댔다. 손녀를 돌봐줄 사람이 아무도 없으므로 그래야 한다고 고집했다. 마침내 구조원은 마지못해 그녀에게 목발을 주고 떠났다.

그 후 며칠간 외할머니는 목발을 집고 내 수레를 밀면서 집 주위를 절뚝거리며 다녔다. 웨글리 부인의 어떤 도움도 사양하고 평소처럼 매사에 밝고 티없는 자신의 생활 태도를 유지했다. 외할머니는 무엇보다 주의하지 못해 차에 치인 자신에게 화를 내고 있었다. 그녀는 이 일로 인해 우리의 계획이나 출발 일정이 변경되어서는 안 된다고 작정했다. 심지어 통증이 심해 침대에 누워 있을 때도 나더러 짐을 싸도록 독촉했다.

던 오빠가 수일 동안 외할머니가 찾지도 않고 그가 일하는 전자상회에 우리가 들르지도 않기에 어느 날 오후 예고 없이 들렀다. 사고 소식을 듣자 그는 곧바로 의사를 불렀다. 외할미니가 안절부설하는 모습은 내 평생 처음 보았다. 침대에 누워서 의사에게 진단을 받더라도 옷 벗으라고는 하지 말라고 고함을 질러대는 외할머니의 모습을 보고 나는 당황했다. 의사가 외할머니를 병원에 입원을 시켜야겠다고 결정하자 오빠는 나를 외삼촌 집에 데려다 놓아야겠다고 했다. 나는 울어버렸다. 외할머니는 울음을 그치라고 엄하게 꾸짖으며 "착한 소녀가 되어야지!"라고 했다.

그렇지만 나는 어쩔 줄을 몰랐다. 겁이 났다.

외삼촌 짐과 외숙모 메리는 나에게 아직도 비닐 껍질을 벗기지 않은 새 가구들을 조심하라고 일렀다. 아마도 그들은 자기 이이를 가져본 적이 없이 집 안에 아이가 있다는 사실만으로 지레 겁먹고 어색해 했던 것 같다. 외삼촌 짐은 심지어 정원에서 일할 때도 흙먼지 하나 안 묻히는 사람이었다.

외삼촌과 외숙모는 한번도 나랑 직접 대화하려 하지 않았다. 이전에 그들을 방문했을 때도 항상 외할머니를 통해서 나랑 이야기했었다. 갑자기 나는 매우 외로워졌고 그들과 함께 있는 것에 화가 났다. 이야기 할 상대도 없고 나의 궁금증이나 욕구 그리고 공포를 해소 해 줄 사람도 없었다. 무섭고 짜증나 신경질적으로 비명을 지르며 내 자신을 주체하지 못했다. 외숙모는 나를 달래려고 아이스크림을 주었다. 그러면 가끔 안정을 되찾았다. 외할머니가 병원으로 가는 날 아침 그녀가 오트밀 상자에서 꺼내 준 귀여운 도자기 인형과 놀 때는 조금 기분이 좋아졌다.

엄마는 앵커리지 공항이 악천후로 폐쇄되는 바람에 며칠이 지난 뒤에서야 겨우 알래스카에서 올 수 있었다. 아빠가 일하고 있는 섬과 통신이 두절되어 버려 얼마 동안은 이 갑작스런 여행에 대해 그에게 알릴 수 없었다. 사정이 그러다 보니 언니들만 집에 그냥 두고서 그녀나 아빠가 돌아올 때까지 이웃들에게 가끔 봐 달라고 부탁했다.

외할머니는 엄마가 도착한 날 저녁에 돌아가셨다. 외할머니는 병원에 입원하자마자 의식 불명이 되어 죽을 때까지 의식을 되찾지 못했다. 의사들에 따르면 다친 다리에 핏덩어리가 엉켰는데 제멋대로 분해되어 몸 속을 돌다 심장에 무리를 준 것이 사망 원인이라는 것이었다.

나는 억지로 울음을 참았다.

울기 시작하면 영원히 멈출 수 없을 것 같았다.

장례식이 진행되는 동안 엄마와 외숙모 메리는 내가 할머니의 관을 보지 않으려 했기 때문에 나를 차에 남겨두고 좌석을 돌려 놓았다. 나는 그녀가 침대에 누워 의사에게 소리쳤던 장면만 떠올려도 걷잡을 수 없을 것 같았다. 꼼짝 않고 차디차게 관 속에 누워 있는 외할머니를 본다는 것은 나로서는 도저히 견딜 수 없었다. 마치 절망의 벼랑 끝 나락 위에 내가 매달려 있는 것처럼 느껴졌다. 아주 미세한 틈만 있어도 댐이 무너져 주체할 수 없는 눈물의 홍수가 나를 완전히 익사시킬 것 같았다.

가족들만 장례식에 참석하는 것은 슬프고도 이상했다. 산타크루즈의 친구들이나 산호세에서 새로 사귄 친구들은 아무도 장례식에 오지 않았다. 식을 마치고 차로 돌아온 엄마가 내 곁에 앉아서 위로하려고 외할머니는 꽃다발에 둘러싸여 묻혔다고 말했다.

바로 할머니가 원하던 방법대로.

작년에 두 번, 즉 평생에 딱 두 번 외할머니는 죽음에 대해 이야기하면서 나더러 그 가능성을 염두에 두도록 대비시켰다. 그러나 이 기막힌 현실 앞에 내가 상상하며 준비했던 그 어느 것도 소용이 없었다.

장례식을 했던 성당 건물의 검은 그림자 뒤로 여름 저녁 하늘이 연한 분홍색으로 물들기 시작해 붉게 노을졌다. 내 속에 일어나는 소용돌이는 아랑곳 않고 바깥 세상은 여전히 고요하고 평화스러웠다.

지금까지의 나의 세계는 갑자기 산산조각이 나 버렸나. 외할머니와 나는 언제나 둘이 함께였었다. 가가와 포지는 이렇고…, 가가와 포지는 저렇고…, 한쪽이 없으면 다른 한쪽도 없었다. 이제는 더 이상 가가와 포지의 한 쌍은 있을 수 없었다.

내가 기억할 수 있을 때부터 가가(Gaga) 할머니는 항상 나와 함께 있었다. 외할머니는 나를 먹여 주고 목욕을 시켜주었으며 화장실에도 데려갔다. 근 10년 간 우리는 똑같이 호흡을 했다. 이제 외할머니는 더 이상 숨을 쉬지 않는다.

지금부터 나는 혼자 숨을 쉬어야만 한다.

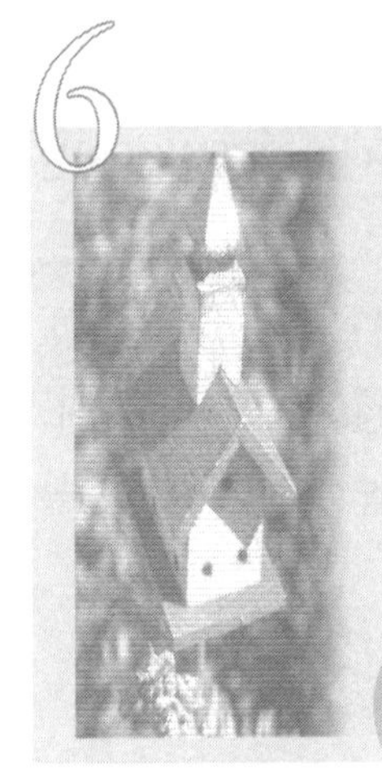

Pappy

우리는 서로 너무 몰랐다. 그래서 진실로
서로 사랑하고 있다는 것을 발견하는데 꽤 오랜 시간이 걸렸다

아빠

장례식 다음날 메리 외숙모가 할머니가 없는 지금 나를 어떻게 하려는지 엄마에게 묻는 것을 엿들었다.

"그 애를 전문 탁아소에 맡기지 그래요?"

엄마는 외숙모에게 화를 내면서 결코 그런 짓은 하지 않을 것이라고 대답했다. 바로 그날 오후 그녀는 나를 알래스카로 데려갔다. 가을이 되면 그녀는 나를 알래스카장애아동협회 학교에 등록시킬 것이다. 그리고 우리 가족들은 항상 해왔던 것처럼 하루하루를 열심히 살 것이다.

그날 저녁 북쪽으로 향하는 비행기 안에서 엄마에게 왜 외숙모는 항상 내 의견을 물어 보지도 않고 나에 관한 이야기를 하는지에 대해 물어 보았다. 엄마는 웃으면서 고개를 저었다. 엄마는 외숙모가 그런 줄 잘 모르는 것 같았다.

"내 생각에 외숙모는 뭔가 이상해요!"

엄마는 내가 말하는 뜻을 겨우 이해하게 되었는지 빙긋이 웃었다.

"네가 맞는 것 같아, 포지. 외숙모가 이상하긴 이상해!"

그리고선 엄마와 나는 같이 웃었다.

웃고 나니 기분이 좋아졌다.

우리가 알래스카 집안으로 들어섰을 때 로즈마리와 엘리자벳은 부엌에서 수채화 그림을 그리고 있었다. 엄마가 그들에게 외할머니가 돌아가셨다라고 말했다는 것을 알고 있었는 데도 그들은 마치 내가 느끼기에 어른이 된 양 그 상황을 침착하게 대처하는 것 같았다.

그들 둘 다 각각 11살과 12살 나이에 비해 현명하고 성숙했으며 내가 짐작했던 것 보다 훨씬 더 능숙하게 감정을 절제할 줄 알았다. 내 속에서 다시 감정의 소용돌이가 부글부글 끓어오르는 것을 느꼈다. 언제 분노가 폭발해 눈물 바다를 이룰지 몰랐다.

그들을 부러워하는 나 자신을 또다시 발견했던 것이다. 나에겐 그들이 똑바로 앉을 수 있고 나처럼 몇 안 되는 단어로 떠듬거리지 않고도 명확하게 이야기할 수 있으며, 또 밥 먹을 때 반쯤 씹은 음식을 뺨에다 질질 흘리지 않는 신체적 능력보다 자기의 기분을 절제할 줄 아는 그들의 감정적인 성숙이 더 부러웠다.

내가 처음으로 그린 그림은 한마디로 엉망진창이었다. 그러자 로즈마리가 나에게 더 섬세하고 부드럽게 붓질할 수 있는 법을 가르쳐 주었다. 얼마 되지 않아 나도 거의 줄친 부분 안쪽에 물감을 칠할 수 있게 되었다. 로즈마리와 엘리자벳은 그림을 그리면서 엄마가 없는 동안 그들이 겪었던 모험담을 들려주느라 정신이 없었다. 날씨가 너무 추워져서 아빠가 천신만고 끝에 설치한 수도 파이프가 얼어붙을 정도였는데 바로 옆집의 라르 씨가 얼어 터지기 전에 횃불로 녹여 줬다는 것이다.

엄마는 부엌에서 먹을 것을 준비하느라 부산한 가운데도 그들이 하는 보고를 조용히 들어주었다. 흰 강낭콩을 요리하는 냄새와 가족과 함께 다시 식사를 할 수 있고 식사 후 엄마가 신문 읽을 때면 앉는 의자에 변함없이 앉아 있는 것을 지켜보는 것은 참 안락했다.

누워 잘 시간이 되자 엄마는 로즈마리와 엘리자벳의 중간에 내 군용 간이침대를 펴주었다. 외할머니 없이 혼자 자려니까 그 다정했던 모습이 그렇게 순식간에 사라졌다는 것이 가슴을 쓰라리게 했다.

나는 밤새 흐느꼈다. 언니들이 그치라고 하면 더 크게 울었다. 울면 울수록 더 서글퍼져 멈출 수 없었다. 절제할 수 없다는 것이 나를 자극했다. 한밤중쯤 난로의 불이 꺼지자 견딜 수 없이 고독한 추위가 내 뼈 속까지 엄습해 왔다. 외할머니와 함께 지냈던 웨글리 부인 집의 그 밝고 명랑했던 방과 이 어두운 새 방이 자연히 비교되었다.

마무리도 제대로 안 되었고, 언니들과 함께 쓰는 이 방은 침실 겸 창고였다. 천장 서까래에다 식구들의 빨래를 거는 막대기를 줄로 매달아 놨다. 상자와 온갖 옷가지도 방안 구석구석 쌓아 놓았다. 유일한 난방 장치인 나무 때는 자그만 난로가 방 한쪽에 놓여 있었고 불이 번지지 않게 주위 벽에 철판을 붙여 놓았다.

대낮에도 음침한 그 뒷방은 절망스런 분위기를 연출하고 있었다. 컴컴한 밤에는 세 군용 간이침대가 들어차고 남는 마룻바닥에 잔뜩 높다랗게 쌓여 있는 온갖 잡동사니들의 그림자가 때때로 등골이 서늘할 정도로 기분이 나빴다. 방은 솜의 두루마리 옆구리가 터져 벽기둥 틈 사이로 비집고 나온 모습은 기괴한 요괴 같았다. 겁에 질려 눈을 질끈 감으면 캘리포니아의 그 안락하고 따스했던 외할머니와의 추억이 멀리서 아득하게 떠올랐다.

이곳에 온 지 몇 주 안 되어 아빠는 오지 일터에서 돌아와 당분간 머물

면서 시내에서 일거리를 찾을 것이라고 선언했다. 아빠는 오지 숲 속에서의 생활에 지쳤고 다시 가족의 일원이 되고 싶어했다. 아마도 집 수리하는 일부터 시작할 것이다.

아빠는 리처드슨 요새의 군용차 정비소에서 민간인(civilian) 정비공으로 취직했다. 그러나 아빠는 "바보 같은 일(silly service)"만 한다고 자신을 "실리비안(sillyvian)" 이라고 불렀다. 아빠는 언제나 자기 식으로 말을 바꾸지 않고는 못 견뎠다. 마치 어릿광대가 풍선을 비틀듯이 비비꼬아서 말을 했다.

아빠는 자기의 직업에 대해 좋고 싫은 것을 분명하게 구분 지우는 사람이었다. 일하는 것 자체를 즐겼고 언제나 손을 써서 하는 일을 좋아했다. 이번 일로 정부 관료들의 낭비와 비능률을 분명히 알게 되었다. 납세자가 바친 세금으로 구입한 장비들을 아껴 쓰고 관리해야 할 관리들이 무책임하게 지난 주에도 같은 차를 세 번이나 수리하러 왔다고 투덜대셨다.

엄마는 아빠랑 매일 저녁 커피를 마시면서 아빠의 일에서부터 그날 뉴스까지 여러 이야기를 나눌 때면 아빠를 달래려고 애를 썼다. 아빠는 매사에 분명한 의견(종종 그것이 목소리만 컸지민)을 가졌나. 성지에 관한 책을 읽기 좋아해서 세계 정세에 관한 자기 나름대로 소신을 갖고 있었다. 엄마는 심심찮게 아빠의 동료들 전부가 아빠의 의견에 동의하는 것은 아니니까, 그런 이야기를 할 때 조심해야 하고 남의 의견도 경청할 줄 알아야 한다고 주의를 주곤 했지만 아빠는 아랑곳하지 않았다.

해가 길어져 훤한 여름날 저녁이면 아빠는 엄마와 커피를 마시고 담소를 나누신 후에 집 수리를 하거나 차고에서 클래식 음악을 틀어 놓고 뭔가를 만드셨다. 가족들이 타는 차의 상태가 좋아 손볼 일이 없으면 자기 마음대로 변형해서 몰고 다니는 낡은 트럭에 주로 들어 붙어 있었다.

그 차의 반은 트럭이고 반은 모래사장용 삼륜차의 형태를 하고 있어 보통 차보다 훨씬 인간적인 맛을 풍겼다. 천장 뚜껑이 붙어 있고 별명이 "툰드라의 여왕"인 그 트럭은 비행기 바퀴를 달고 있어서 길이 없는 황무지도 잘 달렸다. 푸른색(아빠는 초록색이라고 우겨대며 색깔에 대해 시비하지 말라고 말했지만)의 그 차는 엔진 앞부분에 커다란 윈치를 장착하고 있어서 차를 높은 산 언덕으로 달아 올리는 일에서부터 사냥한 무스(Moose : 크기가 황소 만한 뿔 달린 사슴 - 역자)를 계곡에서 끌어당기는 일까지 무슨 일이든 할 수 있었다.

나에게 고정된 물체를 붙들고 자신을 의지하는 일은 항상 힘들었으므로 높다란 운전석에 오를 때마다 누군가 내 몸을 번쩍 들어 올려 주어야 했다. 아빠랑 그 차를 탈 때마다 마치 비행기를 타고 활주로에 내려앉는 기분이었다. 몇 마일 앞이 보일 정도로 운전석은 높았다. 그 차의 제일 눈에 띄는 특징은 아빠가 캠핑이나 사냥 갈 때 짐칸에 묶어놓은 발이 달린 큰 욕조였다. 아빠는 그걸 보고 누가 뭐라고 해도 들은 척도 안 했다. 엄마는 언제나 자신의 사냥 친구들에게 왜 알래스카의 숲 속 한 가운데서 욕조에 드러누운 아빠의 모습을 사진 찍어 오지 않느냐고 실망하곤 했다.

이때가 아빠랑 한집에 살았던 일을 처음으로 기억할 수 있는 시기였다. 우리 둘 다 서로에게 편하지는 않았다. 외할머니가 오랫동안 일일이 신경을 써 주었던 것이 나에게 몇 가지 부작용을 낳았다. 나는 세상의 한복판에 자리잡고 앉아 필요한 것은 무엇이나 재빨리 충당되는 삶에 익숙해 있었다. 내가 바라는 대로 안 될 때마다 울거나 비명을 지르며 자지러지면 만사형통이었다.

아빠도 집의 가장으로서 언제나 자기 중심의 삶에 익숙해 있긴 마찬가지였다. 그렇게 안 되면 화를 냈다. 아빠가 나에게 신경질을 낼 때 울음보를 터뜨리지 않게 되는데는 상당한 시간과 노력이 필요했다. 정말 하찮은 일에도 아빠는 화를 잘 냈다. 예를 들어 내가 화장실을 너무 오래 쓴다고 생각되거나, 아빠가 화장실에 들어가려는 찰나에 내 수레의 바퀴가 부엌과 복도 사이 문지방의 부숴진 바닥에 끼여 있을 때였다. 그런 때에 우리는 둘 다 신경이 날카로워지기 시작한다.

아빠는 나의 감정이 분출되는 것을 결코 참지 못했다. 내가 울면 아빠의 신경이 곤두섰다. 나는 나대로 아빠가 화난 모습을 보면 몇 시간이고 울어댔기 때문에 그럴수록 일은 꼬이기만 했다. 아빠는 나의 우는 모습에 미쳐 버리고, 나는 아빠가 나를 흥분시키는 일에 더 화가 나고, 또 그렇게까지 흥분하는 나 자신과 아빠를 화나게 만드는 내 몰골이 싫어 더더욱 화가 났다.

우리 둘 사이가 좋아지는 데는 상당한 시간이 흘렀다. 우린 둘 다 남을 사랑하고 남과 함께 사는 법을 배워 본 적이 없었다. 두 사람 다 그러기 위해 노력해야 했다. 내가 만일 정상이었다면 아빠가 나를 더 사랑해 주었을 것이라고 생각했던 기억이 있다.

나에 대한 아빠의 태두에 중대한 변회기 온 깃은 정원을 꾸미는 나를 지켜보면시 였다고 생각한다. 엄마에게 나만의 꽃밭을 만들겠다고 끈질기게 졸라대어 마침내 뒷마당 울타리를 따라 있는 조그만 빈 땅을 브릿치의 무덤 옆에 배당받았다. 그녀는 4인치 폭에 3인치 두께의 나무 막대기로 울타리를 만들어 주면서 그 작은 사각형 땅의 흙을 전부 고르라고 했다. 진흙 구덩이에서라면 땅파기, 나무 심기, 잡초 뽑기까지 무엇이든 나에겐 신나는 일이었다.

여름 내내 매주 많은 시간을 그 꽃밭 일로 보내느라 무척 바빴다. 뒷 울타리 바로 옆에 내 꽃밭을 정해준 것은 엄마가 한 유일한 실수였다. 아이가 없는 이웃집 라르와 진 부부가 나를 움타리 너머로 들어올려 정성스레 손질한 그들의 뒷마당 -정말 낙원처럼 아름다운 정원 중의 정원- 을 나에게 보여 주었다. 그들이 바로 파종할 수 있는 야채 모종을 주어 심었더니 가을까지 거인처럼 자랐다.

아빠는 내 정원이 훌륭하다고 생각했다. 탐스럽게 자란 내 화초를 신기해 했고 나를 어르면서 내 창자 속에 틀림없이 진흙이 들어 있을 것이라고 농담했다. 그 말은 나를 뿌듯하게 했다. 그때가 아빠와의 어려웠던 관계가 호전되었던 때 중의 하나였다.

우리 사이를 가로막는 장애 중의 하나는 아빠가 아무리 노력해도 내가 말하는 것을 잘 못 알아듣는 것이었다. 아빠는 조금만 알아들어도 내 흉내를 내려고 했다. 금방 쉽게 똑같이 흉내를 내어 가끔 엄마를 속였기 때문에 마치 내가 엄마와 정한 규칙을 어긴 것처럼 되어 나를 곤경에 빠뜨리게 했다.

엄마는 나의 말을 이해하기 힘들었기 때문에 규칙을 하나 정했다. 내가 엄마에게 이야기하고 싶을 때는 엄마 곁에 가서 주의를 끌게 한 다음 이야기를 시작해야 했다. 얼굴과 얼굴을 마주보고 대화하면 항상 더 분명하게 의사 전달이 되기 때문에 합리적인 규칙이었다. 엄마는 내가 그 규칙을 잊어버리면 화를 냈다.

어느 날 엄마는 내가 왜 고함을 지르고 있는지 알아보려고 뒷방으로 뛰어 들어갔다. 나는 다른 방에서 꼭 내 목소리처럼 어떤 소리가 들렸다고 막 엄마에게 말하려고 가는 참이었다.

"엄마, 내 슬리퍼 어디 있어요? 발이 시려요!"

엄마는 무슨 일인가 알아보려고 복도를 급히 가로질렀다. 몇 분 후 아빠의 웃음소리가 들렸다. 아빠는 나의 째지는 듯한 목소리와 J대신 Y를 발음하는 버릇과 S자 발성을 완전히 본떴다. 심지어 고개를 오른쪽으로 기울이거나, 아무 생각 없이 걸을 때 껑충거리는 모습까지도 그대로 흉내내었다.

엄마는 아빠가 하는 익살을 조금도 재미있어 하지 않았다. 엄마는 내가 오히려 아빠에게 그런 짓을 하도록 충동질한다고 나를 야단쳤다. 그러나 우리 둘은 엄마를 놀리는 것이 재미있었고 심지어 둘이 합작해서 놀릴 지 모른다고 위협해 그녀의 화를 더 돋구었다.

엄마가 그것은 점잖은 손님들 앞에서 할 짓이 못 된다고 했다. 나는 웃으면서 엄마에게 우리 손님들은 점잖은 것과는 거리가 먼 사람들이며, 그들 대부분이 무엇하나 제대로 즐길 줄 모르는 사람들이라고 말했다.

엄마는 나에게 자주 보는 어른들을 그런 식으로 말하는 것은 아주 예의 바르지 못한 짓이라고 했다. 그러나 아빠는 휑하니 문 밖으로 나가버리면서 여전히 히죽히죽 웃고 있었다.

섭씨 20도 이상 올라가는 1년에 며칠 안 되는 알래스카치고는 더운 여름 날에 아빠는 우리들과 같이 가고 싶어하는 친구들을 몽땅 트럭 뒤 짐칸에 싣고 수영이나 보트를 타기 위해 호수로 데려갔다. 나는 그렇게 놀러 가는 것을 좋아했으나 엄마는 물을 싫어해서 언제나 마른 땅에 머물면서 우리의 머리 숫자만 세고 있었다.

이렇게 놀러 다니면서 나는 아빠와 함께 있는 것에 익숙해졌고, 아빠 또한 마찬가지였다. 아빠와 함께 산다는 것이 왜 그렇게 어려운지 이해하기 시작했다. 이제까진 외할머니와 엄마가 내 모든 생활을 보살펴 주었고 나에 관한 결정을 해 주었다. 아빠는 또 그 두 사람이 최선의 결정을 하리라고 믿고 나를 그들에게 완전히 맡겼으므로 내 생애 첫 10년 동안 그들이 자기 딸과의 접근을 차단시키는 것을 용인한 셈이었다.

나는 그의 딸이었다. 그는 나의 아버지였다. 그러나 우리는 서로 너무 몰랐다. 그래서 진실로 서로 사랑하고 있다는 것을 발견하는데 꽤 오랜 시간이 걸렸다 - 비록 그 사랑이 거북스럽고 비정상적인 환경 속에 드러나지 않고 묻혀져 있었지만.

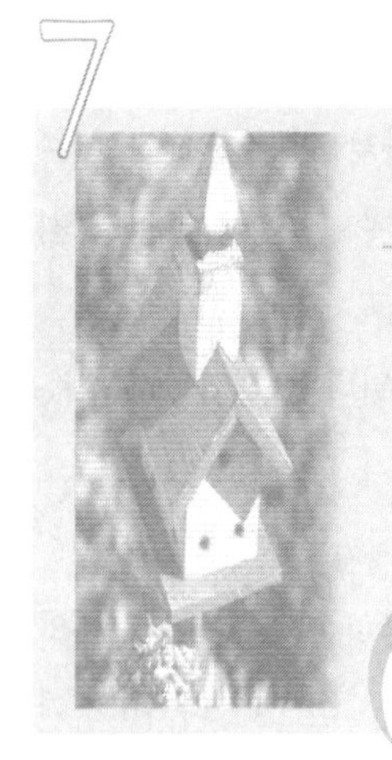

덫에 걸려

부엌 창문에 드리워진 커다란 자작나무 잎이 황금색으로 물들었다. 아침 해가 서늘해 졌다. 강아지 5마리와 고양이 15마리가 털갈이하느라 집안을 털북숭이로 만들었다. 엘리자벳의 망아지 코코아의 초라했던 갈기 털이 윤기가 나기 시작했다. 노동절이 되었고 그 다음날 학교가 시작됐다.

로즈마리와 엘리자벳이 옷을 잘 차려 입고 아침 식사를 한 후 문 밖으로 나갔다. 뒷마당 울타리를 넘어 이웃집 마당을 가로질러 가까운 큰길로 나가 몇 블록 떨어지지 않은 학교로 향했다.

엄마가 정성스레 머리를 땋아서 스코틀랜드 격자 무늬의 리본을 매어 줄 동안 나는 식탁 의자에 앉아 있었다. 정상 학교에 등교하는 첫날이었다. 나는 너무 흥분이 되어 의자에 얌전히 앉아 있을 수 없을 지경이었다.

그동안 오직 이날을 얼마나 꿈꿔 왔던가!

아침 식사에는 눈꼽만큼도 흥미가 없었다. 엄마가 오트밀 숟가락으로 안절부절 제멋대로 움직이는 내 입을 따라 조준하는 것에 지쳐버려 나에게 밥 먹이는 것은 포기하고 다시 한번 준비물을 챙겨 주기 시작했다.

"책가방, 손수건, 스웨터 잊지 말고, 마지막으로 화장실 갔다 오고, 얼굴하고 손 씻어!" 그리고 문 밖으로 나를 데리고 나왔다.

교실은 근 1년 전 외할머니와 엄마와 함께 알래스카장애아동협회를 방문했을 때 기억하고 있던 바로 그 모습에서 변함이 없었다. 바로 엊그제 방문했던 것 같은데 그동안 얼마나 많은 일들이 일어났었는지… 마치 한 평생이 다 지나간 것 같았다.

엄마는 다른 아이들이 앉아 있는 탁자의 한 의자에 나를 앉혀주고 가버렸다. 장밋빛 얼굴 색의 빼어나게 미인이자 러시아인 여선생님 폴이 나를 급우들에게 친절하게 소개했다.

첫 번째 과제는 커다란 펠트 천의 달력에다 지나간 날짜를 채워 넣는 것이었다. 그리고 색칠할 수 있는 그림이 윗부분에 있는 등사판 달력을 나누어 주었다. 매일 새로운 숫자를 써넣는 연습을 했다.

아이들 대부분이 연필을 사용했다. 나는 연필을 쥐고, 손을 고정시키며, 종이를 다른 손으로 받쳐 잡고, 빈칸에 작은 숫자를 써넣으려니 너무 힘이 들었다. 나를 더 힘들게 만드는 것은 숫자만 쓰면 제멋대로 거꾸로 써지는 것이었다.

간혹 점수를 메기기 전 나와 함께 확인해 볼 때도 있었지만 폴 선생님은 반대 방향으로 쓰여진 내 숫자를 잘도 알아채는 천재임에 틀림없었다. 글자 쓰는 데는 어려움이 없었는데 왜 숫자는 거꾸로 쓰는지 나도 이해할 수가 없었다. 그러나 나는 너무 재미있었고, 드디어 정상 학교에 다니게 된 나 자신이 자랑스러워 그 정도는 전혀 걱정하지 않았다.

글씨를 좀더 알아보기 쉽게 쓰도록 도와주려고 폴 선생님은 꼼꼼하게 적은 글씨로 써야 할 때마다 내 손이 들리어 올라가는 것을 막기 위해 허리

둘레에 작은 납덩이를 달아 주셨다. 또 연필을 꽉 잡을 수 있도록 진흙으로 연필을 통통하게 감싸주었다. 그럼에도 불구하고 그나마 오전에는 식별할 수 있는 글씨를 썼으나, 오후만 되면 마치 개미가 줄지어 잉크 위를 춤추며 지나간 듯했다.

조정과 훈련이 필요한 일은 힘겨웠지만 교과를 실제로 공부하는 일은 식은 죽 먹기였다. 연습장이나 규격 종이에 맞도록 작게 쓸 수 있기 훨씬 전에 숫자나 글씨를 다 외워버렸다. 책장 넘기는 일같이 -그것이 때로는 갑갑하고 신경질나게 했지만- 손재주가 필요한 것이 아니라면 책읽기는 전혀 문제가 없었다.

너무 빨리 읽는 것이 정작 나를 더 화나게 했다. 이전에 가정 교사와 공부할 때처럼 수주만에 어려운 다음 단계로 진행되길 기대했었다. 그러나 내가 불구 및 저능아를 위한 특수 교육 초급반에 속해 있다는 것은 엄연한 현실이었다. 적절한 교과서와 교육 자료를 살 예산이 없었다. 나는 같은 교과서를 읽고 또 읽어야 했다.

학교에서 더 실망스런 일은 말하는 훈련과 물리 치료를 계속해야 하는 것이었다. 나는 교정은 이차적인 것이라고 생각했다. 나에게는 지식 습득이 훨씬 흥미로웠다. 읽기와 쓰기 연습은 안 시키고 물리 치료에만 치중했던 캘리포니아의 특수 유아원은 생각하기도 싫었다. 내가 살아오면서 만났던 모든 어른들은 한결같이 마치 걷고, 이야기하는 것 그 자체가 최종 목적인 양 그것만 강조했었다.

알래스카장애아동협회의 부설 학교에 다니기 전까지 나는 화술 교정과 물리 치료의 필요성과 장점을 그리 발견하지 못했다. 정상 아동들과 일반 학교에서 공부하려는 나의 꿈을 이루자면 행동이 더 자유스럽고 의사 소통이 잘 되어야만 한다는 것을 마침내 깨닫게 되었다. 이제야 교정술이 그 목표 달성에 얼마나 필요한 지 알게 되었다. 나의 생각이 바뀌게 되자 많은 진전을 볼 수 있었다.

화술 교정은 많은 의미가 있었다. 말하고 싶은 것이 너무 많아 남들처럼 말을 잘하는 것이 나의 소원이었다. 화술 교정의 첫 단계는 빨대를 사용해 물 마시는 법을 배우는 것이었다. 교정사는 물을 빨아들일 수 있으면 특정 소리를 낼 수 있는 입술 모양으로 바로 잡아줄 수 있다면서 다른 바보스런 훈련과는 달리 합리적으로 설명해 주었다.

아빠는 실패의 꼭지를 깎아 만들어 거기에 빨대를 끼워 주었다. 가는 다란 조그만 빨대보다는 이 나무로 된 큼직한 꼭지를 물고 있기가 훨씬 편했다. 빨대 쓰는 법에 익숙해지자 그동안 사용했던 유아용 컵대신 빨대를 더 많이 사용했다. 빨대로 마시면 컵 꼭지로 마시는 것보다 물을 덜 쏟았다.

화술 교정 시간에는 언제나 똑같은 문제로 시달렸다. 단어나 발성의 단순한 반복에 짜증이 났다. 나는 인간 백과 사전이라고 할 만큼 빠른 속도로 많은 단어를 알아가고 있었으므로 교정시기 발음하기 어려운 난어를 반복해서 빌성하도록 요구할 때마다 미칠 지경이었다.

왜 같은 뜻을 얼마든지 다르게 표현할 수 있는데 꼭 이 지겨운 단어 하나와 씨름해야 하는가?

내가 만나본 다른 화술 교정사들과 마찬가지로 이 사람도 모든 소리를 가능한 명확하게 발음하는 법을 배우도록 고집했다. "깐 콩깍지!" 같은 말이나 도저히 흥내조차 낼 수도 없는 많은 다른 단어들을 말이다. 교정사가 "천천히 다시 해봐요, 말하기 전에 발음을 먼저 생각해 봐요!" 라고 하는 말을 백만 번도 더 들었을 것이다. 그러나 최소한 이 한가지 면에서만은 아직도 세상의 여느 11살배기나 다름없었다. 나는 무슨 일이든 천천히 하는 것을 싫어했다. 말할 때는 더 말할 나위도 없었다.

알래스카장애아동협회 부설 학교에서 생전 처음 나는 단계적인 물리 치료를 지속적으로 받을 수 있었다. 캘리포니아에서 물리 치료를 받았을 때는 언제나 곧 이사가거나 어떤 일이 발생해 중단해야 했다. 이번에는 조금씩 꾸준하게 나아졌기 때문에 나 자신도 놀랐다.

몇 달만에 X자형 받침이 달린 목발을 집고 어느 정도 먼 거리를 걸을 수 있게 되었다. 아빠는 낡은 파이프로 목발을 만들어 소방차 색으로 칠해 주었다. 내 목발은 학교에서 화젯거리였다. 8개의 발판이 나를 안전하게 지탱해 주었다.

물리 치료사는 엄마 아빠에게 그 X자 목발은 홀로 걷는 것의 첫 단계일 뿐이라고 말했다. 부모님들은 내가 나아지는 속도를 볼 때 1-2년 내 스스로 걸을 수 있으리라고 확신했다.

두 번째 단계로 어떤 의사가 봉제 인형 같은 내 외양을 교정하기 위해 내 몸에 맞게 고안한 철판과 가죽으로 만든 교정판을 특수 멜빵으로 가슴에 두르고 있게 했다. 그 교정판은 여러모로 고통스러웠다. 매일 오전 그것을 3시간 정도 차고 있기 위해 반드시 엄마나 언니들이 그 복잡하고 불편한 장치를 걸치는 데 거들어 주어야만 했다. 나 혼자 할 수 있었으면 좋으련만…

교정판을 관리하고 조정하는 일만 해도 힘들고 짜증이 났다. 결국 호흡하는데 장애가 되었기 때문에 물리 치료사가 그것을 떼어 내도록 했다. 다음에 그 의사를 만났을 때 거들어 주는 일이 귀찮아서 그것을 떼어낸 것 아니냐고 엄마를 야단쳤다.

어느 누구도 시소 같은 나의 신체 상태를 예측하지 못했다. 한번은 몸이 이쪽으로 쏠려 있어 의사가 어렵사리 교정판을 그 방향으로 조정해 놓으면 다음 번은 반대 방향으로 기울어져 다시 완전히 반대 방향으로 조정해야 했다. 몇 주 동안 엄마와 나는 학교 가는 만큼 많은 시간을 교정판 수리점에서 보내야 했다.

한참 시간이 흐른 후 나는 팔목에서 팔꿈치까지 꽉 끼이는 받침대가 붙은 캐나다 식 목발을 짚고 걸을 수 있는 단계까지 발전했다. 그러나 그 목발은 마치 고무를 바른 성냥알 같아서 균형 잡기가 아슬아슬했으며 내가 마치 줄 달린 꼭두각시 인형이 된 것 같았다. 비틀거릴 때마다 내 팔은 위로 뻗쳐지고 목발은 흘러 빠졌다. 그 목발을 마음놓고 쓸 수 있는 유일한 장소는 우리집 뒷방이었는데 바닥 타일이 산산조각으로 금이 많이 가 있어 목발이 미끄러질래야 미끄러질 수 없었기 때문이다.

새 목발을 좋아하지는 않았지만 많이 좋아졌다는 표식으로 그것을 사용했다. 그것에 더 빨리 적응되면 될수록 더 빨리 걸을 수 있을 것이다. 학교 친구들 대부분이 사용하는 것과 똑같은 것을 쓰고 있다는 사실이 나를 흐뭇하게 한 또다른 이유였다.

나는 나 자신을 너무 급하게 다그쳤다. 이 캐나다식 목발을 쓰자마자 보행 연습을 할 때 충분한 균형괴 안진을 가져나주었던 그 든든한 X자형 목발 사용을 중지했다. 그러자 새 목발을 쓸 때는 언제나 불안해 졌다. 이 불안감이 결국에는 내가 보행 자체를 싫어하게끔 만들었다.

목발로 걷는 것이 앉은뱅이 걸음으로 걷거나, 큰언니 맥신이 시카고에서 부쳐준 돈으로 산 중고 휠체어를 타고 굴러가는 것보다 언제나 훨씬 부자연스럽게 느껴졌다. 목발은 나를 걷게는 해 주겠지만 너무 불안하고 한계가 있었다.

예를 들면 목발을 짚고 싱크대까지 갈 수는 있지만 식탁으로는 아무것도 들고 올 수가 없었다. 휠체어를 타면 조리대를 빙 돌면서 무엇이든지 집어 내 무릎에 얹고 원하는 장소로 되돌아 올 수 있었다. 내가 만난 어른들 이느 누구도 내 기분을 이해하지 못했고 휠체어를 더 선호하는 나의 이론에 동의하지 않았다. 그들에게는 내가 걷는 것만이 제일 중요했던 것 같았다.

거의 매일 아침 셜리나 엘리자벳이 교정판을 걸치고 줄을 매는 것을 도와주었다. 셜리는 유난히 참을성이 많았고 심지어 내 몸을 따뜻하게 하려고 그것을 난로 위에 몇 분간씩 올려놓기도 했다. 얼마나 따스한 마음씨인가! 나는 셜리가 도와주는 것을 좋아해서 언제나 그녀의 도움을 감사하게 받아들였고 최선을 다해 협조해 주었다.

그러나 내가 뒤집어질 때도 있었는데 특히 아빠가 날더러 게을러서 걸으려 하지 않는다고 야단을 칠 때는 더 그러했다. 앙탈부리며 교정판을 채워주려는 누구라도 발로 차곤 했다. 그러고 나면 죄책감이 들었고 착한 아이가 되지 못하는 나 자신에게 화가 났다. 내가 좀더 열심히 잘할 수만 있다면 아빠와 엄마가 내 물리 치료법을 가지고 그렇게 많이 싸우지는 않을텐데….

왜 아빠, 엄마, 선생님들, 그리고 치료사들은 내가 빨리 걷지 못한다고 안달인가?

왜 그들은 공부한 지 2년이 지나도록 똑같은 기초 교과서만 계속 써야만 하는 사실에는 관심이 없는가?

왜 무엇이 가장 중요한가를 이해하지 못하는가?

내가 화를 낼 때마다 달래주는 것은 셜리였다. 그녀는 나의 근본적인 문제가 무엇인지도 모른 채 주로 나로 하여금 다른 일을 생각하게 하거나 이야기하게끔 해서 기분을 가라앉혀 주었다. 그러면 금방 웃고 기분이 다시 좋아졌다. 셜리는 나의 분노를 이해하는 듯했다. 그녀와 엄마는 나 자신과 나의 문제에 관해 내가 자고 있는 동안 자주 이야기했다.

사랑스런 언니 엘리자벳은 셜리보다는 자비롭지 못했다. 우리가 싸울 때마다 마지막 말대꾸는 언제나 언니 차지였다. 옷을 입혀주는 그녀에게 조금이라도 귀찮게 하면 교정판을 걸치기 전에 문 밖에 놔두어 차디차게 만드는 심술을 부렸다. 만약 내가 엄마에게 이르기라도 하면 다음 번에는 밖에 두는 시간을 두 배로 늘려 버렸다.

엘리자벳과는 다투지 않는 것이 상책이었다.

알래스카장애아동협회에는 물리 치료 전문 부서가 없었기 때문에 내가 이 분야에 관해 배운 것은 치료사에게 물어 보았거나 스스로 시행 착오를 겪으면서 터득한 것이었다.

스스로 음식을 먹어 보려고 여러 종류의 숟가락을 사용해 보았다. 그러나 어느 하나도 적절한 것이 없었다. 어떤 것은 내게 필요한 기능의 정반대 되는 것도 있었다. 어떤 사람이 장애인를 위해 고안한 회전 고리가 달린 숟가락을 갖다 주었다. 그러나 너무 떠는 내 손이 문제였다. 한입 떠서 먹으려 할 때마다 숟가락은 뒤집어지고 음식을 쏟았다. 나는 그 숟가락을 던져 버렸다.

마침내 엄마는 내가 숟가락을 꽉 쥘 수 있게 손잡이를 덧붙여 주었다. 그리고 음식을 뜰 때 식탁에 떨어지지 않도록 젖은 행주 위에 커다란 국대접을 놓고 거기에 음식을 담아 주었다.

처음으로 스스로 밥을 먹게 되자 식구들이 축하해 주었다. 엄마는 내게 알루미늄 포일로 성공을 기념하는 메달을 만들어 주었다. 그녀는 그 회전 숟가락이 커피를 젓는데 아주 편리하다면서 다시 썼다.

알래스카장애아동협회에 전문 치료사는 없었지만 혁신적인 음악 치료법을 고안한 맥 부인이 있었다. 그녀는 무용과 연극을 전공한 마음씨 착한 나이든 부인이었다. 나는 정규 수업도 좋아했지만 타악기 밴드에서 연주하는 것을 배우는 음악 치료 시간을 특히 좋아했다. 화술 교정과 물리 치료는 일대일로 배우지만 이 음악 치료는 나를 단체의 일원이 되게 했다.

맥 부인은 시베리아의 매서운 바람마저 환희의 미소와 춤으로 바꾸는 사람이었다. 그녀가 무엇을 시켜도 부설 학교의 모든 아이가 잘 따라하기 때문에 아빠와 엄마는 그녀가 천부적 재질을 타고났다고 했다. 그녀는 각자각자의 특이한 육체적인 장애를 알아내어 거기에 적합한 무용 동작을 고안해냈다. 다리가 뻣뻣한 팻시에게는 맥 부인이 나막신을 신기고 소젖 짜는 통을 쥐어 주었다. 통 무게와 나막신이 그녀의 뻣뻣함을 상쇄시켜 춤사위(춤동작)가 부드러워져 마치 자연스럽게 그런 동작을 하는 듯이 보였다. 맥 부인은 심지어 너무 부끄럼을 타는 쟈니를 부모님을 초대하는 학예회 때 팻시와 함께 네델란드 민속춤을 추게 만들었다.

나에게는 손가락을 따로따로 움직이는 연습을 하게끔 손가락용 심벌즈를 채워 주었고 내 걸음걸이에는 결코 신경을 쓰지 않았다. 대신에 내 팔과 손 그리고 손가락을 사용하는 동작들을 고안해 냈다. 바로 그런 점이 내가 그녀를 아주 좋아했던 이유였다. 나와 같이 그녀 또한 나에게는 걷는 것보다는 손이나 머리를 사용하는 법을 배우는 것이 더 중요하다고 믿었다. 그녀가 훌라춤의 손동작을 가르쳐 주어 무용 발표회 때 나는 훌라 아가씨로 출연했다.

처음에는 손가락들이 제멋대로 놀았으나 음악이 점차 그 움직임을 교정시켜 주었다. 음악을 들으면 들을 수록 더욱 편안해지는 것을 느꼈다. 손가락 심벌즈를 연주하면서 다른 일도 할 수 있을 만큼 손가락이 유연해 졌다. 생전 처음으로 왼쪽 엄지와 검지 손가락으로 조그만 물건을 집어 올릴 수 있게 되었다.

무용 발표회는 일년 중 가장 큰 학교 행사였다. 엄마와 셜리는 동네의 싼 물건만 파는 구세군 가게를 샅샅이 뒤져 맥 부인을 위해 무용복을 만들 재료들을 구해 줬다. 나는 발레용의 스커트에다 나무 잎사귀를 부치고 종이로 화환을 만들어 목에 걸었다. 쟈니는 북 치는 사람 복장을 하고 북을

쳤다. 모두 각자 맡은 역할이 있었다. 쟈니의 엄마는 너무 놀랐다. 그녀는 엄마에게 누가 아무리 쟈니가 실제로 많은 청중들 앞에서 연주하고, 신문 사진 기자들을 향해 포즈를 잡았다고 얘기해도 거짓말쟁이라고 했을 것이라 말했다.

어떤 때는 내가 겨우 할 수 있게 된 일이 알래스카의 불리한 환경 때문에 도리어 퇴보하는 듯했다. 겨울이 시작되면 학교까지 가는 일이 고역이었다. 비교적 덜 추운 날은 엄마가 앞 계단의 얼음을 치우고 나를 한쪽 팔로 겨드랑이 아래 끼우다시피 안고 다른 팔로 스키로프를 붙들고 불안할 정도로 가파른 진입로를 따라 조심조심 발걸음을 떼며 내려갔다.

거의 겨울 내내 차가 바로 집 앞까지 가까이 대는 것은 불가능했다. 엄마는 너무 힘들어 가끔 택시를 불러 나를 학교까지 태워 주게 했고 날씨가 아주 엉망일 때는 그냥 집에 있게 했다.

그럭저럭 겨울을 견디고 봄이 오면 눈이 녹아 또 다른 고생을 한다. 북극의 신비스럽게 아름다우며 눈이 시리도록 파란 하늘과 여름을 약속하는 우거진 향기로운 나무아래 알래스카주 전체는 질척거리며 미끄러운 진흙 바다로 변한다. 엄마는 겨울에는 내가 얼음 위에 넘어질까, 봄철에는 둘이 함께 진흙 구덩이에 넘어져 옷을 더럽힐까 염려가 끊일 새가 없었다. 집 밖에서 혼자 걸어다닐 만큼 걸음걸이가 바로 잡혀있지 않은데다 얼음과 진흙이 내 기동성을 더욱 제한시켜 버렸다.

이런 알래스카에 짜증나고 화가나 나는 허구한 날 분노와 절망의 고함을 질러댔다.

뭔가를 해야 했다. 내가 배운 것 중에 학교 공부와 교정술을 제일 좋아했지만 아무런 회망 없이 다람쥐 쳇바퀴 도는 듯한 기분을 느꼈다. 이 폭발적인 감정을 제어하지 못하면 나의 꿈을 도저히 이룰 수 없으리라는 것을 알았다. 알래스카의 생활 환경에 적응하려고 너무 많은 육체적 감정적 정력을 소모하면 내가 바라는 발전을 얻을 수 없었다. 내가 받고 있는 교육조차도 제한 투성이인 내 삶의 환경을 극복하는데 충분하지 못한 것 같았다.

알래스카장애아동협회는 단지 반창고에 불과했다. 내게 필요한 것은 붕대였다. 내 몸 덩어리만을 위한 것이 아니라 나의 감정과 소망을 위한 붕대….

나는 11살의 작은 소녀였다. 거의 대책이 없을 정도로 장애가 심각하고 극도로 예민한 소녀임에 틀림없었다. 그러나 말로써는 표현할 수 없었지만 내가 무엇을 느끼고 있는지는 알았다.

나는 덫에 걸린 것 같았다.

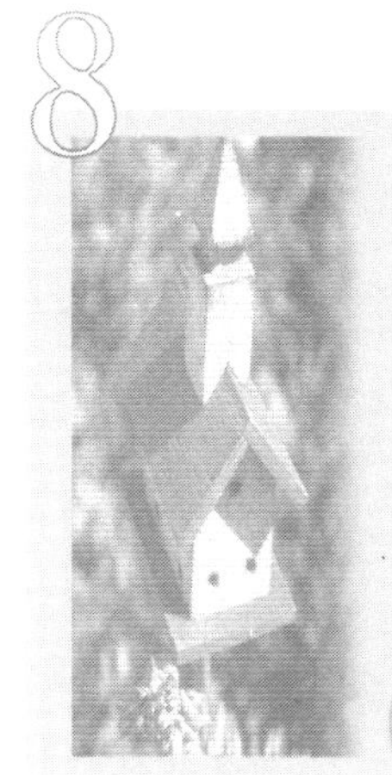

엘시가 보여준 길

어느 봄날 엄마는 알래스카장애아동협회 도서관의 그 볼품없고 빈약한 부모용 장서 가운데서 우연히 발견한 책 한 권을 보여줬다. 어떤 경위였는지 모르지만 이 조그만 학교가 아주 멀리 떨어진 노스디코다주 제임스타운의 루터교 미션스쿨이 장애아동 학교(Crippled Chidren's School) 앨범을 갖고 있었다.

그 앨범에는 많은 불구 아동들과 청소년들이 학교와 야외에서 함께 찍은 사진들이 있었다. 내가 꿈에만 그려볼 수 있던 그런 활동들을 하며 행복하고 활기차 보였다. 특히 교실에서 여럿이 함께 작업하고 공부하고 있는 사진이 더 인상 깊었다. 알래스카의 우리 학교는 너무 작고 학생들 수준이 각각 달라 단체로 배우는 일은 거의 없었다. 한 아이가 알파벳을 배우고 있으면 그 옆에 있는 아이는 6학년 지리를 공부하는 실정이었다.

"오! 이런 학교에 갈 수만 있다면…" 이라고 엄마에게 말했다. 그 앨범의 장면들은 내가 이때까지 경험한 그 어느 것과 비교해도 가장 아름답게 느껴졌다. 엄마도 동의했다. 다음날 학교까지 차로 태워 주면서 "노스다코타의 그 학교에 정말 가고 싶니?” 라고 물었다.

“예!”

엄마는 그 학교에 대해 더 알아보겠다고 약속했다. 주의를 주는 것도 잊지 않았다.

“대단히 중요한 결정이야, 포지. 당분간 깊이 생각해 보는 것이 좋을 꺼야. 노스다코타는 너무 멀단다.”

엄마는 학교 직원들과 의논했는데 그들도 전학 가는 것이 많은 가능성을 열리게 해 줄 것이라고 했다. 담임 선생님 폴은 진심으로 그 계획을 지지해 주었다. 그녀는 나에게 알래스카장애아동협회가 해 줄 수 있는 것 이상이 그것도 가능한 빨리 필요하다고 엄마에게 자주 권했다.

엄마는 만약 내가 그곳에 가면 반드시 향수병에 걸릴텐데 그것을 극복하지 않으면 안 된다고 경고했다. 그리고 내가 그 학교에서 교육을 받으면 갑갑해 하지 않고 더 행복해 질 수 있으리라 확신하는 것 같았다. 그러나 엄마와 아빠는 강요하지 않겠다고 했다. 결정은 전적으로 나에게 달렸다.

11살의 소녀에게는 매우 심각한 결정이었다. 11년 간의 대부분을 외할머니와 함께 살았다. 그녀를 사랑했지만 한편으로는 다른 아이들처럼 가족과 함께 사는 것도 꿈꿔 왔었다. 알래스카는 많은 결점이 있지만 그 꿈을 실현시켜 주었다.

겨우 가족의 일원이 다시 되었는데 어떻게 또 떠날 수 있겠는가?

왜 나는 다른 사람들에게는 당연한 것을 얻기 위해 가족과 항상 떨어져야 하나?

불공평해!

당시의 내 삶은 결코 공평한 것 같지 않았다.

내 생애의 아주 중대한 기로에 서게 됐다. 만약 이 모험을 감당하지 않는다면 영원히 덫에 걸릴 것이라는 것을 알았다. 그리고 앞으로는 언제나 “만약에… 어떻게 될까?” 라는 가정의 삶을 살아야 할 것이라는 것도 알았다.

　나의 결심을 전하자 엄마는 곧바로 1958/59 학년도에 등록시키려 문의 편지를 보냈다. 이제는 물러설 수 없게 되었다.

　내 생애의 중대한 계획들이 여러 번 예상치도 않은 사건들에 의해 나에게 더 좋은 방향으로 바뀌져 왔지만 이번의 중대한 계획도 실제로 그럴 참이었다. 우리가 소원이나 꿈을 이야기할 때 담대하게 확신을 가지는 것은 어렵다. 정작 입학허가서를 내 손에 쥐게 될지는 매우 불투명했다. 엄마에게 "나는 가고 싶어요!" 라고 계속 졸라대어야 했다. 정작 나의 기분은 그 반대이면서도 말이다.

　그 일은 엄마에게도 쉬운 것이 아니었다. 그러나 적어도 그녀가 동의할 수 있었던 이유 가운데는 말로 표현할 수 없었지만 보이지 않는 섭리가 작용했던 것 같았다. 정말 우연히 그 앨범을 발견하기 전에는 엄마도 종종 학교 도서관의 부모용 장서가 소용없는 책 뿐이고 수량도 많지 않다고 불평했었다. 심지어 시간과 돈에 여유가 생기면 그 도서관을 다시 정비하고 책을 구입하는데 돕겠다고 맹세까지 했었다. 도저히 있을 것 같지 않은 장소에서 그 앨범을 발견했다는 불가시의힌 이유 때문에 틀림없이 어떤 예비하심이 있다고 빋었던 것 같다.

　엄마가 출발하기 전에 준비할 일의 목록을 만들기 시작하자 나 자신은 의심과 불안이 커져 갔다. 엄마는 목록 만들기를 좋아했다. 그 목록의 맨 위에는 "캐롤린과 동행할 여행 친구를 찾을 것!" 이라고 쓰여 있었다. 분명히 나 혼자서는 갈 수 없었다. 노스다코타까지 비행기 삯은 비쌀 것이다. 설사 비행기 삯을 댈 수 있다 해도 셜리와 함께 새로 시작한 탁아소 일에서 엄마가 짬을 낼 시간 여유가 없었다.

　그래서 북쪽 평원으로 여행 갈 예정인 사람을 수소문해서 노스다코타주 제임스타운까지 나를 데려다주는 비용을 지불할 계획이었다. 그러나 엄마가 앵커리지 신문에 광고를 내기도 전에 참으로 신기한 일이 일어났다.

어느 아름다운 늦은 봄날 아침. 엄마와 셜리가 나와 함께 식탁에 둘러앉아 있을 때 엄마는 환기하려고 문과 창문을 열어 제쳤다. 그날은 마침 돌볼 아기가 둘뿐이었으므로 아빠가 오기 전에 봄철 대청소를 마치려고 나더러 아기들을 보게 하자고 이야기하는 중이었다.

그러나 따뜻한 날씨가 유혹의 손짓을 하자 엄마는 그만 넘어가 버렸다. 그녀와 셜리는 차에 아이들을 태우고 원래는 참석하지 않을 작정이었던 알래스카장애아동협회의 봄 소풍 장소로 향했다. 그 소풍은 우리집에서 얼마 멀지 않는 히든레이크에서 있었다.

우리는 쉽게 다른 가족들을 찾을 수 있었다. 아기들이 물에 너무 가까이 가지 못하게 호숫가에서 조금 떨어진 장소에 담요를 깔았다. 우리가 정오의 따스한 햇빛을 즐기고 있을 때 처음 보는 어떤 여자가 우리쪽으로 걸어와서 물었다.

"피크닉 탁자를 같이 좀 써도 되겠어요? 다른 장소는 빈 데가 없어요!"

우리는 이 인상 좋은 중년의 나그네에게 자리를 조금 양보해 주었다. 그녀가 자기 소개를 하기도 전에 그녀에게 있는 무언가가 나를 끌어당기는 것 같았다.

자기 이름을 벤슨 부인이라고 소개하면서, "엘시라고 부르는 편이 더 좋아요!" 라고 했다. 여름 동안 앵커리지에 있는 자매를 방문 왔는데 신문에서 알래스카장애아동협회의 봄 소풍에 대해서 보았다고 했다. 자기는 노스다코타주의 장애아동학교의 기숙사 보모라서 이 소풍에 와서 어떻게 하는지 한번 보러 왔다고 했다.

엄마와 셜리 그리고 나는 마치 귀신에 홀린 듯 그녀를 빤히 쳐다보았다. 셜리가 마침내 정신을 차리며 물어 보았다.

"서…설마 제임스타운에 있는 학교는 아니겠지요?"

나는 너무나 흥분되어 벤치에서 떨어질 뻔했다.

엘시는 어리둥절한 표정을 지었다.

"예, 맞습니다. 그런데 어떻게…."

엄마는 목소리를 가다듬고 재빠르게 내가 입학 허가를 받아 금년 가을에 제임스타운으로 갈 예정이라고 설명했다. 엘시는 너무 놀라 반신반의했으나 우리가 따발총처럼 질문 공세를 퍼붓자 그제야 미소를 머금었다.

학교가 설명서만큼 좋은가? 학과 공부 뿐만아니라 내가 배우기 원하는 타이프 치는 법, 옷에 단추 다는 법 같은 것들을 가르쳐 주는가? 앨범에서 본 것처럼 걸 스카웃에 가입할 수 있는가? 기숙사에 들어갈 수 있는가? 내 나이 또래 아이들은 몇 명이나 되는가? 식사는? 캠퍼스 주변은?

엘시는 참을성이 많게 우리 질문들을 모두 웃으면서 기분 좋게 대답해 주었다. 마침내 엄마가 문제의 그 질문을 했다. 엘시는 여름이 끝날 때쯤 제임스타운으로 돌아갈 것인가? 그렇다면 나를 데리고 가줄 수 있겠는가?

엘시는 나바호 인디안들을 위한 의료 선교사가 되려고 미네아폴리스에서 가을부터 시작하는 간호사 훈련 프로그램을 들을 예성이라고 했다.

나는 가슴이 철렁했다.

그때 엘시가 "강의가 시작되기 전 시간 여유가 조금 있어요. 기꺼이 캐롤린을 제임스타운까지 데리고 가지요. 내 친구들도 만나고 얼마나 좋아요!"라고 덧붙였다.

엘시에게 작별 인사를 한 우리 모두 '도대체 다음에는 어떤 일이 일어날까?' 하는 경이와 신비의 감정에 젖어서 피크닉 장소에서 돌아왔다.

그 여름의 남은 기간 동안 엘시와 많은 시간을 보냈다. 그녀는 자주 오후에 우리 집으로 와서 나와 이야기하고 가르쳐 주었다. 그녀는 노스다코타로 함께 떠나기 전에 내가 그녀를 신뢰하게 되길 원했다.

나는 믿었다. 그녀는 천성적으로 어린이들을 진정으로 사랑하는 친절한 마음씨를 타고난 것 같았다. 그녀를 가까이 알면 알수록 내 결심은 더욱 확고해졌다. 그녀는 불확실한 나의 미래에 처음으로 희망의 빛을 비쳐 주었다. 나는 엘시에게서 그 앨범에 가득 찬 사진보다 더 많은 것을 보았다.

그녀는 엄마 아빠에게 제임스타운의 학교가 아주 우수하다고 생각한다고 말했다. 극심한 불구 아동들이 육체적으로나 학문적으로 놀랄 만큼 좋아지는 것을 많이 보았다고 했다. 또 학교란 기적을 생산해 내는 공장은 결코 아니라고 했다. 그곳에서 종사하는 사람들은 단지 자기들이 할 수 있는 것을 할 뿐이었다. 언제나 학생 자신의 의욕이 자기가 얼마나 성취할 수 있는가를 결정짓는 가장 중요한 요인이 된다고 했다.

부모님에게 그 이야기는 타당하게 들렸다. 또 나에게는 희망을 주었다. 나는 내가 그런 욕구를 갖고 있다는 것을 알고 있었다.

준비해야 할 것들이 많았다. 어느 늦은 여름날 엄마는 마지막으로 학교에서 생활할 때 필요한 것들을 사려고 나를 가게에 데려갔다. 머리에 리본을 맨 어떤 여자가 우리 쪽으로 걸어와 휠체어에 앉은 나를 내려다보고 엄마에게 말했다.

"내 여동생에게 저런 불구의 작은 딸이 하나 있었어요. 그러나 그 아이는 오히려 운이 좋았어요. 죽었으니까요!"

나는 엄마를 쳐다보면서 의아해 했다. 엄마는 우리가 웃음을 터트릴 것 같아 황급히 그녀로부터 휠체어를 밀어 가게 밖으로 나와 버렸다. 그 여자도 너무 경우가 없었지만 우리 또한 그녀에게 무례하게 대하고 싶지는 않았던 것이다.

나는 그런 사람들을 전에도 많이 만났다. 그 여자와 외숙모는 아마 좋은 친구가 될 것 같았다. 엄마는 고개를 절레절레 흔들면서 나에게 항상 하던 말을 또 했다.

"포지, 가끔 저런 사람들도 있단다. 그렇지만 너는 얼마든지 이겨낼 수 있을꺼야!"

"알아요!" 나는 대답했다.

"저런 무식한 사람들이 결코 나를 어떻게 할 수 없어요. 특히 내가 집을 떠나 생전 처음으로 정상학교에 갈려는 이 마당에는요!"

학교에 가는 기쁨과 엘시를 신뢰하는 믿음이 있었지만 떠나는 날 아침 나는 많이 울었다. 엘시는 나를 달래면서 비행기에 태웠다. 그녀는 친절하면서도 단호하게 "쉬운 일이 아니란 것을 나도 알아. 하지만 너는 강해. 이제 네 인생에서 참으로 중요한 일을 하는 거야. 이겨낼 수 있으리라고 믿어!" 라고 말했다.

비행기 좌석에 앉고서야 울음을 그쳤다. 집을 보면 다시 큰소리를 지를 것 같아 창 밖을 내다보지 않았다.

자기 좌석에 앉자마자 엘시는 가방에서 조그만 검정 성경책을 꺼내었다. 성경을 펼치면서 그날 아침에는 경건의 시간을 갖지 못했다고 말했다. 그리고 예수님에 관한 한 이야기를 들려주면서 그분이 나를 축복해 주기 원하는지 물었다. 그녀는 예수님께서 나를 너무나 사랑하기 때문에 나와 새 학교에서의 내 생활을 축복해 주기 원하고 계신다는 것을 믿는다고 말했다.

물론 나도 성경에 대해 알고 있었지만 경건한 시간을 갖는 것은 새로운 경험이었다. 엘시가 그날 아침 성경을 읽어 주며 예수님께서 나를 사랑하고 복 주시길 원한다고 얘기하는 동안에 내가 생각했던 것을 기억한다.

'웃기보다는 울기를 자주 하는 내가 나쁜 소녀라는 것을 예수님이 모르시겠는가? 엄마와 아빠를 그렇게 자주 싸우게끔 만드는 나에 대해 하나님께서 분노하고 계시지 않겠는가? 어떻게 그분이 나를 사랑할 수 있겠는가? 만약 내가 불

구가 아니었다면 나는 착해질 수 있었어. 그러면 엄마와 아빠는 서로 사랑했을 꺼야!'

하나님께서 나처럼 엉망진창인 사람을 사랑한다는 것은 믿을 수가 없었다. 그러나 나는 그런 생각을 입 밖에 내지 않았다.

미네아폴리스에 착륙한 후에 우리는 엘시의 기숙사 방에서 밤을 보내었다. 다음날 아침 그녀는 다시 성경을 읽어주고 나를 위해 기도해 주었다. 그녀는 하나님께서 이 중요한 여행을 같이 하라고 자기를 히든레이크의 봄 소풍날 우리의 피크닉 탁자까지 인도하셨음을 믿는다고 말했다.

그 일을 생각하면 할수록 그녀의 말이 맞는 듯했다. 그렇지 않다면 어떻게 중서부에 있는 한 선생이 알래스카에서 여름 휴가를 보내다가, 알래스카장애아동협회의 봄 소풍 소식을 우연히 신문에서 보고 참가하게 되었으며, 또 우리가 마지막 순간에 계획을 바꿔 그 소풍에 참여했고, 우리의 피크닉 탁자로 그녀가 다가와 같이 쓰자고 부탁했으며, 그리고 그 해 가을 등록하려던 수천 마일 떨어진 바로 그 학교에서 일하고 있다고 하면서 대화를 시작할 수 있게 되었던 일들을 설명할 수 있단 말인가?

그날 늦게 작은 비행기로 미네아폴리스에서 제임스타운까지 갔다. 한 직원이 차로 마중 나와 우리를 장애아동학교(CCS)까지 데려가 주었다.

크고 울창한 나무들과 멋진 정원들로 둘러싸인 커다란 흰 건물이 우뚝 솟아 있었다. 차고 깨끗한 제임스 강이 마치 말발굽 모양으로 굽이쳐 흐르고 수양버들이 강둑 위에 줄지어 서 있었다. 그 광경은 외할머니가 보여 주었던 사진 속의 옛날 남부지방 풍경을 연상케 했다.

학교에 가까이 가니 이미 도착한 가족들이 학생들과 짐을 차에서 내리고 있었다. 모두 다 엘시를 알고 있는 듯했다. 그들은 그녀를 포옹하면서 그녀의 돼지 꼬랑지 같은 동행이 누구냐고 물었다. 그녀는 나를 전부에게 소개시켰다. 내가 지금껏 전혀 보지 못했던 광경이었다. 그 많은 사람들이 서로 끌어안고 입맞추고 인사하는 것이 너무나 행복해 보였다. 나는 무엇을 생각해야 할지 몰랐다.

학교 안으로 들어갈 때가 되어 엘시는 내 휠체어를 운전사에게서 받아들고 보도 쪽으로 밀기 시작했다. 그녀가 나에게 말했다.

"학교 정문을 처음으로 너와 함께 들어가는 영광을 가지고 싶어. 나는 하나님께서 네 인생에 분명히 큰 뜻을 갖고 계신 걸 믿어. 하나님께서 너에게 복을 주기 시작하는 마당으로 내가 너를 인도하고 싶어!"

엘시는 나를 기분 좋게 했다. 그런 예언자적인 말들이 어떤 의미를 가질지 전혀 알 수 없었지만 나도 그날의 중요성은 느끼고 있었다. 실제로 앞으로 일어날 일은 예측할 수 없었다. 그러나 희망을 가졌다. 그 희망이 나에게 말했다.

'이것은 새로운 시작이다!'

인생을 변화시킨 발견

엘시는 나를 곧장 여자 중학생들의 기숙사로 데려갔다. 창문 커텐이랑 어울리는 초록과 흰색 시트가 덮인 똑같은 침대 8개가 놓여있는 길다랗게 트인 방이었다. 나는 그 방의 깨끗하고도 아늑한 느낌에 놀랐다. 그 방의 자연스런 채광과 신선한 공기는 믿기 어려울 정도였다.

한 친절하게 생긴 나이든 여자가 그 방에서 부산하게 우리를 맞아 주었다. 그녀는 "다들 나를 군스 할머니라고 불러요!" 라고 말했다. 그녀는 배정이 안 된 침대들을 가리키면서 마음에 드는 것을 하나 고르면 어느 옷장을 써야할 지 알려 주겠다고 했다. 나는 구석에 있는 침대를 골라 군스 할머니에게 내 스스로 휠체어에서 침대로 옮겨갈 수 있다는 것을 보여 주었다. 그녀와 엘시가 지켜보는 가운데 나는 새 침대에서 구르며 웃었다.

엘시가 내 가방을 열고 짐 푸는 것을 도와주기 전에 그녀에게 화장실에 가야겠다고 말했다. 화장실 벽을 따라 길다란 손잡이가 달려 있는 것을 보고 놀라고 기뻤다. 얼마나 기발한 아이디어인가! 혼자서 용변을 볼 수 있게 해 놓았다. 엘시가 휠체어를 잡고 있는 동안 생전 처음 혼자서 화장실을 사용했다. 용변을 마치고 나니 너무나도 기분이 좋아 웃었다. 엘시도 웃으면서 군스 할머니에게 알래스카에 있는 우리 집은 단지 휠체어가 굴러 다닐 수 있을 뿐 아무런 장애용 시설이 없고, 또 아무리 작은 일이라도 나 스스로 재주 부리는 것을 좋아하기 때문이라고 설명해 주었다.

엘시가 기숙사 방 구석에서 짐 푸는 것을 도와주고 있을 때 다른 소녀들이 하나 둘씩 들어왔다. 그들은 모두 "벤슨 부인"인 엘시를 알고 있는 듯했고, 엘시는 그들더러 자기 소개를 하도록 함으로써 나를 편안하게 해 주었다. 내 옆 침대를 쓰게 된 제인은 나처럼 긴 머리의 자그만 소녀였다. 케이티는 빨강머리였다. 샌디는 스칸디나비아 사람처럼 건장했다. 재키는 억지로 웃음을 지었지만 고통스런 표정이 얼굴에 쓰여 있었다. 검은 머리카락에 안경을 낀 수잔은 자기 집안에 자부심을 가지고 있어 모두에게 떠벌리고 싶어했다. 그리고 캐나다 학생 도린은 부모님이 교회에 가지 말도록 했는데도 하나님과 사랑에 깊이 빠져 있었다.

저녁 시간이 되어 엘시와 나는 새로운 친구들과 함께 식당으로 갔다. 가을 학기에 약 80명의 학생이 기숙사에 등록했다. 서로 다른 종류의 휠체어, 지팡이와 들것을 그렇게 많이 보기는 처음이었다. 행복에 겨운 왁자지껄한 웃음소리가 식당을 가득 메웠다. 우리 모두 턱받이를 목에 두른 채 서로 다정하게 포옹하거나 머리를 어루만져 주었다. 이곳은 분명 내가 있어본 중에 가장 거대한 장애인만의 자리였다.

상급생들이 앉는 장소는 따로 있었고 우리 같은 저학년들은 더 작은 탁자들이 있는 다른 방으로 옮겨갔다. 우리 방으로 옮기자 한 여자가 우리가 앉은 탁자 위에 이름을 쓴 스티카를 접착테이프로 부쳤다.

식사가 끝나자 엘시는 나에게 학교 전체를 구경시켜 주었다. 선생님들이 자기 방에서 다음날 아침부터 시작하는 수업을 준비하고 있었다. 내가 속

할 3-4학년 방에 들렀을 때 학생 명단과 대조하면서 반갑게 맞아주는 오스틴 선생님께 나를 소개시켜 주었는데 선생님께서는 다음날 아침 8시 30분에 바로 수업이 시작된다고 말했다.

너무 기뻐 나도 모르게 질러대는 탄성을 그녀는 점잖게 무시하면서 엘시와 간호사 훈련에 관해 이야기하기 시작했으므로 나는 자연스레 내 표정을 가다듬으면서 교실을 유심히 둘러보았다. 잘 꾸며진 교실은 앨범 사진과 똑같았는데 전형적인 책상, 휠체어용 특수 탁자, 타자기, 준비물을 넣어두는 높다란 캐비넷, 줄지어선 책꽂이들로 가득 차 있었다. 이곳에서는 공부가 절로 될 것 같았다.

주위가 어두워지기 시작하는 저녁 7시 30분은 여자 중학생들이 기숙사 방으로 돌아가야 하는 시간이었다. 엘시가 곧 바로 미네아폴리스로 돌아가야 했기 때문에 작별 인사를 했다. 그녀가 내 기숙사 방을 걸어나갈 때까지는 의연하게 지켜보았다. 그러나 불현듯 그녀가 나와 집 그리고 가족을 이어주는 마지막 고리였다는 생각이 들었다.

지금부터는 노스다코타주 제임스타운에 알래스카장애아동협회의 부설 학교가 어떠했는지 아는 사람이 아무도 없게 됐다. 어느 누구도 내 가족, 우리 집, 내 지난 생활이 어떠했었는지 알지 못한다. 나를 아는 사람이 하나도 없었다.

나는 갑자기 처절하게 외로워졌다.

그러나 나는 혼자가 아니었다. 나의 울음보가 터지기도 전에 군스 할머니가 방으로 미끄러지듯 들어와서 이곳에서의 첫날밤에 어떤 잠옷을 입을지 가르쳐 달라고 했다. 그녀는 또 내 넝마 인형 "하니"에게 잠옷을 입히는 것도 도와주었다. 그녀가 나를 침대에 쑤셔 넣을 때 나는 그녀의 따뜻하고 주름진 아름다운 얼굴을 올려 쳐다보면서 가슴 속으로 흐느꼈다.

여러모로 나는 혼자가 아니었다. 곧 우리 방의 모든 소녀가 흐느꼈다.

그러자 옆방의 유치원 학생 8명도 따라 울었다. 그러나 군스 할머니와 그녀의 보조원들은 인정스러웠다. 그들은 결코 운다고 야단치지 않았다.

다음날 아침 또다른 기숙사 보모 사라를 만났는데 그녀가 나의 머리를 정성스레 땋아 주었고 식사 후 내 손과 얼굴이 깨끗한지 돌보아 주었다. 그녀와 그녀의 보조원들이 우리의 매무새를 점검하고 난 뒤 우리를 배정된 교실로 데려다 주었다. 샌디, 수잔, 재키와 나는 오스틴 선생님의 3-4학년 방으로 갔다. 우리 방의 다른 학생들은 그 옆의 5-6학년 방으로 인도되어 갔다.

오스틴 선생님이 다른 급우들도 서로 소개시켜 주었다. 우리 기숙사 방의 여자 친구들과 나를 빼고 통학하는 2명의 여학생과 4명의 남학생이 더 있었다. 그리고 성경을 읽고 기도하는 것으로 그날 수업을 시작했다.

먼저 교과서와 과제물을 나눠주면서 오스틴 선생님은 나를 주의 깊게 살폈다. 며칠만에 내가 아직 3학년 수준에도 못 미친다는 것을 알고 표준학력고사를 보게 했다. 그 결과 나의 학력은 수학은 1학년 고급, 읽기와 쓰기는 2학년 평균성도의 수준으로 판명됐다.

나이 때문에 친구들과 함께 3-4학년 반에 남아 있게 되었는데 그 바람에 선생님에게는 과외의 시간과 일이 더 늘어나게 되었다. 오스틴 선생님은 3학년 교과서들을 내 책상에 그대로 남겨 두었다. 그래서 시간이 남을 때마다 나는 그 책에서 아는 단어를 찾아 공부했고 학급 토론에 참여하기 위해 역사와 지리책을 열심히 읽었다.

오스틴 선생님은 나의 예측할 수 없는 쓰기 솜씨가 공부하는 데 가장 큰 장애가 된다는 것을 재빨리 간파했다. 내 글씨는 항상 오후보다는 오전이 그나마 나은 편이었지만 겨우 알아볼 정도였다. 그녀는 개인별 작업 요법 시간에 최우선적으로 타이프를 배우도록 했다. 엄마는 나에게 타자기를 사주어야겠다고 오랫동안 말해 왔었다. 이제 드디어 그때가 온 것이었다.

작업 요법 첫 시간이 되자 나는 타자기를 사용하는 것이 두려웠다. 불규칙적인 내 손 떨림이 만약 기계를 망가뜨리면 어떻게 하지? 그러나 교정담당 선생님은 아무리 두들기고 눌러대도 끄떡없다고 안심시켜 주었다. 선생님은 한번에 2개 이상 치지 못하도록 문자키 위에 특수하게 장치된 오타 방지기를 보여 주었다.

며칠만에 문자판을 외우고 나니 전용 타자기를 주었다. 견고한 쇠로 된 검정색 타자기는 어지간해서 부서질 것 같지 않았다. 실제로 몇 주도 지나지 않아 나는 혹시 망가뜨리면 어떻게 하나 하는 것이 쓸데없는 걱정에 불과함을 확실히 알게 되었고 수업 시간마다 그 멋진 기계를 두들겨 댔다.

타자를 치게 되자 글 솜씨를 고쳐 보려던 희망은 완전히 물거품이 되었다. 그러나 이제껏 도저히 해 보지 못했던 일을 할 수 있게 해 주었다. 타이프 친 것을 볼 때마다 마치 내가 마술사가 된 기분이었다. 나의 말이 뚜렷이 읽을 수 있게 종이 위에 나타나다니! 마침내 모든 사람이 나를 이해할 수 있는 길이 열린 것이다.

곧 타자기에 능숙해져 쓰기와 역사 숙제 같은 것은 타이프 용지를 오른쪽에 두고 안 보고도 답을 쳐서 넣을 수 있게 되었다. 그러나 수학 시간에는 타자기 사용에 애를 먹었다. 타자기를 쓰는 몇몇 급우들은 빈칸의 줄에 맞춰 깔끔하게 숫자를 쳐서 넣을 만큼 프로급이었다. 그러나 내 수학 답안지는 매번 오스틴 선생님이 혼동하게끔 뒤범벅이 되었다.

나는 숫자만 만나면 도저히 맥을 못 추는 것 같았다. 도저히 진보가 없고 굉장히 느렸다. 오스틴 선생님은 심지어 나에게 주판 사용법을 가르치려 했으나 나는 도리어 그녀가 나에게 기본적인 계산법을 가르칠 희망마저 포기하려는가 하고 의심했다.

수학을 너무 못해 짜증이 나 많이 울었다.

'도대체 숫자는 모르면서 어떻게 타자나 읽기를 잘할 수 있었지?'

나는 암담했다. 내 또래에 나만큼 수학을 못하는 바보는 없을 것이라고 생각했다.

가족을 떠나 혼자 노스다코타의 이 학교에 온 것이 내 나이 또래로선 용기 있고 현명했던 결단이었다는 것을 나는 아직 알지 못했다. 배우고 성장하고자 하는 나의 끝없는 열망이 참으로 소망스러운 것이란 것을 이해하지 못했다.

만약 선생님이나 직원들과 의논했더라면 누구라도 나를 도와줄 수 있었다는 것을 몰랐다. 나는 내가 느끼는 바를 아무와도 의논하지 않았다. 우리 가족 모두가 자기 감정에 대해 잘 이야기하지 않는 편이었다. 내 자신에게 얼마나 화가 나 있는지 어느 누구에게도 말하지 않았다. 종종 강가에 앉아서 울기만 했다.

10월의 어느 날. 아무리 울고 집을 그리워 해 봐도 아무 소용이 없다는 것을 불현듯이 깨닫게 되었다. 그 순간 이제는 그렇게 하지 않기로 결심했다. 나의 갑작스레 변한 태도가 군스 할머니를 당황하게 했을 것이 틀림없었다. 방금 전까지도 울면서 그녀에게 만약 아무것도 먹지 않으면 나를 집으로 돌려 보내줄 수 있는지 물어 보았다. 그녀는 모르겠다면서 간호사에게 물어 보겠다고 했다. 그 두 사람이 돌아갈 때쯤에는 불가사의하게 기숙사 친구들이랑 행복하게 놀 수 있었다.

나는 그 일을 설명할 수가 없다. 뭔가가 내 머리 속을 스쳐 지나면서 내가 이 학교로 오게 된 것이 엘시가 말한 대로 하나님의 뜻(나는 엄마도 그렇게 믿었다고 생각한다)이라는 생각이 들었다. 그리고 만약 그렇다면 내가 배울 수 있는 모든 것을 최선을 다해 배워야 한다고 생각했다.

∽ ∽ ∽

내 작업 요법(Occupational Therapy : 환자에게 가벼운 일을 하게 해 적당한 운동이나 정서적 안정의 효과를 얻게 하여 회복을 촉진시키려는 치료법 - 역자) 치료사는 타자를 잘 칠 수 있게 된 후 그 다음에 무엇을 할 것인지 나더러 결정하라고 말했다. 그녀에게 식탁에 엉망진창으로 흘리지 않고 스스로 밥을 잘 먹을 수 있었으면 좋겠다고 대답했다.

이 목표를 달성하기 위해선 나는 기초적이고도 까다로운 물리적 법칙을 극복해야 했다. 내가 음식을 담은 숟가락을 입에 넣기가 힘든 것은 음식에도 당연히 중력의 법칙이 작용하기 때문이라는 것을 사람들은 미처 생각하지 못했다.

그 작업 요법 치료사가 시도한 첫 번째 단계는 내 손과 팔의 움직임을 좀더 규칙적으로 통제할 수 있도록 도르래가 달린 무거운 추에다 줄로 내 왼팔을 묶었다. 두꺼운 손잡이가 달린 숟가락 끝과 내 입술과의 각도가 더 예리하게 되었다. 추의 무게 때문에 팔이 제멋대로 흔들리지 않고 숟가락을 탁자에서 입까지 떠올리는 동작을 연습할 수 있었다. 하고 또 하고 수도 없이 반복했다. 드디어 그 동작이 몸에 익게 되자 그 추와 도르래를 떼어버렸다. 이제 필요한 것은 내 손에 익은 숟가락과 탁자에 넘어지지 않도록 무겁게 만든 그릇과 흡수성 천으로 된 턱받이(아무도 완벽하게 할 수는 없었다) 뿐이었다.

작업 요법 시간에 익힌 그 다음 재주는 식은 죽 먹기였다. 예상치도 않게 너무 쉽게 성공하자 나는 흥분했다. 그리고 화가 치밀어 올랐다. 지금까지 옷 입을 때마다 단추를 혼자 끼우려고 무진 애를 썼지만 아무리 오랫동안 노력해도 되지 않아 누군가가 도와주어야 했다. 나에게 단추 끼우기는 불가능한 일이었다.

그 치료사는 나에게 돌려 끼우지 않고 누르기만 하면 암수 단추가 맞붙는 후크 단추를 보여 주면서 어떻게 하는지 가르쳐 주었다. 몇 초만에 나는 거의 어떤 단추라도 잠궜다 풀었다 할 수 있었다.

'왜 지금까지 어느 누구도 나에게 후크 단추를 보여 주지 않았지?'

그 동안 단추 때문에 허비한 시간들, 그 많은 분노, 흘린 눈물들을 생각하니 어처구니가 없어 너무 화가 났다.

이 일로 나의 생활을 단순화시키고 쉽게 독립할 수 있게 해 주는 간단한 도구들이 얼마든지 더 많이 있을 것이라고 생각했다.

'만약 간단한 길이 있다면 왜 꼭 남들과 똑같이 하려고 시간을 낭비해야 할까? 내 스스로 그런 길을 찾아서 하면 되지!'

나는 물리 치료에도 긍정적으로 적용하여 비슷한 결과를 얻을 수 있었다. 이곳의 치료사들은 몸 전체를 받쳐 주는 교정판이 나에게 맞지 않다는 것을 금방 알아내고, 그것을 벗기고 단지 발목만 잡아주는 더 간단한 부목을 주문했다. 내 스스로 몇 발자국 걸을 수 있는 힘을 기르기 위해 자꾸 많이 걷게 했다. 끔찍했던 옛날 교정판이 없이도 자신감과 안정감이 훨씬 더 많이 생겼다.

획기적인 이런 발견들이 새 학교에 대해 매우 긍정적인 느낌을 갖게 했다. 이곳에 온 것은 잘한 결정이었다. 그때 나는 언뜻 보기엔 보잘것없지만 내 인생을 근본적으로 바꾸게 된 경험을 우연히 하게 됐다. 그 일의 중요성은 몇 년 간이나 나에게 깊이 인식되었고 사건 당시에도 내가 한 중요한 이정표에 도달했다는 것을 확인할 수 있었다.

그 일은 어느 날 방과 후에 일어났다. 친구들과 놀려고 밖으로 나가는데 장애아동학교(CCS)의 관리 이사인 앤 칼슨 박사가 자기 아파트로 가는 길다란 계단을 올라가고 있는 것을 보았다.

칼슨 박사는 사지(四肢)가 없는 사람이었다. 그녀는 두 팔이 없이 팔 둥지만 있고 한쪽 다리도 굉장히 짧아 둥지만 남아 있는 채로 태어났다. 다른 쪽 다리도 쓸 수 없을 만치 뒤틀려 있어 결국 인조 다리에 맞게끔 절단해 버렸다. 육체적인 제약에도 불구하고 앤 박사는 20세에 대학교를 졸업하고 장애아동학교의 선생이 되었고, 또 박사학위를 취득했다.

그녀가 힘겹게 계단을 올라가는 것을 가만히 서서 지켜 보았다. 그녀가 계단을 오르듯이 전 인생에 걸쳐 당당하게 자기의 길을 싸워 왔다는 것을 알았다. 둥지뿐인 팔로 목발을 계단에 조심스레 올려놓고 외계인 같은 다리로 걸어 올라갔다. 천천히, 천천히, 그녀는 더 높게, 더 높게, 올라갔다 – 한번에 한 발자국씩 짧고도 천천히….

꼭대기에 다다르자 앤 박사는 뒤돌아 서서 내려다보며 웃었기 때문에 내가 지켜보고 있었다는 것을 틀림없이 알고 있었던 것 같았다. 한마디 말도 없었지만 그녀는 나에게 '너도 할 수 있어. 결코 쉬운 일은 아니야. 하지만 넌 할 수 있어!' 라고 하는 듯했다.

바로 그 순간, 무언가가 내 가슴과 심장을 열어 제치고 언젠가는 나도 앤 칼슨 박사 같은 위대한 여자가 될 수 있다는 날아갈 듯한 희망과 결심으로 가득 채웠다.

나는 그 경험을 결코 잊을 수 없을 것이다. 그것은 내 영혼의 기억 속에 영원히 활활 타오를 것이다.

'나도 정상에 설 수 있을꺼야!'

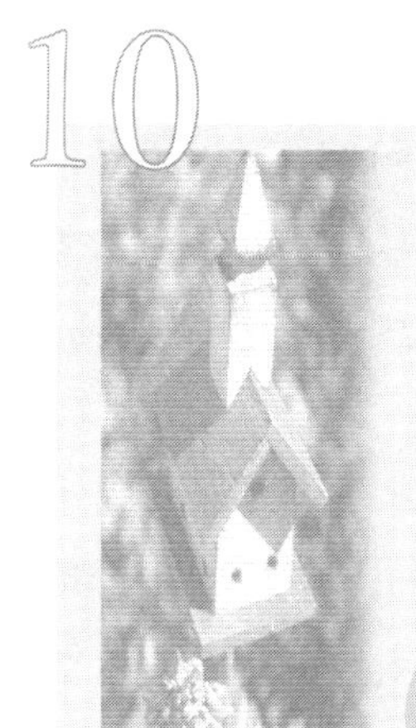

10

더 높은 목표를 달성하려는 이 새로운 의욕은
물리 치료 시간에도 흘러 넘쳤다.
언젠가는 캘슨 박사처럼 계단을 걸어 올라가고 싶었다.

새 의욕에 넘쳐

나를 새롭게 사로잡았던 그 영감을 실천에 옮기기로 작정했다. 바로 그 다음날부터 밤에 공부를 더하기 위해 교과서를 기숙사 방으로 가져오기 시작했다. 오스틴 선생님이 나의 태도가 변한 것을 눈치채고 "캐롤린, 무슨 일이 있었어?" 라고 물었다.

나는 그것을 말로 설명할 수 없었다. 그리고 마음 속으로도 충분히 이해하지 못했다. 단지 내가 달라졌다는 것만 알았다. 곧 집에다 내가 직접 편지를 썼다. 이때까지는 철자를 정확히 아는 단어가 얼마 안 되어 오스틴 선생님이 편지 내용을 받아 써 주었는데 이 새롭게 발견한 변화로 나는 더욱 더 홀로 서고 싶었다. 새 단어를 배울 때마다 곧장 타자기로 달려가서 편지나 숙제에 그 단어를 사용했다.

읽기가 필수적인 영어와 철자법은 내가 가장 잘하는 과목이었다. 특별히 빈칸에 철자를 끼워 넣어 정확한 단어를 맞추는 것을 좋아했다. "이야기 이어 완성하기" 같은 숙제는 너무 재미있었다.

그러나 단순히 이야기를 마무리짓는 것에는 곧 싫증이 났고 자신이 직접 작문하고 싶었다. 나는 언니들의 -로즈마리와 엘리자벳- 엉덩이를 두드려 맞기에 딱 알맞는 짓궂은 장난들에 관해 적었다. 고양이 머핀에 관해서도 썼다.

매 학기마다 오스틴 선생님은 부모님들에게 학생들이 한 과제물 몇 개와 함께 성적표를 부쳤다. 엄마가 첫해에 내가 아주 잘하고 있다는 것을 알고 상으로 큰 활자로 된 어린이용 책을 보내주기 시작했다. 나는 읽으면 읽을수록 더욱더 쓰고 싶었다.

더 높은 목표를 달성하려는 이 새로운 의욕은 물리 치료 시간에도 흘러 넘쳤다. 여전히 서툴렀던 캐나다식 목발 짚기를 좀더 능숙하게 하기로 결심했다. 언젠가는 칼슨 박사처럼 계단을 걸어 올라가고 싶었다.

대부분의 시간과 노력이 학교 공부와 치료에 소용되었지만 그래도 방과 후에는 항상 재미있는 과외 활동을 할 수 있었다. 많은 어른들이 우리를 도우려고 자원했다.

나는 학교 걸 스카우트에 가입하여 받은 초록색 제복을 좋아했다. 우리 모두 하나씩 역할을 맡았던 신데렐라 연극에 참여하여 기념 배지도 받았다. 그러나 학교 주위의 숲 속을 걸으면서 여러 종류의 나무와 화초를 관찰하는 것이 가장 흥미로웠다.

학교 직원들과 자원 봉사자들은 과외 활동이 건설적이라는 것을 인정했다. 토요일 오후에는 특별한 일이 없으면 스테인레스 철강으로 된 커다란 학교 냉장실 안에서 놀거나, 시내까지 걸어가거나, 그 동네 관광 명물인 세계에서 제일 큰 콘크리트로 만든 들소를 보러 차를 타고 나가기도 했다. 1년에 한번씩 3-4학년생들은 오스틴 선생님의 가족 농장으로 하루종일 소풍을 갔다.

학교를 벗어날 때마다 산을 보려면 얼마나 가야 하는지 궁금했다. 캘리
포니아와 알래스카에서 자라서인지 산자락 아래에 살지 않는 것은 뭔가 느
낌이 이상했다.

때때로 후배 여학생들은 우리끼리 통하는 놀이를 고안해냈다. 심지어 교
회 놀이를 하면서도 종종 째지는 소리를 내고 머리카락 당기기 시합으로
끝을 내 점잖은 군스 할머니마저 화를 낼 정도였다. 우리의 사랑스런 기숙
사 보모께서는 그 소리가 수다떨고, 다투며, 싸우는 소리로 오해했다. 도저
히 참을 수가 없을 때는 언제나 우리 모두 침대에 조용히 앉아서 각자의 잘
못을 반성해 보라고 했다.

그것은 틀림없이 효과가 있었던 것 같다. 매일 밤 우리가 목욕하고 침대
에 들어가면 언제나 그녀는 마치 잠옷 입은 천사들이 방에 가득 차 있는 것
같다고 말했다.

제임스타운의 장애아동학교에서 처음으로 교회에 정식으로 출석했다. 언
젠가 외할머니와 함께 그녀가 친구들이 권유하여 교회에 갔었는데 외할머
니는 예배가 너무 무미건조하다면서 별다른 감동을 받지 못했다. "강대상
에 꽃도 하나 없어!" 라고 그녀는 투덜댔다. 그녀는 발끈하여서 나를 데리
고 그 교회를 나와버렸고 그 후 다시는 가지 않았다.

엄마나 아빠에게도 교회는 그리 중요한 의미를 주지 못했었다. 그러나
그들은 엘시의 차분하고도 점잖은 태도에 감동을 받았다. 결코 그들에게
설교하려 들지 않았지만 신실한 믿음이 그녀의 사랑스런 태도에 저절로 비
추어 나왔다.

엘시가 루터교 교인이었기 때문에 부모님들은 내가 루터교회에 출석해도
좋다는 표시를 학교 등록 카드에 해 놓았다.

매 일요일마다 한 늙은 부부가 차로 교회까지 태워다 주었다. 내가 그

교회의 교인이 되었다는 실감은 전혀 없었지만 거룩하고 신비한 감정이 나를 사로잡아 하나님에 대해 더 많이 알고 싶다는 관심은 불러 일으켰다. 예배의 기도문이 내 영혼에 대고 감동적으로 말했다.

하나님이 당신과 함께 하기를,

그리고 또 다른 당신에게도 함께 하기를,

우리의 영혼을 하나님께 드리고,

우리의 모든 것을 하나님께 드리며,

우리의 감사와 찬양을 드립니다.

생소하고도 어색한 예배 의식이 나에게 많은 의심을 불러일으켰지만 함부로 물어 볼 수 없었다.

"하나님께서는 왜 '그의 거룩한 성전'에 계시지? 그는 우리와 함께 어디든지 계셔야 하지 않는가? 왜 우리 모두가 죄인이지? 그리고 하나님께서는 과연 우리 모두를 어떤 처지에 있든 사랑하실 수 있는가? 왜 예수님께서는 십자가에 돌아가셨지? 그리고 왜 아이들은 어른만큼 중요하지 않지?"

마지막 질문은 아이들을 성찬 탁자 근처에 얼씬도 하지 못하게 했기 때문에 생긴 것이었다.

"만약 예수님께서 정말로 '어린아이들을 용납하고 내게 오는 것을 금하지 말라'고 하셨고 빵과 포도주가 그의 살과 피라면 왜 우리가 그리로 가서는 안 되지?"

목사님의 검정색 가운과 그 위에 걸치는 흰색 길다란 천이 나를 사로잡았다. 나는 그 흰 천이 외할머니가 만들었던 커튼과 같은 천 일것이라고 생각했다.

매주일 교회에 가기 전 아이들은 학교 교실에서 주일학교 공부를 했다. 나는 3-4학년 주일학교를 가르치는 간호사에게 질문하는 것이 엄숙한 어른들과 함께 성전에 앉아 있거나 시내에 나가는 것보다 훨씬 마음이 편했다. 학교의 어른들은 교회의 어른들처럼 딱딱하거나 엄격하게 굴지 않았다. 주중의 학교 채플 시간이 즐거웠는데 특히 찬송가와 성경이야기를 대단히 좋아했다.

상급생들 가운데 몇 사람은 나이에 비해 영적으로 훨씬 성숙해 보였다. 해리엇은 그런 십대 중의 한 사람이었다. 그녀의 배경은 몰랐으나 보기만 해도 하나님에 대한 그녀의 사랑이 매우 진실하다는 것을 알 수가 있었다. 그 해 학교 앨범에 적힌 그녀의 목표는 단순하게 "그리스도를 위한 삶을…!" 이었고 다른 말은 더 이상 필요 없었다. 나도 그녀처럼 착한 소녀가 될 수 있었으면 했다.

나에게 더 감명을 준 것은 선생님들의 확고한 신앙과 헌신된 모습이었다. 그들은 내가 아는 여느 어른들과 너무나 달랐다. 그들은 오해나 의견의 불일치가 있을 때에도 화를 내거나 서로에게 앙심을 품지 않고 그 문제를 해결했다. 그들이 실수를 했을 땐 심지어 학생에게도 사과했으며 결코 아무 일도 없었던 양 얼버무리지 않았다

그래서 이 장애아동학교에서의 경험은 나 자신 뿐만아니라 다른 사람에 대한 시각과 기준과 기대를 높여 주었다.

첫 학년을 마칠 때쯤 나는 2년을 뛰어넘어 급우들과 같은 수준에 다다랐다. 여름방학 때 집에 돌아가서는 혼자서 먹고 혼자서 화장실에 갈 수 있었다. 엄마가 습관적으로 나를 도우려 해서 "괜찮아요. 혼자 할 수 있어요!" 라고 말했다.

그 해 가을에는 엄마가 나를 제임스타운까지 데려다 주었다. 엄마는 나를 그렇게까지 변화시킨 학교를 보길 원했다. 두 번째 해에 나는 내 부모님 뿐만아니라 선생님들도 놀랄 정도의 더 많은 성장을 했다.

그러나 2년 동안의 학교 수업료와 1년에 두 번씩 알래스카로 왔다갔다하는 비싼 운임을 지불한 후에 아빠와 엄마는 내가 이제 충분히 배울 만큼 배웠다고 결론지었다. 이제 나는 알래스카의 새 공립학교의 특수 교육과정에 편입할 수 있게 된 것이다. 제임스타운에서의 나의 급속한 발전을 보아온 선생님들도 그 결정에 동의했다. 나를 비롯한 모든 사람이 내가 계속해서 성공하리라는 희망을 가졌다. 나는 다시 우리집에서 살며 가족의 일원이 될 수 있었다.

그러나 또다시 내가 발견했던 것은 소망이 없고 불확실한 장래를 미끼로 장치한 치명적인 덫이었다. 그 덫에 걸려 있는 수년 동안 끊임없이 나에게 힘을 준 것은 칼슨 박사가 계단을 오르는 것을 본 그날의 기억이었다. 그녀와 결국에는 그녀의 이름을 따서 앤칼슨학교(Anne Carlsen School)가 된 그 장애아동학교가 포기하지 못할 삶과 내가 추구해야 할 꿈의 근거로 나에게 남아 있었다.

11

The Dropout

중퇴

노스다코타의 학교에서 가졌던 친근한 소속감과는 대조적으로 알래스카의 새 학교에서는 심한 소외감을 느꼈다. 행동과 정서가 뒤틀린 특수 아동반의 몇몇 급우들은 내 휠체어가 너무 부러워 눈을 뗄 줄을 몰랐다. 담임 선생님인 트렌트 양은 그들의 시선을 차단하기 위해 내 책상 주위에다 이동 칸막이를 둘러쳤다. 나는 문제점을 이해하고 그녀의 해결책에 동의하긴 했지만 그럴수록 외로움을 더 느꼈다.

나는 그 칸막이를 증오했다. 사람들이 교실의 열린 문을 통해서 격리와 징벌의 도구로 쓰이는 칸막이가 항상 내 책상에 쳐져 있는 것을 보고 어떻게 생각할까 염려스러웠다. 트렌트 선생님은 언제 걷을 지 잊고 있었고, 나도 그녀에게 재촉을 하지 않고 시간이 흐르자 점차 다른 아이들이 내게 두는 관심이 줄어들었다.

그러나 나는 14살의 나이에 아직 5학년 공부를 하고 있는 여전히 유별난 존재였다. 더 힘든 것은 타자기가 없어서 나의 형편없는 글씨에 다시 의존할 수밖에 없었다. 나는 트렌트 선생님에게 조금이라도 학업에 진전이 있으려면 지난 2년 간 썼던 것처럼 오타 방지기가 달린 타자기를 갖는 길뿐이라고 이야기했다. 울면서까지 까탈을 자주 부려대니까 트렌트 선생님은 마지못해 이해했던 것 같다.

그녀는 내가 타자기를 갖게 되면 손가락이 부러지도록 공부를 해 그간의 손실을 보충해야 한다고 다짐했다. 그동안 그녀는 연습장의 조그만 빈칸에다 나 대신 해답을 적어 주겠다고 제안했다.

그러나 트렌트 선생님에게 시간이 부족한 것은 당연했다. 그녀는 나말고도 7살부터 17살까지의 13명이나 되는 학생을 돌보아야 했다. 우리 중 4명은 초등학교 고학년 수준이었으나 다른 3명은 신체상의 결함이 없어 단지 행동이나 정서의 문제점만 다루는 특수 교육을 받기 때문에 학습 진도가 빨라 연말이면 정상 학급으로 옮겨갔다. 그것은 불공평해 보였다. 나도 그들과 똑같은 공부를 했는데도 옮겨주지 않았다.

누군가에게 항의하고 싶었으나 어디로 가야할 지 몰랐다. 분통이 터져 울면서 엄마에게 투덜댔고 그때마다 엄마를 화나게 만들었다. 그래서 이야기하는 것을 단념하고 분을 삭이면서 불평등을 참아냈다.

또다른 불평거리가 있었다. 우리 반 학생 대부분이 혼자서 잘 처신하고 공부를 잘할 수 있었는데 유독 한 남자아이는 계속 지켜봐 주어야 했다. 폴은 춤추는 콩깍지(Jumping Bean : 멕시코산 등대풀의 씨〈작은 나방이 기생하기 때문에 춤추듯이 움직인다〉 - 역자)만 먹고 사는 듯했다.

거의 매일 트렌트 선생님이 격리용 칸막이를 폴 책상에다 둘렀기 때문에 더 이상 나에게 그것이 필요 없게 된 것까지는 좋았다. 그는 아직도 자신을 전혀 주체할 줄 몰랐다. 끊임없이 혼자 중얼거리고 고함을 질러댔다. 딴 아이들을 방해하러 돌아다니지 않으면 자기 책상 위에 서서 비행기 흉내를 내곤 했다.

쉴새없이 터져 나오는 그의 고함이 나를 깜짝깜짝 놀라게 하며 흥분과 혼동에 빠뜨려, 하고 있던 무슨 일이든 엉망으로 망가트렸다. 폴은 쉴새없이 교실을 혼란스럽게 만들었고 우리 모두를 정말 부끄럽게 만들었다. 그에 대한 평판 때문에 특수 아동반 학생 모두 같이 취급되었다. 어느 모로나 우리는 그와 달랐다. 그는 정상 아동과 우리 사이의 또 다른 장애물이 되었다.

집에서 살다보니 별다른 과외 활동을 하지 못했다. 걸 스카우트, 견학도, 잠옷을 입고 장난치는 것도 없었다. 학교에서 하는 여러 사회적 활동들이 정말 그리웠다. 트렌트 선생님은 나를 도와줄 친구로 옆 교실의 또 다른 특수 아동반 소속의 내 또래 여자 아이 셋을 -친절한 코린, 그의 두 친구 칼라와 신디- 소개시켜 주었다. 코린은 척추성 소아마비를 너무 심하게 앓아 몸이 흐늘흐늘해져 하루에도 몇 번씩 넘어졌다.

얼마 안 있어 우리는 그녀가 내 휠체어를 밀면서 걸을 때는 잘 안 넘어진다는 것을 발견했다. 그래서 그녀가 밀어주면 내 쪽에서도 그녀를 돕고 있다고 생각되어 가만 내버려두었다. 심지어 방과 후 학교를 떠나기 전 그녀가 내 상의 단추를 급하게 끼워주는 일처럼 손놀림이 필요한 자질구레한 일을 도와줘도 마다하지 않았다.

처음부터 곧바로 코린을 좋아하게 됐고 또 격려해 주었다. 그녀는 내 또래였지만 훨씬 더 성숙해 보였고 자기의 감정을 통제할 줄 알며 결코 나처럼 까탈을 부리지 않았다. 그녀는 자기 자신과 자신의 한계를 잘 수용하는 것 같았다. 오래지 않아 우리는 좋은 친구가 되었고 주말에도 시간을 같이 보냈다. 그녀의 친구인 칼라와 신디는 언제나 나에게 일정한 거리를 두면서 한번도 나를 진심으로 받아들이지 않았다. 그러나 코린은 나를 진정한 친구로서 성실하게 대했으며 사람들이 우리를 "실과 바늘 쌍둥이" 라고 별명 지을 만큼 붙어 다녔다.

나는 코린을 만난 후로 그렇게 외롭지 않았다. 최소한 내게 한 사람의 친구가 있었기 때문이다. 그러나 학교에는 실망했다. 언젠가 작가가 되려는 나의 꿈을 과연 어떻게 실현시켜 나갈 것인가? 타자기 없이 5학년 공부를 쫓아가기조차 힘들었다.

엄마에게 타자기를 사달라고 계속 졸라댔지만 언제나 더 급한 다른 일이 생기거나 돈이 떨어지거나 했다. 만약 타자기를 가지려면 알래스카장애아동협회가 소풍갔던 그날 엘시 벤슨을 만나게 해 주었던 것 같은 또 다른 큰 기적이 일어나야겠다고 생각하기 시작했다. 엄마는 사주고 싶었지만 선한 뜻을 실천에 옮기는데 시일이 걸렸다. 일상 생활에 꼭 필요한 것 이외의 물건을 사기란 거의 불가능한 형편이었다.

알래스카로 되돌아 온 첫해 겨울의 어느 날 이른 아침, 엄마가 나를 교실에다 떠밀어 넣었다. 놀랍게도 내 책상 위에 두꺼운 플라스틱 손가락 받침대가 붙은 표준형 전동 타자기가 놓여 있었다. "유콘 사무기 상사"라는 상표 쪽지만 붙어 있고 왜 타자기가 거기 있는지에 대한 다른 설명은 아무 것도 없었다.

엄마가 트렌트 선생님에게 쉴새없이 물었지만 어깨를 움찔하면서 가능한 이야기 안하는 것이 더 좋을 것이라고 말했다. 나는 엄마에게 그것이 어디에서 왔던지 상관하지 않겠다고 말했다. 누군가가 타자기를 기증해 줄 만큼 내게 관심을 갖고 있다고 생각만 해도 황홀하고 기쁨에 넘쳐 휠체어로 빙글빙글 돌았다.

'이 넓은 세상에서 누가 이 일을 했을까? 그리고 왜?'

나에게 그것은 기적이었다. 출구도 없이 갇혀 있던 나에게 갑자기 나의 모든 미래를 풀어 줄 열쇠를 받아 쥔 것 같은 기분이었다.

그 낡은 타자기는 고장이 자주 났으나 엄마가 책임지고 고쳐주었다. 그녀는 어떤 인자하신 분이 나를 위해 그런 수고와 경비를 아끼지 않았는데 당연히 수리는 자기가 해야 할 최소한의 의무라고 말했다. 내가 학교에서 성적이 나아진다면 타자기가 얼마나 중요한 역할을 하는지 엄마도 실감할 수 있을 것이라고 생각했다.

비로소 노스다코타에 있을 때처럼 쓰기 숙제를 혼자 할 수 있게 되었다. 이 조그만 자유를 다시 누리게 되었다. 공부하기가 급진적으로 편해졌음에도 불구하고 시간상의 제약은 여전했다. 어떤 때는 트렌트 선생님도 나만큼 화가 났으리라고 짐작했다. 그동안 그녀의 학급에 3년도 넘게 있었는데 선생님과 나는 약속은 많이 했지만 그 실행은 너무 적게 한 체제에 묶여 있었다는 것을 이해하게 되었다.

다짐한 대로 트렌트 선생님은 영어와 작문 숙제를 잔뜩 내 주었고 오히려 나는 그것을 좋아했다. 나에겐 종이를 메울 새로운 생각들로 가득 차 있었다. 타자기에서 쏟아져 나오는 글들은 느리지도 비틀어져 있지두 않았다.

노스다코타에서 돌아올 때 엄마는 공립학교 특수 교육 과정을 통해서도 고등학교와 대학교까지 마칠 수 있다고 나에게 다짐을 했었다. 그것이 사실이 아니란 것을 아는 데는 그리 오래 걸리지 않았다. 특수 교육 과정은 장애아들에게 접시 닦기, 수위, 또는 식당 여급 정도의 가장 기본적인 서비스 직종에 필요한 기술만 습득시키는 것이 목표였다.

학교 체제상의 심각한 문제점에 봉착하게 되었다. 첫째, 나는 대학교에 진학하기 위해 고등학교를 졸업하고 싶었다. 둘째, 학교가 신체적으로 육체 노동을 할 수 없는 자들을 위한 시설이 안 돼 있어 학생들 스스로 훈련하도록 시켰다.

　이곳에선 결코 나의 목표가 달성될 수 없었다. 나 자신에게 맞지 않는 체제란 나에게 장애가 될 뿐이었다. 내가 중학생이 될 때 쯤에 그 공립학교는 공무원인 아빠 때문에 나를 위한 별도의 연방정부 보조금을 받기로 동의한 것 같았다. 그러나 내게 정작 필요한 것이나 내 목표를 달성하는데 실제적인 도움이 될만한 일은 해 주지 않았다. 체제가 얼마나 적절하지 못한가를 단적으로 보여 주는 좋은 예가 7학년 교과 내용이었다.

　7학년에서 기껏 배운다는 것이 교통 신호 읽는 법이나 집안 관리하는 법 같이 장애인이 생존해 나가는데 필요한 가장 기본적인 상식이었다. 상담 선생님한테 나는 몇 년이나 교통 신호를 읽어 왔으니까 그런 엉터리 같은 것을 더 이상 배울 필요가 없다고 야유조로 이야기 해 줬다. 가사 기술은 내가 가정부가 되려 해야만 어느 정도 가치가 있을 것이다. 그러나 나는 작가가 될 작정이었다. 만약 일반 교과 과정을 배울 수 없다면 더 이상 학교에 다닐 이유가 없었다.

　상담 선생님은 법에 따라 내가 학교를 의무적으로 다녀야 한다고 상기시켜 주고는 굳이 공부하기를 고집하는 나에게 맞는 것이라곤 과학 실험뿐이라고 했다. 그래서 그 과목에 등록했다. 그러나 그 과목은 주로 손으로 실습하는 것이지 읽기나 쓰기는 거의 없어 나에게는 전혀 맞지 않았다. 도저히 유리 슬라이드를 현미경에 제대로 끼워 넣을 수 없었다. 또 실험 재료들을 부수거나 망가뜨리기만 했다. 담당 선생님은 결코 별도 보충 시간을 주거나 같은 과정의 다른 실험 방법으로 해 보도록 기다려 주지 않았다.

　나는 중학교 교실은 동물원이고 선생님은 동물원지기 같은 생각이 들면서 점점 더 실망했다. 덩치 큰 세 남학생들이 진흙으로 커다란 공을 만들어 수업 중에 서로 교실 안에서 주고받는 데도 선생님은 모른 체하고 강의를 계속했다. 그런 혼란 속에서 내가 더 이상 무얼 배울 수 있겠는가? 아니 나 말고 어느 누구라도?

집에서도 상황이 호전되지 않기는 마찬가지였다. 우리 집의 생활 수준은 이전에도 형편없긴 마찬가지였지만 제임스타운 기숙사에서 다른 방식의 삶을 경험해 본 후로는 참을 수 없을 지경이었다.

그 학교에서는 매일 새 옷으로 갈아입는 호사스런 습관이 들었다. 그러나 집에서는 엄마에게 바지가 깨끗한 상태를 유지하게끔 내의를 자주 빨아 달라고 사정했으나 허사였다. 세탁기나 건조기가 없어 엄마는 빨래를 몽땅 동전 넣는 세탁장에 가서 했는데 너무 귀찮고 일이 많아 한 달에 겨우 한번 갈 뿐이었다. 그래서 세탁장에 가느니 엄마는 여러 번 구세군 헌 물건 가게에 가서 입을 만한 헌 옷을 싸게 사왔다.

나는 우중충하고, 어둡고, 삐거덕거리며, 땜질 투성이의 낡은 우리 집이 제임스타운의 그 밝고, 신선하고, 통풍이 잘되는 기숙사에서 겪었던 청결한 삶과는 도저히 비교할 수 없음을 확인했다. 엄마가 희망을 포기한 것이 분명했다. 집안 청소는 아예 하려 들지 않았다.

먼지와 쓰레기가 구석구석에 쌓여 있었다. 낡은 옷가지와 잡동사니들이 내가 누워 자는 뒷방의 천장까지 닿을 정도였다. 개나 고양이들이 집 안팎을 쉴새없이 제 집인 양 들락거렸다. 고양이는 내 옷장 바닥에다 심심찮게 실례를 해 놓았다. 옷장에는 전등불이 없었으므로 그 위에 미끄러져 넘어지고 나서야 그런 줄 알았다. 너무나도 화가 나 엄마에게 소리를 질러댔지만 엄마가 그것을 분명히 치웠는지 안 치웠는지도 모를 지경이었다.

또다른 분통터지는 일이 있었다. 칼슨 박사의 학교에서 습득했던 자립 정신이 나에게 경이로운 세계로 가는 많은 문을 열어 주었는데 이제는 그 문들이 쾅하고 닫혀 버렸다. 아빠에게 목욕탕까지 혼자 갈 수 있도록 벽에다 난간을 부쳐 달라고 사정했었는데 그에게 그럴 여유가 없었다. 현관 앞 계단에도 난간을 달아주면 혼자서 집 밖을 나다닐 수 있겠다고 말했다. 그것 또한 해 주지 않았다.

아빠는 이제 더 이상 내가 걸음마를 배우려고 애쓸 때만큼 심하게 야단을 치지 않았다. 가끔 나를 "굼벵이"라고 부를 뿐이었다. 그는 나에게 지쳐 버린 것 같았고 나도 한없이 지쳐 있는 나 자신을 발견하게 되었다.

노스다코타에서는 내가 불구자라는 느낌이 없었다. 매일 아침 치료실이나 교실로 혼자서 걸어갔다. 모든 일에 균형이 잡혀 있었다. 내 소망도 매일의 삶에서 조금씩 실현되어 갔다. 시작은 급우들보다 뒤졌지만 나의 생각이 바뀐 후로는 놀라운 진보를 보였다. 별다른 진전이 없던 초기에는 패배자처럼 느껴졌지만 오스틴 선생님이나 칼슨 박사 같은 사람들이, 내가 진정으로 원하는 것이라면 실현될 수 있다는 희망과 꿈을 나에게 심어 줌으로써 나의 생각이 바뀌었던 것이다.

노스다코타에서 멀리 떨어진 이곳에서의 2년 동안은 마치 심한 농담 같은 생활이었다. 나 자신은 지독한 불구자요 못난이었다. 우유를 쏟거나, 화장실 세면기 밑에서 흔들거리는 다리를 휠체어와 함께 빼낼 때나, 밥을 먹을 때 음식을 흘리는 그런 너무나도 보잘것없는 일들에 분통이 터져서 발로 차고, 고함을 질러대고, 몇 시간이나 울어댔다. 울다 울다 지쳐 버린 후에는 화를 냈다는 사실이 또 화가 나서 더 심한 고독감과 무력감을 느꼈다.

그러고 있을 때 내 기록을 검토한 학교의 한 심리 분석 요원이 엄마에게 나와 함께 만나자고 했다. 그의 결론은 우리(학교 체제를 포함해서)가 모든 것을 잘못해 왔다고 했다. 그는 돈을 들여가며 나를 가르쳐야 할 가치가 전혀 없다고 말했다.

처음에는 화가 났다.

'누가 그에게 나에 관해 그런 결론을 내릴 권리를 주었는가? 도대체 그가 판단한 근거는 무엇인가? 그는 나를 모르지 않는가!'

그러나 나는 나 자신을 알았다. 나 또한 학교 체제에 관한 그의 비판이 정당함을 인정했다. 그들이 한 일이라고는 나를 희생시키는 값비싼 실험이었을 뿐이었다. 중학교는 광대 놀음이었다. 고등학교라고 나을 것이 있겠는가? 대학교 그것도 단념하는 편이 낫겠지. 나는 너무 실망이 되어 안정제를 먹기 시작했다. 매일 할 수 있는 한 한정 없이 누워 자버렸다.

화가 날 때마다 아빠가 하는 말이 있었다.

"나는 지금 진퇴양난이야!"

나는 그 말을 들을 때마다 조그만 언덕 위에 올라앉은 자동차를 떠올렸다. 바퀴가 어느 것 하나 땅에 닿지 않아 앞으로도 뒤로도 움직일 수 없는 상태의 자동차를 사점(Dead Center : 피스톤 엔진의 연결봉과 크랭크가 일직선이 되어 크랭크가 회전할 수 없게 된 위치 - 역자)에 다다라 옴짝달싹할 수 없는 상태 말이다.

노스다코타에서 집으로 돌아왔을 당시 14살이었고 내 꿈을 추구할 태세가 되어 있었다. 그러나 공립학교의 특수 교육 3년 과정을 마친 후의 나는 어디라도 갈 데가 없었다. 타고난 불구 상태, 교육 기회의 부족, 그리고 가정 형편, 나는 도대체 어떻게 해야 할 지 알 수 없었다. 내가 사점(死點)에 이른 것이다.

1964년 3월 27일 성금요일(Good Friday : 그리스도가 십자가에 돌아가신 수난일 - 역자).

그날 아침 몸이 별로 좋지 않았다. 엄마는 거의 하루 종일 나를 침대에 누워 있게 했다. 엄마와 아빠가 식탁에 앉아 이야기할 동안 TV인형극을 보고 있었다. 화면을 조정해 달라고 엄마를 부르자 그녀는 막 일어나 밖으로 나살려던 참이었다. 그녀가 TV 앞에 구부려 앉자마자 땅이 흔들리기 시작했다. "지진이야!" 라고 알아차리기도 전에 흔들림은 멈추었다. 한 순간뿐이었다. 아빠가 무슨 일이 일어났는지 알아보려고 밖으로 향했다. 나는 너무 놀라 "엄마" 하고 고함지르며 침대에서 나오려고 애를 썼다.

갑자기 무너지고 금이 가는 소리가 크게 났다. 온 세상이 아래 위로 파도치기 시작했다. 엄마는 한 팔로 방 칸막이를 붙들고 다른 한 팔로는 비명을 질러대는 나를 꽉 감싸 안았다. 집이 발 밑과 옆에서 흔들거리는 것을 느끼는 것은 무시무시하게 기분 나빴다. 엄마는 내 귀에 대고 "포지야 겁내지마, 곧 끝날꺼야!" 라고 속삭였다. 여전히 땅은 요동치고 있었다.

마침내 멈추었다. 우리는 알래스카 대지진에서 살아 남았다. 앵커리지 시가지의 대부분이 파괴되었다. 시내의 도로가 전부 뒤엎어졌다. 건물들은 붕괴되었다.

그 후 수주간 우리 가족을 비롯해 피해 지역의 전 주민이 끔찍했던 자연 재해의 여파에 시달려야 했다. 나는 학교가 더 이상 가장 중요한 일이 아닌 것처럼 느껴져 기뻤다. 엄마는 지진의 피해로 인해 잡다한 일들이 더 많아져 도저히 나를 학교에 데려다 줄 수 없었다. 정식 결정은 안 했지만 내가 학교로 돌아가는데 전혀 관심이 없었기 때문에 지진이 난 후 학교를 그만두어 버렸다.

가족과 우리 집이 그 지진에 거의 피해가 없이 살아 남았지만 내 삶은 여전히 아수라장이었다. 내 꿈은 산산조각 났다. 그리고 나는 어느 누구도 예견치 못한 진행성 정신 장애로 인한 감정적 파탄이 기다리고 있을 줄 그 때까지 몰랐었다.

태어나서부터 지금까지

내가 나쁜 소녀라는 기분이 떠난 적이 없었다.

이제는 그런 생각에 한치의 의구심도 들지 않았다.

고통의 깊은 고랑

앵커리지에서 특수 교육을 받고 있는 동안 나는 여자 친구 클라우디아와 함께 교회에 출석했었다. 그녀는 재미있는 활동이 많이 있다면서 나를 우선 청소년부에 초대했다. 나는 집으로 데리러 오는 교회 버스의 고정 손님이 되었다. 나의 흔들거리는 휠체어는 문제가 되지 않았다. 목사님이 나와 휠체어를 책임지겠다고 다짐해 엄마의 걱정을 덜어줬다.

비록 내가 교육을 받을 가치가 있는지 없는지에 관한 학교 당국의 문제제기에는 실망이 컸지만, 교회에서는 나를 인정해 주었고 내 자신의 가치에 대한 진정한 발견을 할 수 있었다. 청소년부에서 무엇을 하든 나도 참여할 수 있었다. 소풍도 가고 파자마 파티(Pajama Party : 10대 소녀들이 동성의 친구 집에 묵으면서 파자마 바람으로 논다 - 역자)도 했다. 우리는 청소년 집회에 참여하고, 연극을 하고, 찬양도 했다. 오! 나는 찬양을 얼마나 좋아했는지…!

그러나 청소년부의 가장 중요한 일은 성경공부였다. 성경퀴즈에서 다른 아이들과 경쟁하는 것이 너무 재미있었다. 성경퀴즈 대회에서 편을 가를 때는 내가 답을 많이 알고 있었으므로 언제나 같은 팀이 되길 원하는 아이로 제일 먼저 뽑혔다. 그리고 성경 속의 이름을 발음하기 어려울 때마다 사모님이 3가지 발음법을 가르쳐 주면서 그 중에 바른 것을 고르게 해 줬다.

청소년부의 학생들이 나를 사랑해 주고 인정해 준 것이 내 삶에 긍정적인 영향을 많이 끼쳤다. 그러나 교회 자체에 대해서는 당초부터 몇 가지 거리끼는 점들이 있었다. 무언가 바르게 느껴지지 않는 것들이 있었다. 가장 먼저 교회 건물 그 자체에 불편한 느낌을 가졌다. 한 낡은 가게 건너편에 있는 교회의 본당은 삐꺽거렸고 나에게는 알래스카식 생활에 공통되는 "촌스런 고집"의 대표적인 것으로 느껴졌다. 사람의 손이 많이 가면 갈수록 자연에 그 아름다움을 오히려 망칠 뿐이었다.

겨울에 눈으로 덮인 교회는 말 그대로 크리스마스 카드의 그림이었다. 그러나 봄에 눈이 녹으면 실체가 드러나게 된다. 그 초라한 건물은 곳곳에 칠을 다시 하고 수리해야 할 것 투성이었고 교회 내부는 언제나 나를 우울하고 짜증나게 했다. 방은 솜을 넣은 봉지가 터져 벽의 기둥과 기둥 사이로 갈색 솜들이 삐쳐 나와 있었고, 낡고 커다란 난로는 어두운 한쪽 구석에서 헛기침하며 덜거덕거리고 있었다. 언제나 나는 난로 곁에 서 있었지만 온기라고는 느낄 수가 없어 난로 만큼이나 콜록거리고 덜컹거렸다.

천장에 남아있는 흉물스런 빗물자국은 이 예배 처소의 가장 소망 없는 장식처럼 붙어 있었다. 막 부숴질 것 같은 여러 형태의 접는 의자들이 마치 더 늘 것 같지 않은 교인들의 모습을 반영이라도 하듯이 군데군데 빈자리를 두고 비뚤비뚤하게 줄지어 있었다.

초라한 건물보다 교회라면 갖추어야 할 것을 제대로 갖추지 않은 것에 더 신경이 쓰였다. 목사님은 가운을 입지 않았고 촛불도 없었다. 또한 제임스타운의 그 작은 교회에서 나를 매료시켰던 성스런 장식은 하나도 없었고 이곳 목사님은 회중에게 죄의 용서를 선포할 때에도 손으로 십자가 표시를 하지 않았다.

목사님이 하는 것이라곤 기도하고 찬양하고 그리고 설교하는 것뿐이다 - 그것도 아주 큰소리로. 그는 설교 후에 제단 -제단이라 부르지만 맨 앞줄에 있는 손잡이 난간에 불과 했다 앞으로 나오게 해서 예수를 구세주로 영접하라고 초대했다.

이것은 분명히 루터교식 예배가 아니었다. 나는 그런 점이 내가 불편을 느끼게 된 근본 원인이라고 가정했다. 내 속의 일부가 노스다코타에서 예배드릴 때 익숙하게 느껴졌던 거룩하고 신비로운 감정을 갈망했다. 그러나 그건 단지 지나가 버린 내 인생의 일부였을 뿐이라고 스스로를 위로했다. 단 새 친구들이 나를 사랑해 주고 인정해 주기 때문에 그 교회에 남아 있기로 했다.

그러나 그런 식의 불편한 감정은 결코 완전히 없어지지는 않았다. 누워 자기 전 나만의 경건 시간에 '이것은 하나님께서 계획한 것이 아니야. 무언가 나를 위해 더 많이 더 좋은 것으로 - 우아하고 심오하며 멋진 무엇을 마련하고 계실꺼야!' 라는 생각이 끊임없이 들었다.

나는 너무 오랫동안 고상한 꿈이 실현될 것을 소원해 왔기 때문에 그런 생각이 든 것이라고 나자신에게 타이르고 화를 내며 그런 생각을 지워 버리곤 했다. 나는 교육을 받아 작가가 되는 것이 소원이었다. 또한 자유를 꿈꿔 왔고 나를 얽매며 내 인생을 제한하는 장애들을 타파하길 원했다. 언젠가는 나도 내 감정을 절제하여 친절하고 우아한 숙녀가 될 것이라는 소망은 가장 어리석은 꿈이었다.

그동안 그 큰 꿈들이 좋은 일을 많이도 이루어냈구나! 꿈이 커질수록 반대로 덫에 더 깊이 걸리는 것 같아 오히려 상처가 되었다. 꿈이 깨어질 때마다 또다른 실망이 나의 덫을 딱딱하고 부서지지 않는 땅속으로 깊이 깊이 파묻었다.

깊숙한 내면의 이런 감정은 어둡고 고요한 밤의 표면만 스쳐 지나갈 뿐이었다. 어느 누구에게도 내 감정을 이야기하지 않았으며 심지어 하나님께도 이야기하지 않았다. 왜냐하면 내가 만약 그런 분노와 의심을 드러낸다면 하나님께서 나에게 진노하신다고 배워 왔기 때문이었다.

새 교회에서 배운 근본주의 신학에 따르면 사람이 거듭났다면 모든 지상에 삶의 걱정거리들을 염려하지 않아야 했다. 각자 맡은 삶에서 영혼 구원의 가장 중요한 사명을 감당하기 위해 매일의 현실적 염려는 옆으로 제쳐두고 영원히 행복해야 했다. 하나님을 기쁘시게 하기 위해 우리는 "그리스도를 위한 전도자"가 되어야만 했다.

이것은 나에게 혼란스런 짐이었다. 벌써부터 나는 내가 하는 말이나 나를 이해하지 못하는 사람들로부터 환영받지 못하고 있었다. 남에게 전도한다는 것은 나를 더욱 사람들로부터 멀어지게 할 뿐이었다. 그리고 전도자가 되기 싫다는 생각은 나에게 하나님께서 용서해 주는 종류의 사람이 아닐 것이라는 느낌을 주었다.

그러나 나는 교회 용어로 말하면 "주님께 헌신된" 경건한 십대 소녀인 양 행세하며 지냈다. 진정한 자아는 깊숙이 감춘 채 외면적으로 다른 사람인 척하면 교회 친구들로부터 칭찬받을 수 있었다. 그렇지만 내 자아 의식은 점차 약해져 갔다. 나의 이 위선은 내가 그토록 되고 싶었던 성숙한 어른이 될 소망을 점점 약하게 만들면서 나는 나쁜 소녀에 불과하다는 느낌만 오히려 강하게 할 뿐이었다.

나는 엄마를 몇 번 정도 교회에 함께 가도록 구슬릴 수 있었다. 그녀는 여러 가지 봉사 일을 마다하지 않았고 심지어 아빠에게 교회 버스를 고치

도록 이야기했다. 그러나 나는 그녀가 결코 그런 봉사 일에 마음이 편치 않다는 것을 알고 얼마 후 교회 가도록 팔을 비틀어 대는 것을 그만두었다. 그녀는 자기 뒤를 쫄쫄 따라다니는 사랑스런 고양이들과 함께 고요한 한밤중에 정원을 거닐면서 자신만의 영적인 각성을 깨우치는 것을 더 좋아했다.

나는 술고래로 유명한 이웃집의 한 아줌마를 교회에 나오게 했다. 목사님과 사모님은 그 여자가 나의 초대에 응했을 때 깜짝 놀랐다. 사모님은 몇 달간이나 그 아줌마를 설득해 보려 했지만 실패했던 것이다.

목사님과 사모님이 나에게 수고했다고 칭찬해 주어 자랑스러웠고 신이 났다. 그들은 내가 한 영혼을 하나님 나라로 인도하기 위해 불구가 되도록 예정되었다고 했다. 그리고 그들이 내가 불구가 된 것이 "하나님의 뜻"이었다고 말할 때마다 그들이 하나님과 성경에 대해 많이 알고 있는 듯해서 그대로 믿었다. 나는 그들이 나를 인정해 주는 것이 소중했기 때문에 그들에게 나의 분노나 의심스런 감정을 고백하는 어리석음을 범하지 않았다.

나는 그 교회에 정소년들의 신앙을 확인하는 의식이 특별히 없다는 것을 알고 실망했다. 이 교회 사람들은 어떤 사람이 중생(重生)하면 세례만 받고 교회에 참여할 수 있다고 믿고 있었다. 그렇게 하는 것이 신앙 확인 절차의 전부였다.

내가 그런 절차를 밟으려고 결심했을 때 엄마는 분명하게 선을 그었다. 그녀는 내가 나를 받아주고 내 신앙을 인정해 주는 사람이 필요하거나, 혹은 목사님이나 사모님과 교제를 나누는 것과 달리 실제적인 신앙의 내용을 분명하게 구별할 수 있을 때까지 그 결심을 연기하기 바랬다. 나는 엄마가 너무 불공평하다고 생각했으나 그녀는 내가 고등학교 졸업장을 따면 내 스스로 결정해 어느 교회라도 가도 좋다고 하면서 꿈쩍도 하지 않았다.

결국 사모님에게 작가가 되는 나의 꿈을 의논하고 나서야 이 새로운 작은 교회 생활에 정을 붙일 수 있었다. 그녀는 그 목표를 이해하면서 그 일은 시간이 많이 걸리고 또 꼭 필요하며 원하는 교육을 받으려면 아마도 다른 곳으로 가야할 지 모른다고 말해 주었다. 그녀는 엄마가 말했던 것처럼 내가 일단 바른 코스에 들어서기만 하면 지금껏 헛되게 보내어 지루했던 대기 시간을 재빨리 뛰어넘을 수 있으리라 확신한다고 말했다.

내가 3년 간의 그 지겨운 특수 교육 프로그램을 그나마 참아낼 수 있었던 것은 내 가족뿐 아니라 사모님의 격려 때문이었다. 목사님과 사모님은 나를 위해서 언제나 시간을 내주었다. 그래서 나는 그들을 사랑했고 믿었다.

겨울철에 목사님이 청소년부나 교회를 마친 아이들을 교회 버스에 가득 태워 집으로 데려다 줄 때쯤은 언제나 캄캄했다. 친구들이랑 어울려서 깔깔대는 것을 내가 너무 재미있어 하니까 목사님은 종종 나를 맨 마지막에 내려 주었다. 그러나 언제나 나랑은 직접 이야기하려들지 않았다. 목사님은 항상 내가 무어라고 했는지 남을 통해 자기에게 전하도록 했다.

집까지 태워다 주기를 몇 달이나 한 뒤 내가 그의 옆자리에 앉아 있을 때 그가 내 무릎에 손을 얹기 시작했다. 그는 나의 목사님일 뿐 아니라 친구였고 우리 집을 정기적으로 들락거리면서 부모님을 만나고 아빠와 함께 차를 고치고 했기 때문에 나는 그런 동작을 아무렇지 않게 생각했다. 그리고 언제나 누군가가 나를 움직이게 해 주고 바른 위치에 옮겨주며 심지어 내 앉은 자세를 바로잡기 위해 무릎을 벌려주기도 하기 때문에 어찌 되었든 남이 나를 만지는데 익숙해 있는 사람이었다.

그 후 유난히 먼 길로 차를 몰아 가로등이라고는 없는 어둡고 잡초가 우거진 길을 통해 집으로 돌아가는 저녁 그 일이 일어났다. 그가 차를 세우고 손으로 내 몸의 다른 곳을 만졌다. 그 순간 나에게도 성적 기능이 갖추어져 있다는 것을 알게 되었다.

그 당시 내 또래 10대 소녀가 알만한 성에 대한 지식은 나도 갖고 있었으나 은밀한 방법으로 접촉이 되어질 때의 감정이 그렇게 강렬하고 혼란스러운지에 대해서는 어느 누구도 말해 주지 않았다.

한편으로 그가 하는 짓이 나를 육체적으로 다치게 하고 또다른 한편으로 마치 그가 진정한 내 자신의 바로 중심을 파고 들어오는 것처럼 느껴져 울기 시작했다. 그리고 순간적으로 부끄러움이 엄습했다.

그는 내가 울음을 그치기를 기다렸다. 내 외투를 벗기고 더 쉽게 나를 만질 수 있도록 옷을 풀어 제쳤다. 나는 힘이 완전히 빠져나가는 것 같아 그에게 비명을 질렀고 기묘하고 이상한 감정에 꼼짝 못하는 내 자신에게 화가 나 더 소리를 질러댔다. 그가 마칠 때까지 계속 비명을 질렀으며 끝난 후에는 내가 너무 더럽게 느껴져 울었다.

그는 나에게 아픈 것은 곧 멈출 것이라고 하며 그 짓을 다시 할 때는 내 기분이 좋아질 것이라고 말했다. 그는 또 당시에 자기 아내와 성관계를 할 수 없기 때문에 착한 소녀라면 지기기 그럴 수 있도록 도와주어야 하고 또 그것이 좋은 친구인 내가 그를 위해 해줄 수 있는 일이라고 했다. 언젠가는 나에게 이런 일은 일어나게 되어 있고, 만약 내가 죄의식을 느끼면 목사로서 나의 용서를 위해 기도해 줄 수 있기 때문에 이왕이면 그가 이런 일을 나에게 가르쳐주는 것이 더 낫다고도 했다. 나를 진정으로 염려하지 않는 사람이 나를 다치게 하거나 임신하게 하는 것보다 그가 나에게 성에 대해 알게 해 주는 것이 더 좋은 일이라고까지 말했다.

그는 나에게 어느 누구도 이 일을 알아서는 안 된다고 했다. 만약 자기 아내가 알게 되면 그녀는 우리 둘 모두에게 화를 낼 것이라고 했고, 엄마와 우리 가족 어느 누구도 이해하지 못할 것이라고 했다. 만약 내가 누구에게라도 이야기하면 내 음모를 몽땅 뽑아버리겠다고 위협을 했다. 그는 그것을 움켜쥐고 당겨서 나에게 보여 주었고, 나는 그가 하는 말을 알아차렸다.

그것이 나쁘다는 것을 나 자신은 항상 알고 있었다고 생각한다. 그러나 나는 그날 저녁 일어난 일을 어느 누구에게도 말하지 않았다. 그리고 그 다음 번에 그가 집으로 바래다주었던 일도, 또 그 다음 번 일도….

시간이 지남에 따라 그가 접촉하는 것을 오히려 즐기고 있는 나 자신이 미웠다. 내가 그를 만지고 또 그가 나를 만지도록 하고, 또 알면서도 그가 나를 그렇게 이용하도록 허용할 만큼 나 자신이 사랑받고 인정받는 것에 굶주려 있는 약한 모습을 볼 때 더욱 혐오스러웠다. 오묘한 내 감정을 다 이해할 수는 없었지만 어찌 되었든 그런 감정을 느끼는 나 자신이 저주스러웠다.

그가 아무리 입이 마르도록 자기를 도와주는 좋은 소녀라고 칭찬해도 나는 내가 그렇지 않다는 것을 알았다. 태어나서부터 지금까지 내가 나쁜 소녀라는 기분이 떠난 적이 없었다. 이제는 그런 생각에 한치의 의구심도 들지 않았다.

이 끔찍스런 새로운 절망감을 내 영혼의 가장 비밀스럽고 숨겨진 구석에 깊이 묻어 버리려고 애를 썼다. 내가 한 짓을 알게 되면 어느 누구도 나를 다시는 사랑할 수 없으리라고 확신했다. 그러나 지워버릴 수 없었고 나는 절망의 나락 한 가운데서 내 자신을 증오할만한 또다른 이유를 갖게 되었다.

봄철에 알래스카의 얼음이 녹는 것보다 더 빨리 나의 꿈들이
녹아 내려버렸던 실망과 고통의 긴 세월을 지나
내 집과 가족을 떠나야만 할 때가 된 것이었다.

봄 눈 녹을 때

나는 반복되는 실망의 늪으로 더욱 깊이 빠져 들어갔다. 심지어 가족조차 이해할 수 없을 정도로 아무 이유도 없이 울었다. 시간만 나면 할 수 있는 한 오래 잠을 잤다. 잠은 가장 간편한 도피구였다.

깨어나면 두 가지의 괴로운 절망들과 씨름해야 했다.

첫 번째는 학교에 대한 환멸이었다. 내가 학교에 실패했던지 학교가 나에게 실패했던지 결과는 마찬가지였다. 내가 탈출 할 수 있는 수단으로 항상 꿈꿔 왔고 가치 있는 삶을 누릴 수 있는 최선의 방책이 이제는 덫의 일부가 되었다.

두 번째의 커다란 절망은 나 자신을 향한 것이었다. 내 꿈은 어떻게 되었나? 왜 삶의 보람을 만들지 않고 있는가? 언젠가 달라질 것이라는 소망은 어디에 갔는가? 언제 그렇게 될 것인가? 더 강해지고, 감정적으로 더욱 절제하고, 더 현명해지고, 더우 성숙해지고, 퀸슨 박사 같은 위대한 어싱이 되는 꿈은…?

그 모든 꿈들이 으슥한 뒷골목의 교회 버스 안에서 벌어진 그 어두운 사건들과 함께 하나하나 부서져 버렸다. 이제 나에겐 전혀 소망이 없어져 버렸다. 나는 목사님을 타락으로 이끈 더러운 소녀였다. 그와 그 가족이 미국 본토로 이사 가버린 후 이제 다시는 그를 만날 수 없다는 것을 잘 알고 있었지만 그 끔찍한 기억과 엄연한 진실을 부인할 수 없었다. 나는 죄인이었다.

그런 감정을 털어놓을 상대라고는 없었고 설사 누가 있었다 하더라도 말하지 못했을 것이다. 그것을 어떻게 표현해야 할지 몰랐지만 느낄 수는 있었다. 그런 느낌은 언제나 엄연히 존재해 있었고 매일매일, 특별히 밤마다, 내 영혼의 구석구석을 갉아먹으면서, 더 무거운 중압감으로 끊임없이 나를 절망의 블랙홀로 깊게 깊게 끌어 들였다.

간혹 나는 절망에서 벗어날 수 있었다. 가끔 환상적인 공상에 젖기도 했는데 그럴 때는 그 꿈이 마치 현실처럼 느껴지도록 모든 노력을 다했다.

예를 들면 언니들이 따로 나가고 난 뒤에 집안의 막내인 내가 넓직한 뒷방을 혼자서 사용했기 때문에 근사한 계획을 세웠다.

하나뿐인 조그만 쪽 유리창을 통해 들어오는 얼마 안 되는 햇빛이나마 잘 받아들여 반사할 수 있도록 그 방을 밝은 노랑색으로 칠하자고 엄마에게 말했다. 엄마가 벽을 칠하고 난 뒤 노랑 촛대와 그에 어울리는 촛대 깔개 및 커텐을 사다 달았다. 장식을 끝낸 그 방은 아름답게 보였다.

한쪽 벽에는 커다란 책장이 있었다. 나는 여전히 책을 많이 읽고 있었다. 사람을 시켜 몇 달 간 마당에 버려져 있던 탁자를 방의 다른 쪽에 들여 놓았다. 수도 없이 갈고 닦아 쓸만하게 바꾼 후 학교를 그만두기 전에 선생님에게 내가 보관해서 쓰게 해 달라고 얻었던 타자기를 얹어 두고 사용했다.

내 침실은 나의 피난처였다. 언젠가는 작가가 되려는 내 오랜 꿈을 이곳에서 다시 회복하려고 애를 썼다.

나는 엄마가 나를 격려해 주려고 그녀가 해 줄 수 있는 일을 내 방에 해 주었다고 생각했다. 그녀는 그 외에 무엇을 해야 할지 몰랐다. 아빠는 절망에 빠져 있는 나를 어떻게 다루어야 할지 전혀 관심이 없었다고 느껴졌다. 내 방에서 자주 울려 나오는 타자기 소리만이 그들이 내가 아직 살아 있다는 것을 확인하는 유일한 신호였다.

내 타자기 소리를 싫어하는 표시를 내는 유일한 존재는 우리의 희고 큰 고양이 샘이었다. 그는 타자기를 미워했다. 내가 타자기를 칠 때마다 못살게 굴며 문자판 위로 걸어다니고 급기야는 드러누워 기분 좋게 가르랑거렸다. 아마 그는 타자기를 질투했던 것 같다.

내가 그를 찰싹 때려 쫓아낼 때마다 엄마에게 달려가 엄마가 웃으면서 나를 꾸짖을 때까지 야옹거렸다. "포지! 또 불쌍한 샘을 못살게 굴었니?" 그러면 샘은 감정이 풀어져 내 방으로 다시 와서는 쉿 소리를 내며 꼬리를 나에게 세웠다. 또 엄마가 그의 상처받은 감정을 누그러뜨리느라 먹을 것을 주면 샘은 기분이 늘어질 대로 늘어진 버릇없는 고양이가 돼 버렸다.

샘의 방해에도 불구하고 많은 시간을 타자기와 보냈다. 주로 엄격한 근본주의 노선이 뚜렷하게 드러나는 신앙에 관련된 짧은 논문을 쳤다.

"하나님께서는 선하시다. 인간은 모두 하잘것없는 죄인이다. 기독교인이 되면 자신을 죽이고 목숨을 다해 그리스도를 위해 세상을 정복해야 한다. 다른 모든 일은 쓸모없는 짓이다."

"자신(self)"을 문제 삼지 않는다는 믿음이 나를 매료시켰다고 생각한다. 그것은 내 죄 때문에 내 자신을 벌할 수 있는 면허를 준 것이었다. 내가 죄인이었으므로 나는 특히 죄인들에게 엄격해야 했다. 종교적으로 무장하여 신자의 탈을 쓰고 교회의 친구들을 대했다. 내가 믿는 단순하고도 메마른 복음에 대해 쓴 그 논문들에도 이 가혹한 자기 비평 의식이 배어 있었다.

나의 이 근본주의적 신앙이 내 침실처럼 내가 숨을 수 있는 곳이 되었다. 그 둘 중 어느 하나라도 포기하려는 꿈을 꿀 수 없었다. 단순 명쾌한 종교적 해답과 친근한 침실의 벽이 현실 세계의 딱딱하고 어려운 진실로부터 나를 보호하는 방패였다.

나는 덫에 걸린 채 게을러져 갔다.

엘리자벳 언니는 집에서 도망 나가 결혼해 버렸기 때문에 엄마와 사이가 단절돼 버렸다. 그녀는 엄마가 외출한 때를 타서 집에 들리곤 했다. 우리 둘은 그런 식으로 서로 이야기를 나눌 수 있었고 나의 장래에 대해 자주 의논했다. 그리고 내가 계속 지금처럼 살지 못할 것이라고 대놓고 말하는 그녀가 옳다는 것도 알았다. 매일 방에서 읽고 쓰기만 하고 있을 수는 없었다. 더 이상 배우지 않으면 방문 밖으로 한 발자국이라도 나아가는 것은 기대할 수 없었다.

우리는 문제를 똑같이 인식했지만 합리적인 해결책은 찾지 못했다. 이 지방의 교육 체제로는 그 일을 감당하지 못했다. 엘리자벳은 주정부로부터 재정적인 도움을 받을 수 있을런지 알아 보았으나 정부 일이란 항상 늦장 세월이었다. 우리가 무슨 일을 진행하고 있다고 생각할 때면 어떤 사람이나 일이 우리 발 아래의 카펫을 홱 잡아 당겨버려 더 깊은 실망 속으로 떨어뜨려 버렸다.

내게 필요한 것은 기적이었다. 그러나 하나님을 성가시게 해 드리고 싶지 않았다. 내가 그럴 자격이 없음을 알고 있었다.

그러나 주말 연휴를 보내기 위해 시카고에서 비행기를 타고 온 제일 큰

언니 맥신이 한 기적을 물고 왔다. 오랫동안 보지 못했지만 그녀는 여전히 내가 기억했던 대로 늘씬하고 아름다웠다.

그녀가 침실로 들어와 나를 껴안고서 머리를 길게 땋아 "예쁘기도 하지!"라고 말했을 때는 마치 편지로 사귄 친구를 처음으로 만나는 것 같았다. 내가 타자를 치기 시작하면서부터 우리는 꾸준히 편지를 서로 주고받았다. 다시 만난 몇 시간도 안 되어 우리는 마치 계속 함께 살았던 것처럼 이야기를 나누었고 그녀는 내가 말하는 것을 놀랄 만큼 잘 알아들었다. 서로 이해할 수 없을 때는 내가 글로 썼다. 내가 말하려는 것을 쓸 수 없을 때는 그녀는 자기가 알 때까지 스무고개식으로 물었다. 내가 말하려는 것을 알려고 애쓰다 전혀 엉뚱한 추측을 하게 될 때마다 마음씨 좋게 웃어 주었다.

맥신은 엄마, 아빠와 내가 토요일 아침 시골에 있는 오두막에서 주말을 보내기 위해 출발 준비를 하고 있을 때 도착했다. 정부로부터 분양받은 땅에 아빠가 천막 지붕을 이어 붙인 낡은 트레일러 집을 갖고 있었고 그 땅을 합법적으로 소유하기 위해서는 정부의 규정대로 매주 얼마간씩 그곳에서 살아야 했다.

그러나 대도시 시카고에서 알래스카에 도착한지 몇 시간도 안 된 언니에게는 야외에서 어슬렁거리는 것이 그리 썩 내키는 일은 아니었다.

아빠는 안전하다고 그녀를 안심시켰다. 셜리는 그녀의 남편이 시내에 머물면서 일할 동안 일주일 내내 두 아이와 함께 그곳에서 보냈다고 말했다. 우리 분양지는 야생 상태지만 견딜만 했다. 아빠가 차에 짐을 싣는 동안 맥신이 아빠의 총을 찾아내어 가지고 가자고 했다. 아빠는 아무리 큰 야생 동물도 숲 속 깊은 곳에서 트레일러 주위의 공터로는 나오지 않는다고 설명하면서 필요 없다고 했다.

나는 맥신에게 만약 무슨 소리가 들리면 그것이 쥐든 곰이든 아빠가 어디에 있는가부터 항상 먼저 확인하라고 주의를 주었다. 아빠는 동물 소리를 흉내내는 불가사의한 능력이 있어 누구라도 집 밖에 멍하니 앉아 있는 것을 알면 동물 소리를 내어 골려주길 좋아했다. 맥신이 나에게 미리 귀띔을 해 줘 고맙다고 했을 때 아빠는 그저 씩 웃고만 있었다.

나 또한 트레일러 근처에는 작은 동물만 얼씬거린다고 그녀를 안심시켰다. "게다가 아빠는 벌써 그들과 친구가 되었는걸!"

아빠는 그 중에서 트랙터를 함께 타기 하는 족제비 윌리를 가장 좋아했다.

언니에게 알려주지 못한 것은 우리도 모르고 있었던 일로써 우리가 없는 동안 윌리가 트레일러 바닥을 갉아서 뚫어 놓은 작은 구멍이었다. 그날 밤 모두 잠들었을 때 윌리는 감쪽같이 그 구멍을 통해 트레일러 안으로 들어와 아빠 엄마의 침대로 뛰어들었다.

엄마는 잠이 드는둥마는둥 기분이 나빠 있었는데다 아빠가 "도와줘요, 엄마! 내 가슴에 족제비가 한 마리 올라와 있어요. 윌리 같아요!" 라면서 짓궂게 속삭여대자 도저히 맞장구 쳐줄 형편이 아니었다.

엄마가 잠이 덜 깬 목소리로 "그래요? 당신 알다시피 늙은 족제비는 늙은 족제비의 뜨거운 맛을 봐야 돼!" 라고 했다. 침대에서 내려와 불을 켜고 대빗자루로 그 족제비(아빠 말고 윌리)를 문 밖으로 쫓아내 버렸다. 그런 후에 구멍을 막아 버리고 침대로 돌아갔다.

나에겐 모든 일이 유쾌하기만 했다. 하지만 맥신은 전혀 즐거워하지 않았다.

맥신은 알래스카의 첫날밤에 거치른 이곳 생활을 바로 맛보았지만 더 오래 있기로 결정했다. 그녀는 시카고에서 모델이었고 또 식당에서 일하고 있었다. 지금 그녀는 그런 일반적인 일에 지쳐서 좀더 생산적인 일을 하고 싶어했다. 그래서 앵커리지에 머물기로 결정하자마자 곧장 그 지방 대학

(Community College : 미국의 각 주정부가 운영하는 2년제의 직업 훈련 및 대학 교양 과정을 주로 가르치며 대도시 뿐만아니라 각 지역마다 있으며 비교적 학비가 싼 대학 – 역자)에 등록하고 일거리를 알아보았다. 학교, 직장, 지방 극단 일에 관여하는 등 빈틈없는 일정 가운데도 맥신은 나를 돌볼 짬을 만들었다.

그녀는 거품 목욕을 시켜 주거나, 도서관 혹은 극장에 외출시켜 주거나 해서 심심찮게 블랙홀로 빠지는 나를 거기서 꺼낼 수 있는 방법이라면 생각나는 대로 다 동원했다. 아빠는 그녀가 온 뒤로 내가 훨씬 행복해 보인다면서 그녀를 종종 칭찬했다. 그리고 내가 알기에 엄마 역시 그녀의 짐을 덜어주고 나에게 힘을 다시 나게 해 주는 사람이 생겼다고 기뻐했다.

맥신이 내 머리 스타일을 한번 바꾸어 보려고 결정했다. 내 머리카락은 길고도 올이 굵어 한번 감고 말리는데 이틀씩이나 걸렸다. 엄마가 땋아서 화환처럼 머리 주위에 둘러주면 아름다웠으나 세심한 손질을 계속 하지 않으면 그 모습도 오래 가지 못했다.

짧은 머리 스타일일수록 손질이 더 편할 것이다. 그러나 교회의 몇몇 부인들이 내 머리를 "영광의 왕관"이라고 별명지었다. 또 많은 사람들이 마치 나에게 있는 유일한 자랑거리인 양 이쁘다고 입을 댔다. 스스로 기묘하다고 확신하는 내 모습을 머리카락이 자비롭게 감춰주는 것 같아서 만약 그것을 자르면 어느 누구도 좋아하지 않을 것 같았다.

그런 걱정은 말도 안 된다고 나 자신에게 타일렀다. 그러나 여전히 맥신더러 자르라고 할 기분은 아니었다. 두 번이나 오케이 해 놓고 마지막 순간에 번복했다. 마침내 그녀의 가위에 항복했을 때 가족 모두가 나의 용기를 칭찬했다.

2시간 후 내 머리는 약하게 파마를 하여 어깨 길이까지 내려오는 것으로 바뀌었다. 맥신은 탈진해서 제일 가까이 있는 의자에 축 늘어져 누었다. 움직이는 목표물을 자르고 파마한다는 것은 무척 힘든 일이었다. 그러나 나는 그 결과에 매우 만족했다. 맥신을 끌어안았다. 내 상표였던 댕기머리에 대해 안타까워하는 누구에게나 엄지를 코에 대며 으시대었다.

머리를 자른 일이 덫에서 자유롭게 벗어나 내 오랜 목표를 추구하는 새로운 결단의 시작이 되었다. 나를 옴짝달싹 못하게 묶으려 드는 강력하고도 발작적인 절망을 이제는 똑바로 직시해야 했다. 그러나 나는 여전히 그것을 무서워 했다. 견딜 수 없도록 무서웠던 것은 가치 있고 생산적인 삶이 가져다 줄 수 있는 만족과 소망으로부터 천천히 그러나 점점 더 분명하게 멀어지게 하는 알래스카, 앵커리지, 우리 집, 그래서 방 안에 영원토록 고립되어 버리는 것이었다.

맥신은 불구 아동을 테스트해서 그들에게 가장 적합한 교육 프로그램이나 돌봐 줄 수 있는 가정을 알선해 주는 이곳의 새로 생긴 기관에 직장을 구했다. 그녀는 곧장 육체적으로나 정신적으로 이상이 있는 청소년들을 위한 재정 지원, 의료 혜택, 교육, 주택과 취업 기회 등에 관한 흥미로운 최신 정보들을 수집했다. 맥신이 새로 설립된 주정부의 직업 재활원에 관해 이야기해 주었을 때 나는 그들이 나에게 제공해 줄 수 있는 것이 무엇인지 알아 봐 달라고 부탁했다. 두꺼운 서류 뭉치의 신청서를 제출한 후에 맥신과 나는 면담 약속을 받았다.

상담원은 내 기록을 전부 점검한 뒤 내가 바라는 것을 적절히 채워 줄 만한 곳이 알래스카에는 없다는 점을 인정했다. 그는 우리에게 워싱턴 주 시애틀의 종합뇌성마비(UCP)센터나 시리지 요양원에 알아 보도록 추천했다. 주정부 직업 재활원의 어느 누구도 두 곳 중 한 군데라도 가본 사람이 없었지만 시애틀의 종합뇌성마비센터의 체제는 유명하고 미국 서해안 쪽에서는 가장 좋은 시설을 갖추고 있을 것이라고 말했다. 그리고 알래스카 주에는 적절한 프로그램을 갖고 있지 못하므로 시애틀에서의 내 생활비와 교육비를 주정부 직업 재활 부서에서 부담해 주겠다고 했다.

정말로 종합뇌성마비센터는 교육 과정, 물리 치료, 직업 훈련, 그리고 심지어 사회 활동에 걸쳐 내가 원하는 모든 것을 구비하고 있었다. 고등학교 과정을 마치는 자에겐 정식 졸업장을 수여했다. 그 상담원은 시리지 요양원에 관한 정보는 거의 없으나 종합뇌성마비센터의 젊은 사람 몇 명이 그곳에 살고 있다고 전했다.

나는 시애틀의 정보에 대해 엇갈린 반응을 가졌다. 그곳이 나의 이 꽉 막힌 환경에서 새로운 탈출구가 될 것 같은 희망으로 보였다. 아마 내 소망이 완전히 소멸되지는 않았던 것 같다. 시애틀은 알래스카와는 달랐고 훨씬 유망한 곳이었다.

그러나 전에도 여러 번 내 꿈을 이루려고 너무 서두르다 그 꿈을 미처 펴 보지 못하지 않았던가.

'만약 그 프로그램이 나와 맞지 않는다면? 만약 약속한 것을 제대로 지켜내지 못하는 또 다른 특수교육 프로그램에 불과하다면 어떻게 하지?'

모르는 것이 너무 많았다. 그것은 또다시 가족과 고통스럽게 헤어지는 것을 의미했다. 집에서 멀리 떨어져 다시 혼자 있어야만 하는 것이었다.

내가 결정을 내리지 못하고 망설이는 동안에 그 재활 부서 상담원은 알래스카장애아동협회에서 매일 오후 나를 고등학교 1학년 수준까지 끌어올리도록 도와줄 개인 교수를 알선해 주었다. 오전에는 화술 교정과 물리 치료를 받았고, 오후에는 그곳 교실에서 숙제를 했다.

나는 이제 알래스카장애아동협회의 가장 나이 많은 학생이 되었고 10년 전과 같은 상황으로 되돌아 왔지만 내 자신은 이것이 단지 일시적인 것에 불과하다고 스스로 타일렀다. 나이 어린 학생들이 나를 좋아하는 것 같아 교실에 있는 것이 즐거웠다. 한 어린 소년이 크면 나같이 되고 싶다고 그의 유모에게 말했다. 그가 내 옆자리에 앉을 수 없을 때마다 그는 뾰루퉁했다.

내가 최종 결심을 하기까지 거의 1년이 흘렀다. 그동안 시애틀의 종합뇌성마비센터는 주로 내 성격과 자라온 배경에 관해 매우 사적인 사항들을 확인하는 입학 및 등록 신청서 서식을 계속 보내왔다. 서류만 보아도 학교가 수준이 높다는 것을 알 수 있었고 나에게 격려가 되었다. 노스다코타의 장애아동학교와 비슷한 수준과 분위기를 감지할 수 있었다. 그리고 시리지 요양원에선 자체 설명서를 추가로 보내 주지 않아 우리 모두 종합뇌성마비센터와 같은 격일 것이라고 짐작했다.

실제로 결심하기란 그리 쉬운 일이 아니었다. 많은 의심과 불안에도 불구하고 그런 감정들을 누르고 나에게 적합하고도 유일한 그 길을 따르기로 결심했다. 시애틀까지 가야 했다. 봄철에 알래스카의 얼음이 녹는 것보다 더 빨리 나의 꿈들이 녹아 내려버렸던 실망과 고통의 긴 세월을 지나 내 집과 가족을 떠나야만 할 때가 된 것이었다.

14

아담하고 깨끗한 도보와 정성스레 가꾼 정원,

그리고 많은 주민들이 없어서 초저녁 공기를 즐기고 있는

커다란 현관 베란다가 있는 시리지는 마치 잘 관리된 모텔 같았다.

시리지 요양원

요양원과 종합뇌성마비(UCP)센터까지 나를 데려다주기로 자원한 맥신의 친구 바바라와 함께 시애틀로 날아갔다. 내가 생각하기에 희망찬 조짐이다 싶을 만치 밝은 봄날 아침에 도착했다. 알래스카주익 지업 제활 부시에서 우리를 맞이할 사람을 공힝으로 보내 주었다. 대학을 졸업한 지 얼마 안 되는 브루스는 내가 자기의 첫 번째 "정상 지능의 장애인" 고객이기 때문에 자기가 혹시 실수할까 염려된다고 말했다.

브루스가 우리를 차에 태워 그 센터를 한바퀴 구경시켜 주었다. 공식 안내원이 없어서 우리 스스로 코를 벌름거리며 둘러보았다. 교실, 물리 치료실, 미술 공작실, 심지어 기계 공작실도 보았다.

대부분의 활동은 주건물의 지하 작업실에서 이뤄지는 것 같았다. 온갖 종류의 심한 장애인들이 그렇게 많이 한 장소에 몰려 있는 것은 처음 보았다. 가장 인상 깊은 것은 그들의 연령 분포였다.

생전 처음으로 중년 나이의 장애인들의 실체를 확인했다. 충격적이고도 무서웠다. 나는 오랫동안 내게 필요한 도움만 받는다면 좋아질 수 있으리라고 자신을 위로해 왔다. 이제 그런 소망을 추구할 수 있는 바로 그 장소에서 그런 꿈을 단념한 사람들을 발견했다. 이 사람들은 평생을 노력해도 나아지지 않았다.

'나도 언젠가 저렇게 되겠지?' 라고 생각하지 않을 수 없었다. 그러나 그때 나 자신에게 단호히 말했다.

'아니야! 나는 결코 저들처럼 되지 않을 꺼야. 나는 훨씬 좋아질 수 있어!'

작업실에서 통로 두 칸을 올라가면 센터의 치과 병원이 있었다. 나는 오랫동안 이빨 치료를 미룬 채 통증만 없애려고 아스피린을 정기적으로 먹어 왔다. 본인의 의사와 상관없이 통제가 안 되는 움직임이 나타나는 나 같은 뇌성마비 환자의 치과 치료는 불가능한 일이었다. 이곳 치과 간호원의 설명으로는 치료하는 동안 환자가 누워 잘 수 있는 마취 시설이 되어 있다고 했다. 그녀는 나에게 꼭 맞는 병원 같다고 말했다. 치통이 평생 나를 괴롭힐 것 같았었는데 그녀는 고개를 끄덕이고 웃으면서 뇌성마비환자 대부분이 같은 문제를 갖고 있다고 말했다. 그리고 이곳이 서부 해안 쪽에서 그런 시설을 갖춘 첫 번째 병원이라 항상 바쁘다고 했다.

어느새 늦은 오후가 되었다. 요양원에 가기 위해선 시내를 가로질러 돌아가야 했다. 가는 길에 바바라를 시내 호텔에 내려줬다. 그녀는 다음날 아침에 택시로 요양원에 와서 짐을 풀고 정리하는 일을 도와주겠다고 약속했다. 시리지 요양원이 내가 온다는 것을 알기 때문에 브루스와 둘이서 등록 절차를 할 수 있으리라고 생각했다. 그러나 나는 먼 여행길과 종일 흥분해 있었던 터라 기진맥진해 있었다. 그래서 저녁을 먹고 곧장 누워 자고 싶었다.

퇴근길의 교통 체증 때문에 요양원까지 천천히 갈 수밖에 없었다. 이곳에 온 바로 첫날 새 도시의 많은 것들을 구경하고 지나가면서 시리지에서 센터까지 매일 어떻게 오고 가야할 지 걱정되기 시작했다. 어떻게 이 먼 거리를 매일 통학하지?

시리지 요양원에 도착하자 보행기(Walker : 위에서 볼 때 ㄷ자 모양으로 생긴 지팡이로 그 중간부분을 두 손으로 잡고 옆부분에 의지하여 걸을 수 있는 노인 및 장애인용 보행 보조 기구 - 역자)를 짚고 주차장을 건너기 시작했으나 도저히 걸을 수 없을 만큼 피곤했다. 브루스가 안으로 들어가 몇 분 후 휠체어를 갖고 와 태우고 나머지 거리를 밀어 주었다.

아담하고 깨끗한 도보와 정성스레 가꾼 정원, 그리고 많은 주민들이 앉아서 초저녁 공기를 즐기고 있는 커다란 현관 베란다가 있는 시리지는 마치 잘 관리된 모텔 같았다. 그중 젊은이 몇이 휠체어를 타고 서로 무리 지어 재미있게 이야기하고 있었다. 몇 주 후에 그들 속에 끼어 있을 내 모습을 상상하니까 기분이 좋아졌다. 이곳에서 친구를 사귀고 새 생활을 시작하고픈 마음이 솟구쳤다.

밝게 불이 켜진 입구 복도 한쪽 구석에 간호사실이 있었다. 빳빳하게 풀을 먹인 제복을 입은 한 여자가 서류꽂이를 들고 우리를 맞아 주었다. 그 간호사에게 하루 전날 다른 짐과 함께 큰 나무상자로 부친 내 휠체어를 찾을 수 있을지 물었다. 그녀는 나를 차갑게 쳐다보며 단호하게 "종합뇌성마비센터에서 받은 의료 기록에 의하면 당신은 여기서 휠체어를 탈 수 없습니다. 당신의 치료 프로그램에 포함되어 있지 않습니다" 라고 말했다.

"뭐라고요?"

화가 치밀어 올랐다.

"그것은 옳지 않아요!"

화가 난 내 모습을 본 브루스가 내 편을 들어주었다. 그 간호사에게 자기는 의료기록 내용은 모르지만 다음 달에 몇 가지 시험을 칠 예정인 사회봉사 요원(Social Worker : 복지 및 고충 상담을 주 업무로 하는 주 또는 연방 정부 고용원. 일정의 자격 요건을 갖추어야 함 - 역자)으로 나를 맡고 있다고 소개했다. 그가 말하는 동안 누군가 나를 보지도 듣지도 않고 몇 가지 기록만으로 나에 대한 의료 주의사항을 적었다고 생각하니 점점 더 화가 났다. 다행히 브루스가 내 경우를 책임지겠다고 고집하자 그것이 간호사에게 먹혀들었다. 그녀는 그가 내 물건을 확인하고 휠체어를 갖고 오도록 해 주었다.

싸움에 이기자 나는 간호사에게 배가 고프다고 말했다. 그녀는 저녁 식사가 이미 끝났다고 말하면서 내 방으로 먹을 것을 좀 보내 주겠다고 마지못해 동의했다. 그녀는 내가 자기의 통상 업무를 방해하고 있다고 생각해 귀찮아하며 어서 빨리 자기가 하던 일로 돌아가려는 듯이 행동했다.

"한 달만 머무를 것이면서 무슨 짐을 그렇게 많이 갖고 왔는지 이해가 안돼!" 라고 하는 그녀의 말에 또다시 불쾌한 기분이 들었다.

브루스는 그 말을 듣고 놀라서 소리를 높였다.

"틀림없이 뭔가 착오가 있어요. 캐롤린은 뇌성마비센터에 진학해서 고등학교를 시작할 때까지 여기 있기로 되어 있어요!" 우리는 센터와 시리지 양쪽에서 등록 허가를 받았기 때문에 그렇게 다 합의되어 있는 줄 생각했다. 간호사는 그 말을 듣고 "누군가가 나한테 제일 먼저 이야기해 주었어야지!" 라면서 발끈 화를 냈다.

젊은 장애인들이 사는 요양원의 남쪽 건물은 꽉 차서 당분간 다른 건물에 머물러야 했다. 나는 엉덩이가 부서졌지만 거의 회복이 되어 곧 집으로 돌아갈 예정인 한 명랑한 나이든 여인과 같은 방을 쓰게 됐다. 룸메이트에게 인사했는데 그녀는 "헬로우" 이 후에 내가 하는 말을 하나도 알아듣지 못했다.

나에게는 그 조그만 방이 꼭 병원 입원실처럼 느껴졌다. 그러나 환하게 밝았다. 그리고 복도 바로 건너편에 휠체어로 베란다까지 나갈 수 있는 문이 있었다.

브루스는 한 보조원이 나의 저녁으로 멀겋게 식은 크림 섞인 참치와 우유를 갖고 오자 떠났다. 몇 분 후 펜이라는 이름의 은발머리 간호사가 나를 체크하러 방으로 들어왔다. 그녀는 따뜻하게 웃으면서 날더러 많이 먹었느냐고 물어 보았다. 내가 그렇다고 대답하자 그녀는 수건을 건네주며 "틀림없이 맛있게 먹은 듯한 모습이군요!"라면서 마음 좋게 내 모습을 참고 보아 주었다.

그녀는 내가 어지럽힌 것들을 닦아내는 것을 도와주면서 몇 분 후에 예배가 바로 시작할 것이라고 말해 주었다.

"사람들을 만날 수 있는 좋은 기회죠. 오고 싶으면 오세요." 내가 가고 싶다고 말하자 그곳 한 교회에서 자원 봉사자들이 정기적으로 와서 예배와 성경공부를 인도하는 미술 공작실까지 휠체어를 밀어 주었다. 내가 알래스카에서 방금 도착했다는 사실에 모두 흥미를 가지는 듯했다. 사람들 대부분이 우호적이었고 나를 따뜻하게 대해 주려고 최선을 다하는 듯했다.

다음날 아침 일어났을 때 나는 마치 이상한 새 세계에 온 한 외로운 외계인처럼 느껴졌다. 매일의 통상적 업무가 오전 7시부터 시작되었고 나는 단지 또 한 사람의 신규 환자에 불과했었다.

한 보조원이 나를 침대 -나에게는 가장 먹기 불편한 장소- 위에 앉히고 싱겁고도 멀건 오트밀을 먹여 주었을 때 나는 울기 시작했다. 고립된 것 같았다. 나를 완전한 불구자인 양 취급하는 낯선 사람들 속에 있어본 적이 없었다.

아침을 먹은 후 또다른 보조원이 들어와 나를 침대에 누인 채로 씻어 주었다. 그녀는 혼자 목욕할 수 있다고 항의해도 들은 체 만 체했다. 남이 나를 만지는 것이 끔찍했었고 은밀한 부분도 거칠게 씻어댔다. 비누도 많이 쓰지 않았다.

화가 나 앙탈부리며 고함을 질러댔다. 나 혼자 따로 목욕하고 싶었는데 보조원은 꿈쩍도 하지 않았다.

나는 편안하고 간편한 옷을 입으려 했는데 목욕이 끝날 때쯤에는 보조원도 지쳐버려져 가장 가까운데 있는 정장을 집어서 입혀 주었다. 그 후 한 시간이나 넘게 나는 훌쩍거렸다. 바바라가 오면 나는 증오스런 이곳을 떠나 그녀와 함께 알래스카로 되돌아가기로 결심했다.

그러나 이튿날 아침은 조금 나은 편이었다. 앤이라는 나이든 보조원이 아침을 갖다 주었다. 그녀는 자신을 소개한 후 침대 머리를 높여서 식기받침을 내 앞에 놓겠다고 했다. 그녀에게 침대를 오히려 낮추고 내가 의자로 옮겨 앉아 내 스스로 밥 먹을 수 없는지 물어 보았다. 그녀는 나를 이해할 뿐 아니라 내가 부탁한 대로 해주었다. 그래서 또 내가 숟가락으로 떠먹기에 편하게끔 마른 빵 조각이 멀건 오트밀 국물을 빨아들이도록 토스트를 부셔서 시리얼 그릇에 넣어줄 수 없겠느냐고 물어 보았다. 그녀는 기꺼이 또 그렇게 해주었다. 나는 하루만에 획기적인 진보를 이룬 것 같았다.

아침을 먹고 난 뒤 앤이 돌아갈 때 목욕 수건과 손수건을 달라고 했다. 간편한 옷을 골라들고 목욕탕에 들어가 비누를 스폰지에 잔뜩 묻혀 내 몸을 거품으로 뒤덮이게 했다. 그리고 스스로 옷을 차려 입었다. 너무 기분이 좋아졌고 내가 혼자 옷을 입을 수 있고 간수할 수 있다는 것을 들은 체도 하지 않던 그 보조원과 앤이 복도 밖에서 이야기하는 것을 엿들으며 침대를 정리하기 시작했다.

그날 오전 늦게 나는 타자기를 꺼내려고 요양원으로 부친 내 짐을 찾고자 했다. 수간호사는 내가 단지 검사를 받기 위해 당분간 머물 뿐인데 짐을 풀면 너무 힘들 것이라고 했다. 왜 모두 내가 한 달만 머무를 것같이 생각하느냐고 물었다. 나는 종합뇌성마비센터에 입학해서 고등학교 공부를 시작하려고 이곳에 왔다. 바로 그것이 내가 원하는 바였다.

그 간호사는 오해한 것을 사과했다. 그러나 그녀는 "센터가 우리에게 먼저 통보해 주었어야 했는데. 어쨌든 손이 비는 보조원이 나오는 대로 바로 도와주도록 하죠!" 라고 덧붙였다.

며칠이 지난 어느 날 저녁, 침대에 앉아 책을 읽고 있었는데 보조원 두 사람이 들어오더니 나를 다른 곳으로 옮겨야 한다고 통보했다. 내 방 동료는 집으로 돌아갈 것이며 나이든 새 환자 두 명이 들어올 것이라 했다. 그들은 한 시간 안에 내 방을 치워야 했다. 그래서 펜과 보조원 하나가 나를 침대에 앉힌 채 소지품을 침대 위에 대충 꾸려 얹고서 복도를 가로질러 침대와 타자기용 탁자를 밀면서 남쪽 건물로 옮겼다. 가장 편한 자세로 복도를 굴러가는 내 모습을 보고 의아해 하는 다른 사람들의 반응을 보는 것이 우리는 오히려 재미있어서 웃었다.

새 방에 도착해 보니 아무도 없었다. 펜은 웃으면서 "일라메이가 돌아와서 새 룸메이트를 보고는 깜짝 놀랄꺼야!" 라고 했다.

나는 마치 남의 집에 몰래 들어간 것 같은 느낌이었나. 왜 아무도 그녀에게 내가 이사 들어올 것이라고 말해 주지 않았지? 심지어 나는 일라메이와 같이 잘 살 것인지 확신이 서지 않았다. 그녀를 첫날 잠시 만났을 뿐인데 남과 잘 어울리지 못하는 것 같았다. 내가 염려스러워 하자 펜이 일라메이도 글쓰기를 즐겨하는 좋은 사람이라고 안심시켜 주었다.

"그녀를 알게 되면 틀림없이 좋아할꺼야!" 라고 말했다.

침대에서 내려와 짐을 풀기 시작했다. 새 방에 내 짐이 다 들어갈 자리가 없는 것 같았다. 가득 찬 남의 짐 때문에 나는 벌써부터 협소한 기분이 들었다. 특히 보조원이 타자기를 복도 쪽으로 밀어내었을 때는 신경이 쓰였다. 한 나이든 정신분열증 환자가 그것을 바닥에 내려놓는 모습이 보였다. 그러나 그 보조원이 그 위에 덮개를 씌우면서 아침에 앤더러 짐을 정돈

하는데 돕도록 해 주겠다고 약속하며 나를 안심시켰다.

일라메이가 휠체어를 타고 방에 들어왔을 때도 나는 옷을 정리하는 중이었다. 그녀는 놀라서 당황해 했고 아무도 무슨 일이 벌어졌는지 알려 주지 않은 것에 무척 화를 냈다. 그러나 한숨을 쉬며 나에게 "여기서 하는 일이란 항상 이 꼴이야!" 라고 말했다.

그녀가 나에게 화를 내지 않은 것에 안심했다. 다른 사람들이 우리 둘 다 뇌성마비라서 우리 일을 자기들 마음대로 결정한다는 것을 확인한 우리는 똑같이 분노를 느꼈다. 그래서 우리는 자연스럽게 가까워졌고 함께 잘 지낼 것 같았다. 그러나 서로에 대해 아무것도 몰랐다. 우리의 공통점이라곤 불구라는 것과 아주 이상한 방법으로 친구 관계가 맺어졌다는 확신뿐이었다.

15

탈출할 수 없는 자아

시리지는 분명히 노스다코타의 앤칼슨 학교와 달랐다.

도착한지 1주일 후부터 종합뇌성마비(UCP)센터로 매일 등교할 예정이었다. 계획에 따르면 내가 센터의 예비 과정에 참여하여 몇 주간 익숙해지고 난 다음 가을에 시작되는 신학기부터 고등학교 과정을 시작하게 되어 있었다. 아무래도 새로운 사람과 환경과 일정에 적응할 시간이 필요했다. 나의 실질적인 첫 번째 직업이 될 일거리도 센터의 작업실에서 할 예정이었다.

센터로 가는 첫날 나는 보행기를 쓰기로 했다. 요양원에 도착한 첫날 기록상의 착오 때문에 겪었던 그런 혼란을 피하기 위해 허락받지 않고 휠체어를 타고 싶지 않았다.

요양원의 현관에서 센터의 버스를 기다리며 새로운 친구들과 서 있었다. 거대한 노란 상자 같은 버스는 휠체어를 올렸다 내렸다 하는 문이 옆에 달려 있었다. 운전사가 버스를 줄지어 있는 휠체어 가까이에 갖다대자 남지 보조원 두 명이 뛰어나와 받침대를 바쳤다. "하이. 나는 캐롤이야!" 라고 운전사가 자기를 소개하면서 "너는 캐롤린이지!" 라고 맞아 주었다.

보조원 한 사람이 순서대로 휠체어를 받침대 위로 밀어 올리면 다른 한 사람은 버스 안에서 받아 비행기 화물칸에서 쓰는 것 같은 꺾쇠로 그것을 버스 바닥에 묶는 것을 바라보며 나도 웃으면서 운전사에게 인사했다. 캐롤은 여분의 휠체어를 굴려 내려 주면서 나에게 "휠체어를 타고 그 보행기는 이리 줘. 걸어 올라올 필요가 없잖아?" 라고 말했다.

나는 버스에 올라타 일반 좌석으로 옮겨 앉았고 캐롤이 안전벨트를 매어 주었다. 그녀는 "보조원이 휠체어를 바로 네 앞에 고정시킬텐데 그들은 조심성이 없어!" 라고 하면서 나에게 발 밑을 조심하라고 경고 해 줬다.

한참 후 센터에 도착해서 캐롤은 내가 내릴 수 있게 도와주고는 멀리 지하 작업실까지 데려다 주었다. 그곳에는 우중충하고 좁고 길다란 방에서 이미 30명이나 일하고 있었다. 우리 요양원 식구들이 전부 다 들어오자 키핀 부인이라는 감독관이 나무에 바퀴가 달린 낡은 휠체어를 갖다 주었다.

"이곳은 다리가 불편한 사람에게는 안전한 장소가 못돼!" 라고 말했다. 그때서야 내 휠체어를 갖고 오는데 아무 제한이 없을 것이라고 안심했지만 그것은 단지 시작에 불과했다.

키핀 부인은 나를 혼자 조그만 탁자에 앉히고 딱딱한 플라스틱 봉투더미를 갖다 놓았다. 봉투에 붙은 테이프나 스티커를 전부 떼어내고 또 스테이플 철침을 뽑아낸 후 손을 넣어 구멍이 있는지 검사하라고 지시했다. 세 손가락이 빠져나갈 구멍이 있으면 그 봉투는 제쳐 놓으라고 했다. "질문 있어요?" 미처 내가 묻기도 전에 "좋아요 시작하세요!" 라고 하고는 가버렸다.

"그것 뿐이야?"

어리둥절해져 믿을 수 없는 눈으로 그 비좁은 지하 작업실을 둘러보았다. 모두가 감독관이 방금 나에게 설명해 준 대로 그저 테이프를 떼어내고, 스테이플을 뽑아내고, 또 플라스틱 봉투에 구멍이 났는지 체크하면서 지겹도록 똑같은 그 일에 기를 쓰고 몰두해 있는 듯 했다.

'이게 일거리인가? 아니야 이건 큰 착오야. 이 일을 하러 시애틀까지 그 먼 길을 왔던가? 중이염 같은 냄새가 나는 더럽고 축축한 봉투에서 테이프나 떼어 내는 일을 하러? 도대체 무엇 때문에 알래스카를 떠났지?'

실망은 바로 분노와 배신감으로 이어졌다. 나는 감독관을 불러 무언가 잘못되었으니 센터의 사회 봉사 요원과 이야기하고 싶다고 말했다. 그 요원은 면담 신청을 거절했고 한 달이 지나기 전까지는 면담 약속을 할 수 없다고 했다. 내가 할 수 있는 일이라곤 작업실에 앉아 그 지겨운 일과 씨름하는 것뿐이었다. 아무도 불평하는 사람이 없었다. 아무도 설명해 주는 사람도 없었다.

휴식 시간에 일라메이가 내가 낙심해 있는 것을 눈치채고 그 일거리가 무엇을 뜻하는지 설명해 주려 했다. 그 봉투들은 시애틀의 여러 보잉 비행기 공장에서 커다란 주머니에 담겨져 보내 왔다. 보잉 공장의 각 부서에서 조그만 부품이나 지시서 같은 것을 넣는 봉투였다. 봉투 표면에 테이프나 스티커가 너무 많이 붙게 되면 우리한테 갖고 와 떼이내고 씻어서 다시 갖고 가시 쓴다는 것이었다.

일라메이는 그 일이 더럽고 지겨우며 즐겁지 못하지만 이 센터에서 하는 가장 큰 일거리라고 말해 주었다. 끊이지 않고 계속되는 일이라 작업실을 매일 바쁘게 가동할 수 있게 했다. 그녀는 날더러 진정하고 센터가 하는 대로 따르라고 조언했다. 일라메이는 만약 내가 지금 알래스카의 집으로 가 버리면 훗날 부모님이 돌아가시고 난 뒤 나만의 새 인생을 시작할 때 훨씬 어려워질 것이라고 경고했다.

나는 그녀가 옳다는 것을 인정했지만 그래도 둘째 날은 센터에 가지 않았다. 첫날의 경험만으로도 너무 끔찍했었다. 그런 짜증스럽고 힘든 일에 하는 수 없이 의지해야 할 만큼 그렇게까지 심한 불구는 아니라고 스스로 다짐했다. 그 센터에는 다른 일거리도 몇 개 있었지만 캐롤의 변덕 심한 버스 스케줄에 의존할 수밖에 없는 우리 요양원 식구들은 우리가 도착할 때쯤이면 언제나 그 일들이 끝나 있었기 때문에 봉투 검사하는 일만 할 수밖에 없었다.

둘째 날 요양원의 내 방에 혼자 앉아 앞으로 어떻게 할 것인가 궁리했었다. 알래스카로 돌아가는 것은 의미가 없었다. 그렇다고 시애틀이라고 나을 것 같지 않았다. 내가 끝없는 절망에 빠져 있을 때 키가 작고 땅땅한 한 남자가 내 방문 앞에서 웃으면서 나를 쳐다보고 있었다. 그의 미소에 나도 모르게 웃음이 나왔으며 그의 눈은 기쁨에 차 있었다.

"내 이름은 고르키입니다. 다들 그냥 미스터 지라고 부르죠!" 라고 말했다. 그는 센터의 이사였는데 내가 그 전날 아주 힘들어 했다는 것을 듣고 찾아왔다. 나는 그가 센터는 젊은 사람이 있을 곳이 도저히 못된다는 것을 순순히 시인하자 웃을 수밖에 없었다. 그는 내가 느끼는 것 - 센터의 다른 사람들을 볼 때 평생을 그저 불구인 채로 보내며 그렇게 늙어야 한다는 것을 확인하게 된 것에 대해 이해하는 것 같았다.

그는 내 모든 질문에 속시원하게 답할 수 없고 또 내 상한 감정을 치료해 줄 수 없지만 나더러 돌아가 한번 더 노력해 보라고 권유했다. 내가 바라는 약속은 하지 않았지만 그의 예의바른 태도와 격려는 나의 기분을 누그러뜨렸다. 그의 긍정적인 생각이 나를 움직였다. 그 다음날 아침 나는 출근했다.

지하 작업실에 되돌아 와 테이프와 스티커를 벗겨내기 전에 봉투 속의 하자를 먼저 찾기로 했다. 소용없는 봉투를 먼저 골라내는 것만이 지겨움을 조금이라도 덜 수 있었다. 옆에 있는 작업자들에게 이 시간을 절약할 수 있는 아이디어를 말해 주어도 그들은 그저 엎드려서 자기들이 하던 식대로

만 했다. 왜 사람들이 똑같은 일을 수십 년씩 하는 지를 그제야 이해할 수 있었다.

15분 간의 휴식 시간에 주위를 돌아다니다 센터의 멋진 미술 공작실을 발견했다. 책임자인 두 여자는 내가 공예 일을 하고 싶은지 알고 싶어했다. 내 첫번 일거리는 대마 천 위에 자수 놓는 일이었다. 꽃무늬를 그리고 두꺼운 실로 무늬 테두리에 자수를 놓았다. 그러자 그 여자들이 안감을 바쳐 핀으로 고정시키고 재봉틀을 쓰도록 도와주었다. 수주 내에 내 휠체어에 걸 수 있는 자수 가방을 만들 정도가 되었다. 두 번째로 모자이크로 나비를 만드는 일을 했다.

나는 미술 공작 선생님들과 금방 긴밀한 관계를 맺게 되었고, 그들은 계속해서 어떻게 내가 다른 사람과 같은 방법을 쓰지 않고 나만의 방법을 생각해 내었는지 알고 싶어했다. 그들은 나의 독창성을 칭찬해 주었다.

그러나 그들에게는 두 가지 엄격한 규칙이 있었다. 작업실에 문제가 있다고 미술 공작실로 오지 말 것과 공작실은 유쾌한 장소가 되어야 하므로 공작실에서는 울지 말 것이었다. 내가 그 규칙을 잘 지켜나가사 오히려 이 새로운 친구들을 이해하고 편하게 대할 수 있었다.

휴식 시간은 센터를 알아 볼 수 있는 좋은 기회가 되었다. 어느 누구도 나에게 정보를 주지 않는다는 것을 확인했으므로 센터의 프로그램에 관해 필요한 정보를 구하는 책임은 내가 저야 했다. 아무도 그런 일을 해 주지 않으면 내가 할 수밖에 없었다. 그러다 보니 물리 치료실을 발견했고 또 치료사에게 내가 치료를 받고 싶다고 말했다.

그 방은 낡아 빠진 시설에 어울리지 않게 아늑하고 우아했다. 치료사 짐은 환자들이 원하는 기구는 무엇이든지 스스로 강도를 조정하면서 쓸 수 있게 해 줬다. 나는 목발 훈련을 다시 시작했다. 나에게는 항상 보행기가 더 편했지만 2년 간 목발을 써 볼 작정이었다. 내가 여전히 시끄럽거나 예기치 않는 소리에 반사적으로 쉴새없이 깜짝깜짝 놀라는 것이 큰 문제였다. 결국 치료사와 나는 목발을 완전히 단념하기로 합의했다. 나에게는 휠체어가 센터에서나 요양원에서 움직이는데 가장 이상적이고 효과적인 방법이라고 결론 지웠다.

마침 다행스럽게도 그는 결혼한 사람이었다. 그는 나에게 입 안에 콩을 가득 물고 말하는 것 같다고 심심찮게 핀잔을 주었지만 어쨌든 그는 화술 교정을 재미있게 가르쳤다. 나는 그에게 정확하게 발음하는 것이 너무 힘들고 반복해서 연습하는 것은 짜증만 나고 비능률적이므로 전통적인 방법을 따르지 말자고 제안했다. 나는 1분이 걸려야 겨우 단어 하나를 바로 발음할 수 있는데 바로 그 다음 1분 안에 똑같은 단어를 발음 못할 정도였다.

그래서 우리는 교정 시간에 그저 이야기하며 보냈다. 그는 매사에 흥미로워 했다. 또한 나에게 성경 배우기를 원해서 흠정역(King James Version : 영국 제임스 1세 시절에 만든 성경의 가장 권위 있고 잘된 것으로 인정받는 영어 번역본 – 역자) 성경으로 요한복음을 처음부터 가르쳐 주었다.

센터에서 첫 한 달을 보내고 나서야 알 수 있는 일이 있었는데 그곳 사회 봉사 요원과의 첫 만남 때 있었던 일이었다. 내가 그를 만난 적이 없었는데도 대뜸 퉁명스럽게 말했다.

"전에도 당신 같은 사람을 많이 봤는데 나를 속일 수는 없을꺼야!"

그에 따르면 나는 세상이 나를 중심으로 돈다고 생각한다는 것이다. 나는 못돼 먹어 센터에서는 일을 게으르게 하고 요양원 생활에 거의 적응하려 들지 않는다는 것이다. 만약 내가 제대로 그것도 빠른 시일 내에 고치지 않으면 금년 가을 학교 수업을 시작할 수 없을 것이라고 경고했다.

그의 즉흥적이고 무자비한 비난을 듣고 나니 가슴이 너무 쓰렸다. 그 남자에게 좋은 구석이라고는 없었다. 그는 마치 천국과 지옥의 열쇠를 자기 손 안에 쥐고 있는 것처럼 굴었다. 요양원으로 돌아와 일라메이에게 그 면담에 관해서 말해 주었다. 그가 어떻게 내가 학교에 갈 수 없을 것이라고 협박했는지 울면서 이야기했다. 또 만약 학교에 갈 수 없다면 알래스카로 돌아가고 말 것이라고 말했다.

일라메이는 그 직원이 나에게 대한 태도를 듣고는 그를 매우 미워했다. 그러나 실망하는 일이 일어날 때마다 화를 내고 집에 돌아가 버리겠다고 울면서 투정부리는 나 또한 성숙한 사람이 아니라고 지적했다.

"이제 이곳에 온지 두 달도 채 안 되는 너에게 그는 도대체 뭘 기대하는 거지?"

일라메이는 너무 흥분해서 곧장 미스터 지에게 따지러 갔다. 미스터 지는 바로 내 작업 탁자 옆으로 와서 가을에 틀림없이 학교에 갈 수 있다고 말했다. 그리고는 일라메이에게 윙크를 하면서 그가 항상 나를 부르는 대로 "이 아기"는 의심할 바 없이 훌륭한 숙녀가 될꺼라고 했다. 또 내 룸메이트에게 "당신이 그 일을 지켜봐줘야 해!" 라고 했다. 일라메이는 눈을 굴리면서 머리를 끄덕였고 나는 그 두 사람을 향해 빙긋이 웃었다.

그 이후 몇 년간 미스터 지는 자주 내 기분이 좋아지게끔 격려해 주었다. 당시 센터의 모든 고객과 직원들은 매월 근처 실내 체육관에서 파티를 했다. 미스터 지는 참석할 때마다 일부러 나를 휠체어에서 일으켜 세워서 체육관을 가로지르며 함께 춤을 추었다. 그는 항상 그가 나를 믿고 있다는 느낌을 갖도록 해 주었다. 그가 종합뇌성마비(UCP)센터의 이사라는 사실은 싫었지만 어쨌든 친절한 그로 인해 나는 모든 일이 다 반드시 좋거나 또 반드시 나쁘지 만은 않다는 것을 알게 됐다.

그해 가을 나는 학교에 진학했다. 그리고 나는 센터가 앤칼슨 학교와 같

이 높은 교육 수준을 유지하고 있어 기뻤다. 나는 일라메이를 도와 센터의 월간 신문을 만드는 일을 하게 되었다. 신문 이름은 "경련성 학술지"였다. 내가 "유시피(UCP)센터 스캔달"이라고 고치는 것이 어떻겠느냐 라고 반 농담조로 제안한 것이 채택되었다. 센터 전 부서에서 기사를 제공해 주었고 매월하는 파티 소식에서부터 요양원의 잡다한 일까지도 정규 기사 거리가 되었다.

작문 선생님이 내 자서전을 기사로 쓰도록 했다. 9월에 시작해서 12월에 마쳤다. 기사로 쓰자니 내 배경과 가족에 대해 좋은 면만 쓸 수밖에 없었다. 심지어 알래스카의 그 목사와 사모에 대해서도 나를 친절하고 자비롭게 대해 줬다고 칭찬했다.

학교에서 가장 큰 문제는 내 작문에 대한 선생님의 건설적인 비평을 수용하는 법을 배우는 것이었다. 그때까지는 엄마가 나의 유일한 비평가였다. 그녀는 내 기분을 상하지 않게 하려고 종종 "포지, 네가 기왕에 작가가 되려거든 아주 훌륭한 작가가 되어야지!" 라는 격려의 말을 고쳐야 할 부분에 표를 한 초고와 함께 보내 주었다.

그러나 선생님의 비평과 수정은 사정없었다. 종종 나는 교실에 혼자 남아 울었다.

센터의 노동일과 매일 계속되는 요양원에서의 혼란스런 생활에 학교 수업까지 겹쳐 그 부담감을 견뎌내지 못할 것 같았다. 나는 언제나 화가 나 있었다. 어느 날 선생님이 날더러 "정상적인 생활을 해낼 수 있을 때까지…" 휴학하도록 강력하게 권했다. 그녀는 내가 정상으로 돌아오면 기꺼이 복학시켜 주겠다고 말했다. 그녀는 내가 정서적으로 고등학교 생활을 감당할 태세가 되어 있지 않다고 본 것이었다.

그날 오후 요양원으로 돌아와 내 방문을 걷어차고 침대 위에 있는 봉제 인형들을 던져 버리고 엎드려서 꼬박 세 시간을 울었다. 선생님이 밉지는 않았다. 다른 때와 마찬가지로 나 자신에게 화가 났고 또다시 나는 내 감정을 통제하는데 실패하고 있었다.

나는 알래스카의 장벽을 뚫기 위해 시애틀까지 그 먼길을 왔었다. 미칠 것 같은 덫에 또다시 걸려든 것이었다. 하지만 나 자신으로부터 도망칠 수 없었다.

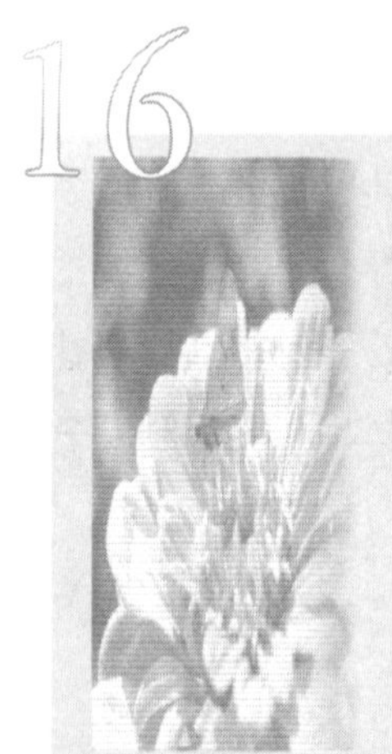

16

In the Zoo

동물원 우리에서

내가 속해 있는 이 체제로써는 나 자신의 생활을 거의 통제할 수 없다는 것이 당면한 현실이었다. 이 엄연한 사실을 이해하는 것이 한가지 과제라면 그것을 수용하는 법을 배우는 것은 더 힘든 또다른 과제였다.

60년대 말과 70년대 초에 관료적 사고 방식에 젖은 연방 및 주 정부가 정신적으로 이상이 있는 환자를 돌보는 요양원들을 위해 특별 기금을 조성하기 시작했다. 그런 시설은 별도로 "정신 요양소"로 재분류되었다. 그렇게 한 이유는 정부 시설에 과다하게 수용돼 있던 환자들을 분산시키고 예산을 절약하며 요양원 산업을 민간 차원에서 장려하기 위해서였다. 시리지 같은 요양원은 직원을 보충하고 또 직원 교육을 확충시키려면 정부 기금을 얼마든지 즉시 이용할 수 있었다. 그러나 "정신 요양소"로 구분되면 일반 노인 환자는 더 이상 받을 수 없었다. 시리지는 전혀 다른 곳으로 변해갔다.

새로운 환자들이 일주일에 2-3번씩 주 정부차로 공무원들과 함께 도착했다. 나에게는 충격적이었다. 전에 주 정부 정신병원에 있던 이들 중 상당수가 한결같이 야만적이고 거칠었다. 그 중에는 요양원으로 데리고 들어올 동안에도 직원들을 할퀴고, 차고, 물어뜯고 심지어 그들에게 오줌이나 똥을 싸대는 사람들도 있었다.

나와 친구들이 요양원의 정문까지 가는 것도 커다란 용기가 필요했다. 몇몇 새로 온 환자들은 복도를 가로막거나, 지팡이를 가로채거나, 심지어 휠체어의 바퀴 살 속으로 손을 쑥 집어넣거나 하면서 바닥을 기어다녔다. 한 살 내지 두 살 정도 지능밖에 못 갖춘 이 애어른들은 끊임없는 관찰과 주의를 요했다. 아주 드물게 착하고 놀기 좋아하는 순진한 사람도 있었지만 곧 그들과도 조심해서 놀아야 한다는 것을 알게 되었다. 그들은 힘이 세고 쉽게 거칠어져 휠체어에서 나를 끌어내리기 일수였다.

새 환자인 프랭크는 제 앞가림도 하고 그런 대로 깨인 사람이었다. 주 정부 환자 가운데 가장 나이든 축에 드는 그는 열렬한 천주교 신자여서 매주 금요일 요양원내에서 열리는 미사에 참석했다. 그가 온 후 곧바로 우리는 그가 솜씨 좋은 보석 도둑인 것을 알았다. 그는 일반적인 목걸이, 팔찌나 브로치 같은 것은 훔치지 않았고 십자가나 종교적 형상을 한 보식들만 훔쳤다. 요양원에서 그런 종류의 보석 도난 사건이 발발할 때마다 직원들이 프랭크의 방에서 그 증거물을 찾아내었다.

프랭크의 좀도둑 행각이 비록 장애는 되었지만 적어도 몇몇 새 이웃에 비해서는 파괴적이지 않았다. 쟈니는 어린애 지능을 갖춘 어른이었다. 어느 날 오후 감시원이 없을 때 내 방에 들어와서 공작 시간에 색칠한 한 쌍의 도자기 코끼리를 만지려고 내 책장 위로 기어올라 갔다. 쟈니는 코끼리 하나를 부러뜨리고, 책과 종이를 방에 어지럽게 흩어 버렸고, 내 침대 커버와 시트를 찢었으며, 빨래해 놓은 새옷 상자를 바닥에 뒤집어 엎어놓고 침대 옆 소탁자에 엎어놓은 접시 위의 과일을 몽땅 먹어치워 버렸다.

집에 돌아와 엉망이 된 내 방을 보니 화가 치밀었다. 청소하는 아줌마가 청소를 마치고 돌아가자 나는 앉아서 울었다. 나 자신이 더럽혀진 느낌이고 다시 덫에 걸린 기분이 되었다. 요양원의 새 체제가 오히려 통제력을 발휘하지 못하는 것을 이해할 수 없었다. 나는 남아 있는 코끼리 하나마저 바닥에 던져 깨뜨려 버렸고, 구겨져 있는 작문 원고 종이 뭉치들을 챙기기 시작했다. 이런 환경에서 여생을 보내야 할 처지라면 학교에 복학하려는 생각이 무슨 소용이 있겠는가?

그런 실망과 고통의 와중에서도 나를 위해 누군가가 있었다. 공작실 선생님 앤이 빗자루와 쓰레받기를 들고 내 방으로 들어왔다. 그녀는 도자기 코끼리 조각들을 쓸어 담으면서 나를 다독거리려 애를 썼다.

"캐롤린, 너는 우리의 대변자야. 네가 지금 포기하면 이곳에서 사는 것이 어떻다는 것을 아무도 알 수 없어. 언젠가는 틀림없이 네가 이곳에 대해 바깥 세상에다 대고 말해 주리라 믿어."

그리고 솔직 담백하면서도 통속적인 여자인 앤은 빙긋이 웃으면서 말했다. "그 많은 과일을 다 먹어치운 쟈니가 오늘 저녁 싸댈 일을 상상이나 해 봐. 쟈니를 계속 감시해야 할 보조원이 불쌍하지 않아."

그 말에 웃음이 터져 나왔다. 그 후 앤과 나는 시리지 요양원에서 생긴 여러 변화들에 관해 이야기했다. 어떤 부서에서나 중요한 변화가 발생할 때마다 실제로 그 일이 일어나기 전까지는 어느 누구도 알지 못하고 있다는 것에 그녀는 동의했다. 그래서 소문이나 정보가 마치 바람에 날리는 목화씨처럼 온 요양원을 떠돌아 다니게 되고 누군가가 조금만 설명해 주어도 생기지 않을 염려나 불안이 야기된다는 것이었다.

앤도 자신에게 생긴 변화에 대해 어찌할 바를 몰랐다. 그녀는 공작실 일을 포기하기는 싫었지만 "여가 활용 인도자"라는 새로운 직무에 흥분하였고 또 그 일을 새 환자들과 해나가려는 기대도 가졌다. 그녀는 나에게 말했다.

"만약 하나님께서 이 일에 어떠한 뜻이 있다는 것을 내가 알기만 한다면 그 일을 하고 싶어. 비록 내가 그 일을 좋아할는지 모르지만… 우리는 매사를 우리의 좁은 시각으로 보기 쉬워. 그러나 하나님께서는 그림 전체를 볼 수 있는 분이시잖아!"

요양원이 내 삶의 전부였으므로 앤이 말하는 것처럼 타협할 수 있는 지혜에 의존해야 했다. 나는 매년 여름이면 가족을 방문하러 앵커리지로 돌아갔는데 그 짧은 방문만으로도 내가 알래스카를 떠나야만 했던 이유들이 타당했음을 확인할 수 있었다. 시리지에서의 생활이 아무리 실망스런 것이라 할지라도 나에게는 짐 싸들고 나갈 여유가 없다는 것을 잘 알고 있었다.

그러나 현실에서는 매사가 엉망진창이었다. 새 환자 몇 사람은 사고를 방지하기 위해 복도 난간에 묶어 놓아야 했고 옷을 몽땅 벗고 벌거벗은 채 복도를 가로질러 스트리킹하는 사람들도 있었다. 때때로 그들이 정문을 벗어나 몇 시간씩 나체 그대로의 상태로 주택가를 배회하거나 또는 먹을 것을 찾으려고 쓰레기통을 뒤지다 경찰에 붙들려 오기도 했다.

여가 활용 인도자 앤과 병동 사감 중의 한 사람인 또다른 앤 둘이서 스트리킹을 막기 위해 지퍼가 등 뒤쪽 윗 부분에 붙은 제복을 디자인해서 만들었다. 요양원의 세탁기가 공상용으로 너무 커서 우리 옷을 제때 빨지 못해 한가지 옷을 너무 오래 입어야만 하기 때문에 나중에는 못 입을 정도로 요양원의 냄새가 심하게 배어 버렸다. 그래서 이 두 침모들은 오래된 환자들에게 헌옷을 구해 주었다.

두 앤은 새 보조원들을 훈련시키는 일에서부터 가장 말썽 많은 환자들의 기저귀를 가는 일까지 우리를 돌보기 위해 계속해서 헌신적으로 일했다. 새롭게 바뀐 조직 때문에 일상적인 허드렛 일을 도와주기 위해 매주 오던 자원 봉사자들의 숫자가 갑자기 줄어 버려서 그들은 심지어 우리 머리 손질까지 해 주어야 했다.

직원들의 이동은 심각한 문제를 야기시켰다. 새 보조원이 와도 곧 질려 버려 우리가 이름도 알기 전에 그만두기 일쑤였다. 그러나 이 두 사람의 앤은 꾸준히 우리를 돌보았다. 어떤 때는 요양원 전체가 그들에게만 의존하는 것 같았다.

결국 시리지 요양원의 부원장이 모두에게 긍정적인 결과를 가져다주는 조치를 취했다. 증세가 심해 통제가 힘든 환자들을 모두 한쪽 건물로 옮겨 요양원의 다른 사람들과 완전히 격리시켜 버렸다. 이것은 상당한 효과가 있었지만 그들이 나간 기존 병실로 새 환자들이 자꾸 들어오기는 마찬가지였다.

새로운 방 배치로 나에게는 조그만 정원이 내려다보이는 방이 할당되었다. 습기 찬 겨울날에는 새벽 안개가 무섭고도 외로우며 매혹적인 느낌을 주면서 피어올랐다. 그런 새벽에는 창 밖 안개를 물끄러미 바라보면서 나를 사로잡고 있는 현실을 뛰어넘어 가득 찬 안개 속으로 상상의 나래를 마음껏 펼쳤다. 나만의 피난처에서 야생화가 가득 핀 들판을 뛰어다니는 자신의 모습을 매번 떠올렸다. 환상 속에서 나는 언제나 우아한 레이스가 달리고 허리에 분홍색 리본이 달린 새하얀 드레스를 입고 있었다. 그때 나는 요양원으로부터도, 나의 그 비밀스런 과거에 대한 혐오감으로부터도 자유로워졌으며, 정식 교육을 마치고 난 뒤 독립하여 자유롭고 고귀해진 내 모습을 그려보곤 했다.

내 경우에는 그런 새벽의 묵상이 일종의 기도가 되었다. 내가 이해할 수는 없고 또 적절하게 설명할 수는 없지만 하나님께서는 어떤 신비스런 방법으로 그 환상을 기도로 받아 주시는 것 같았다. 그분은 내 가슴 속의 소망을 들어주셨고 위로와 소망이 되는 어떤 평화스럽고도 확신에 찬 형상으로 내 영혼에 응답해 주셨다. 소망을 꿈꾼 것이 하나님의 약속으로 변해 있었고 또다른 기적의 시작이 되었는데 그 기적은 참으로 이상하고도 놀라운 방법으로 나타났다.

어느 날 수건을 가지러 요양원의 맨 끝 방으로 갔다. 내 방으로 휠체어를 굴리며 돌아오는데 주 정부 정신병원의 환자였던 베리를 보았다. 난간에 묶였던 것이 풀어져 있었고 아침 식사 쟁반은 바닥에 엎어져 있었다. 어찌된 영문인지 그는 옷을 완전히 벗고 있었고 엎드려 바닥에 떨어진 음식을 먹고 있었다. 내가 쳐다보자 그는 흙먼지를 쓸어 근처 쓰레기 더미와 함께 모아서 그것도 먹기 시작했다.

육체적으로 완전히 자란 어른이었다. 벌거벗고 바닥의 먼지를 핥고 있는 그 모습은 공포영화의 한 장면이었다. 그러나 그것은 내 일상 생활의 한 부분이었으며 내가 사는 곳에서 일어나는 일이었다. 그날 이후로 그 모습을 내 머리에서 지워 버릴 수 없었다. 내 기억의 가장 깊은 곳에 아로새겨졌다. 그것은 과거와 현재의 나 자신 속에 깊이 박혀 버렸다.

나는 스스로에게 물어보았다.

'하나님께서 나의 삶에서 원하시는 것이 바로 이것인기? 학교는 어떻게 되있나? 내 꿈속의 그 유식하고 자유스럽고 고귀한 사람은 어떻게 되었지?'

그것들은 단지 환상에 불과했고 베리와 요양원은 현실 바로 그것이었다. 나는 시리지에 더 이상 있다가는 이 서글픈 인간들 구덩이에 익사해 버릴 것이라고 결론지었다.

그러나 여전히 출구는 보이지 않았다. 출구를 생각하면 생각할수록 마치 꿈쩍도 않는 바위에다 계란으로 치고 또 치는 듯한 기분이 들었다. 그 가련한 인간들이 복도의 난간에 묶여 있듯이 나도 그 요양원에 묶여져 가고 있었다.

17

"No! Don' t Tell Me …"

여러 소망을 달성하는데 방해가 되는 불구의 몸과
그러한 소망을 잘 이해하고 꿈꿀 수 있는 완벽한 정신을
동시에 가진 나의 운명이 더 가혹하고 뒤틀린 것은 아닌지….

"안돼! 말하지마…"

내 방 동료 일라메이는 뇌성마비가 나보다 심해 육체적 제약이 더 많았다. 그녀는 혼자서 거의 아무 일도 할 수 없었으므로 화장을 하거나 매무새를 꾸미는 일마저 때때로 조심성 없고 언제나 괴롭히기 일쑤인 요양원의 보조원에게 몽땅 의존하지 않을 수 없었다. 단지 그녀의 몸에서 병원 냄새만 안 나게 하고, 또 벌꿀 색깔의 부드럽고도 가지런한 머리 결을 엉키지 않게 빗는 일로도 보조원과 매일 서로 고집부리며 싸워야 했다.

내가 요양원에 처음 왔을 때, 일라메이는 작고 낡은 휠체어를 타고 있었다. 그녀가 스스로 움직일 수 있는 유일한 길이라고는 내가 쓰는 방법과 같이 발로써 자신을 뒤로 미는 것뿐이었다. 나는 한번 움직일 때마다 그런대로 많이 갈 수 있었으나 그녀는 한번에 몇 인치 정도밖에 가지 못했다. 제대로 옮겨다닐 수 없는 것이 그녀를 가장 미치게 했다. 결국 전기 휠체어를 샀는데 그녀가 예상했던 것 이상으로 마음먹은 대로 다닐 수 있었다. 나는 그녀의 새 휠체어를 "자유 마차" 라고 이름지었다. 그것은 실제로 그

러했다.

자라온 배경과 외모와 성격의 차이에도 불구하고 일라메이와 나는 잘 지낼 수 있었을 뿐만아니라 아주 가까워졌다. 그러나 우리는 이상한 룸메이트 - 시리지의 아주 기묘한 한 짝이었다. 그녀는 차분하고 깔끔했다. 하지만 나는 칠칠치 못한 것 투성이었다. 그녀는 33살이었고 나는 18살이었다. 나는 그녀를 "아줌마" 라고 불렀고, 그녀는 나를 "꼬마" 라고 불렀다.

가끔 나는 기발한 생각을 행동으로 옮겼는데 일라메이는 짐짓 놀라는 척해 주었다. 그러나 내가 그녀를 못살게 굴 때면 그녀의 눈 속에 맺히는 반짝거리는 것을 종종 발견했다.

내가 가장 좋아하는 장난 중의 하나는, 정기적으로 요양원을 방문해 우리를 마치 우리에 갇힌 동물 보듯이 보는 외부 사람들이 -내가 "동물원 구경꾼" 이라고 이름 붙인 사람들과 관련되었다- 외모만으로 판단해서 우리의 두뇌도 손이나 발처럼 형편없으리라고 단정해 버리는 이 사람들이 하는 이야기를 엿듣기를 좋아했다.

그들은 진지하게 우리가 얼마나 가련하며 자기들이 "정상(Normal)"이라 얼마나 감사한지 모른다고 이야기했다. 바로 그때 나는 혐오스런 눈매로 그들을 쳐다봄으로써 모든 말을 다 알아 듣고 있다는 것을 눈치채게 했다. 그들은 당황해 했고 몇몇 사람들은 부끄러워 사과하기도 했다. 그러나 다른 사람들은 마치 그들만이 똑똑한 체 발끈해서는 시치미를 떼고 가버리기도 했다.

어느 날 우리 방을 둘러보던 한 여자가 동료에게 "저것 봐, 이 방에 타자기랑 책도 있네!" 라고 말했을 때 특히 화가 더 났다. 그녀는 마치 원숭이 우리에서 그것들을 발견한 양 놀라워 했다. "틀림없이 직원용 방일꺼야!" 라고 덧붙이는 것도 잊지 않았다.

그 구경꾼들이 떠난 후 나는 일라메이에게 "조심, 이 동물들은 인간입니다!"라는 경고문을 우리 문 앞에 써 붙이자고 제안했다. 그 표시가 그 다음에 오는 동물원 관광객들의 그 뻔뻔스런 얼굴 가죽을 벗겨 버렸다.

4년을 함께 지낸 후 일라메이는 자기 자매랑 같이 살기 위해 미조리로 갔다. 당분간 혼자 사는 것이 즐거웠으나 요양원의 식구가 점점 늘어나므로 조만간 또 새 룸메이트가 올 것이다. 나는 더 조용하고 더 낙천적이면서도 더 저능아인 환자랑 방을 같이 쓸 수 있을지 물어 보았다.

새 환자들 가운데는 옷 입혀 주고 밥만 먹여 주면 기분이 좋아져 일상 업무 외에 특별한 것을 바라지 않는 사람들이 있었다. 만약 그런 사람과 같이 살 수 있다면 나는 센터의 일에 적응하고 또 학교에 복학 할 정서적 안정을 얻을 수 있을 것 같았다.

몇 달 후 앨린이 시리지에 왔다. 부모가 갑작스런 자동차 사고로 돌아가시기까지 그들과 함께 살던 중년 여인이었다. 건강한 앨린은 록앤롤(Rock and Roll) 방법으로 휠체어를 움직이는데 선수였다. 그녀가 몸을 흔들 때마다 휠체어는 굴러갔다. 얼굴은 여드름 투성이였는데 가끔 터져서 피가 나기도 했다. 간호원들이 약을 발라줄 때마다 무척 고마워했다. 그녀의 얼굴은 이빨과 턱이 심하게 뒤틀려 비뚤어진 모습이었다. 하지만 그런 흉측한 외모와는 달리 마음은 정말로 따뜻한 사람이었다.

그녀는 나에게 별로 기대하지 않았다. 그녀가 원할 때 좋아하는 책만 구해 주고 매일 아침 잠깐 동안만 나와 이야기하도록 해 주면 그저 행복해 했다.

그녀에게 화장실 갈 때 보조원을 부르는 신호등을 켜는 법을 가르쳐 주려고 했으나 앨린은 그 조그만 스위치가 보조원이 방으로 달려오는 것과 무슨 관계가 있는지 결코 이해하지 못했다. 그녀가 한밤중에 큰 목소리로 "엄마, 화장실 갈래!"라고 고함지르는 것이 훨씬 전달이 잘되고 소기의 효과를 이루는 것 같았다.

앨린은 매우 흥미로운 사람이었다. 그녀에게는 이해 못할 부분이 많았고 자기가 정해 놓은 규율에 스스로 매우 엄격하게 매여 있었다. 먹고 마시는 것을 포함해 매일 무슨 일이든 해야 하는 정해진 시간이 있었다. 끼니 중간에는 절대 간식을 먹거나 마시지 않았다. 이 정해진 일과를 방해하는 어떠한 것도 그녀를 발작적으로 화를 나게 만들었다.

나는 그녀의 그런 점을 이사 들어온 지 얼마 안 된 어느 날 정말 우연히 발견했다. 여름 오후의 미칠 것 같은 열기 때문에 물을 한 컵 마시고는 앨린에게도 권하는 실수를 한 것이었다. 그녀는 내 손에서 물 컵을 떨쳐버리고 8시간 동안이나 계속 신경질적으로 화를 냈다. 2-3일 뒤까지 그녀는 나를 보기만 하면 성이 안차 고함을 질러댔다. 마지막에는 흐느껴 울면서 자기를 안아 달라고 해서 기꺼이 응해 주었다.

그 첫 사건 후로 유심히 지켜본 결과 그녀의 일정에 방해받거나 정해진 시간이 조금이라도 변경되거나 지연되면 화를 낸다는 것을 알게 되었다. 아마도 일상적인 일만이 혼란스럽고 고통스런 그녀의 영역 가운데 통제하고 이해할 수 있는 유일한 일이기 때문에 그렇게 소중하게 여기는 것 같았다.

나는 자신의 생활을 스스로 통제할 수 없을 때 생기는 분노를 이해했기에 앨린과 함께 살 수 있었다.

어느 가을 아침 앨린에게 “고등학교에 복학하는 문제를 알아볼 작정이야!”라고 말했다. 센터의 선생님이 내가 그녀의 교과 과정을 소화해 내지 못한다고 말한 지 어언 4년이 흘렀다. 나는 다시 시도하고 싶었다.

앨린은 내 계획에 동의하는 것 같았다. 그때 그녀의 목소리가 남이 자기를 돌봐주어 기뻐할 때처럼 들뜨기 시작했다. 내가 이야기하면 할수록 그녀는 더 크고 빠르게 재잘거리다가 너무 행복에 겨운 척하면서 급기야 눈물을 흘리며 울었다.

“앨린, 너 이 사기꾼 같으니!” 나는 일어서서 그녀를 껴안으면서 놀렸다. 나는 우리 둘 중에 누가 우리에게 맡겨진 최악의 운명을 잘 감당하고 있는지 의심하지 않을 수 없었다. 도저히 가망이 없지만 저렇게 사랑스럽고, 순진하고, 자신의 환경에 묵묵히 순응하는 앨린인가? 아니면 여러 소망을 달성하는데 방해가 되는 불구의 몸과 그러한 소망을 잘 이해하고 꿈꿀 수 있는 완벽한 정신을 동시에 가진 나의 운명이 더 가혹하고 뒤틀린 것은 아닌지….

앨린을 껴안아 주었던 그날로 나는 센터로 갔다. 선생님에게 내 뜻을 전했을 때 그녀의 반응이 너무 뜻밖이라 기분이 좋았다. 리처즈 부인은 오랫동안 내가 돌아오리라고 기대하고 있었다고 했다. 그녀는 나의 정서적인 성숙도가 조금 염려스럽기는 해도 이제는 잘 해내리라 확신한다고 했다.

리처즈 부인은 별난 사람이었다. 천주교 수녀에게서 양육받았는 데도 지금은 완고한 무신론자라고 고백했다. 그녀는 나의 기독교 신앙을 기분 나빠하기 일쑤였는데, 그런 화제가 대두될 때마다 나에게 싫은 투로 이야기했다.

그녀는 자기 교실을 마치 바깥 세상의 한 축소판으로 만들려고 애를 썼다. 학생들에게 언제까지 센터의 보호 속에 살 수 있는 것이 아니므로 정상적인 남자와 여자가 되어야 한다고 말했다. 엄격하고 까다로운 그녀와 만나면 가끔 긴장되기도 했지만 그녀는 겉으로 내색 않는 특유의 따스함을 갖춘 뛰어난 교사였다.

그녀는 센터의 운영진에게도 끊임없이 따지고 들었다. 그녀는 우리가 학교에서 보내는 시간만큼 보수를 받아야 된다고 생각했고 결국 우리가 작업실에서 일한 시간만큼 보수를 받게 됐다.

교육이 센터의 최우선 목표가 되어야 하므로 학교에 등록하는 사람들에게 돈을 지불하는 것은 센터에 오는 모든 사람에게 배우려는 의욕을 불러 일으키는데 유리한 자극이 될 것이라고 강조했다. 그 싸움은 그녀에게 그리 승산이 있었던 것은 아니었다.

그녀가 싸워 이겨야 되겠다고 작정한 또다른 일은 나에게 수학을 가르치는 것이었다. 그녀는 뇌성마비 환자가 수학을 배우는 데는 심각한 문제가 있다라는 통용된 인식이 잘못되었다는 것을 정말 깨뜨려 보고 싶다고 나에게 말했다. 하지만 나는 나를 가지고는 그 통설의 잘못을 증명해 보일 수 없을 것이라고 그녀에게 말해 줬다.

이전과 같이 나는 읽기와 쓰기의 필요한 과목들은 잘 해냈으나 수학을 여전히 쩔쩔매고 있었다. 그러나 내가 상업 필수 과목 최종 시험에서 A를 받자 리처즈 부인은 어리둥절해 했다. 어떻게 셈이 많이 필요한 상업은 그렇게 잘하면서 정작 수학 과목에서는 헤맬 수 있는지?

그녀에게 오빠 밥이 건설 회사를 운영하고 있고 언니 엘리자벳이 그 회사 경리를 보기 때문에 부기에 대해 서로 자주 토론했다고 이야기했다. 나는 상업 과목에 이미 익숙해 있었다. 바로 그런 점에서 리처즈 부인은 나에게 맞는 공부 방법이 어떤 것인지 알아 내었다. 나는 생활에 적용시킬 수만 있으면 복잡한 수학적 개념도 흥미를 가지고 이해할 수 있었다.

그때부터 그녀는 내 생활에 활용할 수 있는 수학 문제를 만들어 주었다. 그녀는 나로 하여금 공예 시간에 쓰는 황마천의 넓이나 작업실에서 내가 매 5분마다 3개의 플라스틱 봉투를 처리하면 정해진 어떤 시간 안에 얼마나 많은 봉투를 처리하게 되는지를 계산하게 했다.

리처즈 부인의 헌신적인 도움으로 나는 곧 5학년 수준의 분수를 할 수 있게 되었다. 그러나 그녀는 여전히 내가 졸업하려면 수학 학점을 더 따야 되는데 그 일이 그리 쉬울 것 같지는 않다고 염려했다.

이전에 수학과 씨름할 때와는 달리 이번에는 그리 싫증이 나지 않았다.

수학 공부로 나 자신을 충분히 조명해 볼 수 있기 때문에 다른 모든 과목도 내가 아주 잘하고 있음을 확인할 수 있었다.

심지어 리처즈 부인이 내 작문에 대해 가혹하게 비평해 주는 것의 가치도 인정하기 시작했다. 내가 좋아하는 단어만을 고집하지 않거나 저자에 대해 아무것도 모르는 독자의 입장에서 보거나 스스로 나 자신의 글을 판단하는 법을 배우게 되었다. 글의 깊이가 느껴지는가? 일리가 있는가? 첫번 문단이 나에게 나머지 부분을 읽어 볼 흥미를 불러일으키는가?

리처즈 부인이 곧바로 나의 이 객관적인 태도를 칭찬해 주었다. 그녀는 내가 얼마나 많이 성장하고 있는지 알 수 있을 정도라고 했다.

어느 날 오후, 그녀는 내 수필 가운데 한 형편없는 문장을 지적해서 고치라고 했다. 2시간 후 내가 여전히 끙끙대고 있는 곳으로 다가왔다. 내가 그 문장을 19가지의 다른 표현으로 다시 써 놓고도 아직 만족하지 못하자 그녀는 웃으면서 소리쳤다.

"역시 작가 선생님답군!"

그 말에 나는 키가 8피트 만큼이나 부쩍 큰 느낌이었다.

학교로 복학하고 난 후에는 요양원의 환경에도 더 편해질 수 있었다. 나는 다시 목표와 방향을 갖게 되었고 한가지 목표를 향해 움직이고 있었다.

엘리자벳 언니가 옳았다. 그녀는 나에게 자신을 포기하고 주위의 환경에 적응하든지 아니면 스스로 공부해 나가든지 하라고 충고했다. 그녀는 매우 직선적이었다.

'너는 결코 식당 종업원 일 따위는 할 수 없으니까 죽어라고 공부를 하는 수밖에 없어. 네가 어떻게 할지 혹은 대학교에 갈 수 있을지는 모르겠어. 하지만 목표만큼은 그 요양원과 그 센터 이상으로 두어야 해. 그렇지 않으면 미안하지만 너는 실패할꺼야!"

2년의 세월이 더 흘러갔다. 어느 이른 봄날, 리처즈 부인에게 나의 교과 과정을 다시 책정해 달라고 요청했다. 어디로 가야 하는지 알아보기 위해 나의 교과 기록을 점검하고 싶었다. 그날 할 숙제를 마치고, 리처즈 부인이 내 기록부를 전부 챙기려면 시간이 좀 걸릴 것이라고 해서 그날은 일하러 가고 그 다음날 그녀와 만나 확인하기로 했다.

그날 오후 늦게 리처즈 부인이 교실로 나를 다시 불렀다. 그녀는 나에게 기쁜 소식을 한시라도 빨리 전해 주고 싶었다고 말했다.

"이제 두 과목만 더하면 졸업할 수 있어. 그것도 교과서를 읽고 기말 고사만 치면 되겠어!"

나는 믿을 수가 없었다! 졸업 학점에 얼마나 가까이 가고 있는지 확인도 하지 않고 그 많은 필수 과목들을 이수할 수 있었다니? 리처즈 부인은 웃으면서 내가 그동안 꾸준하게 공부에만 집중했기 때문이라고 했다. 그리고 정말 더 기쁜 소식은 얼마 전에 주 정부 교육위원회에서 일반 수학 필수학점을 줄였다는 것이었다. 그래서 나는 이미 졸업에 필요한 수학 학점을 충분히 딴 셈이었다.

모든 것이 말한 그대로였다. 이제 남은 일은 교과서 두 권을 읽고 시험에 통과만 하면 되었다.

"너 좋아하는 꼴을 보는 것도 지쳤어. 지금 당장 시작하지 그래!"

리처즈 부인이 나에게 교과서를 전해 주며 말했다.

시리지에 도착한 직후부터 알래스카의 친구들이 추천했던 근처의 한 교회에 출석하기 시작했다. 일요일에는 예배에 참석하러 교회로 잠시 외출하는 것만이 좁고 꽉 막힌 내 일상 세계에서 정기적으로 탈출할 수 있는 유일한 길이었다. 젊은 목사님 로이드와 사모님 베티는 나를 격려하며 지원해 주는 좋은 친구가 되었다.

그래서 리처즈 부인에게서 기쁜 소식을 들었을 때 맨 먼저 목사님 부부에게 전화를 걸어 이제 고등학교를 졸업한 교인을 갖게 될 것이라고 전해 주고 싶었다. 리처즈 부인은 자기 사무실의 전화를 쓰도록 했다.

전화 저쪽에 베티의 웃는 모습이 눈에 선했다.

"잘했어요!"

그녀는 남부 억양으로 "틀림없이 해낼 줄 믿었어!" 라고 소리쳤다. 그녀는 자세한 이야기를 듣고 싶어 했다. 또 내가 정신을 차려 현실 세계로 되돌아오게 도와주어야 겠다면서 나중에 요양원에 들리겠다고 말했다.

그날 오후 시리지에 되돌아 와서 그동안 그저 조용히 있으면서 나를 거의 방해하지 않았던 앨린이 고마워 그녀를 꼭 껴안았다. 심지어 그녀는 밤새도록 내가 타자기를 쳐대도 잘도 잠을 잤다. 그녀가 내 방 동료로 있었다는 것이 큰 도움이 되었던 것이다.

사모님이 오자 나는 엄마 아빠에게 전화해 달라고 부탁했다. 엄마는 평소처럼 애교를 부리며 딴청을 부렸다. "안돼! 나를 놀라게 하지마. 너는 고등학교를 졸업할 수 없어. 너는 저능아일 뿐이야. 그렇지만 놀라면 안 되겠지. 네가 하려고 했던 일을 해낸 적이 없었는데…."

엄마는 너무 자랑스러워했다. 그녀와 아빠는 졸업식에 참석하러 오겠다고 약속했다.

그해 봄의 졸업생은 나 혼자였으므로 졸업식은 내가 원하는 대로 했다. 나의 요청에 의해 종합뇌성마비센터는 로이드 목사님을 연사로 초청했다. 나는 내 마음 속 깊이 새겨져 있는 앤칼슨 학교와 루터교 교회의 가르침을 생각나게 해 주님은 "전능하신 요새" 라는 고전 찬송가를 졸업식 노래 가운데 하나로 선택했다.

시애틀의 화사한 6월 어느 오후에 졸업식을 했다. 나는 내 생애 최고로 생기가 흘러 넘쳤다. 로이드 목사님은 그리스도 안에서의 소망이 나의 생의 목표를 이뤄나가는데 어떻게 뒷받침이 될 수 있는가에 대해 설교했다. 나는 리처즈 선생님이 그 설교에 귀를 기울였으면 하고 바랬다.

목사님의 설교가 끝나자 엄마와 아빠는 졸업장을 받도록 내 휠체어를 앞으로 밀어 주었다. 나는 너무 흥분해 있어서 엄마가 내 손을 억지로 들어올려 졸업장을 쥐어 주어야만 했다. 동료들 모두 이해가 간다는 표정으로 웃고 있었다.

18

진정으로 나는 성장하고 싶었다.
변화에 더 잘 적응하는 것을
배우는 것도 그 과정 중의 필요한 부분이었다.

내 날개를 달기 위해

그 해는 1972년이었다. 나는 시애틀의 요양원에서 8년을 보낸 뒤 26살에서야 고등학교를 졸업했다.

오빠 켄은 내가 졸업장 받는 것을 보러 시애틀로 오지 못했기 때문에 자기 가족이랑 한 달만 같이 지내자고 초청하면서 캘리포니아 산호세까지의 왕복 비행기표를 졸업 선물로 보내 주었다. 그는 자기의 네 아이들이 고모 중의 한 사람을 알지 못한 채 자라게 하고 싶지는 않다고 말했다.

켄의 아내 카미가 공항으로 마중 나왔다. 그녀가 내 휠체어를 대합실 쪽으로 밀고 나가자 네 쌍의 신비스런 눈동자가 호기심에 가득 차 뚫어지게 쳐다보았다. 소개가 끝나고 몇 초도 안 되어 조카들은 내 짐을 갖고 서로 누가 무슨 짐을 들지 다투었다.

그날 오후 카미에게 저녁 식사 차리는 것을 돕겠다고 말했다. 그날이 켄과는 실질적으로 첫 식사였기에 좀 색다르게 했으면 했다. 켄은 내가 스스로 밥을 먹을 수 있게 되어 가족과 함께 식사를 하게 되었을 때쯤에는 벌써 다 커서 집을 떠나 있었다. 나는 식탁보와 꽃을 탁자 위에 놓았고 카미는 가장 좋은 접시와 식기들을 꺼내었다.

내가 식탁을 차리고 있을 때 아이들이 한 사람씩 밖에서 놀다가 들어왔다. 모두 한결같이 나를 쳐다보고는 부엌에 있는 엄마에게 걸어가 똑같은 질문을 했다.

"왜 고모가 식탁을 예쁘게 차리고 있어요?"

네 번째 아이가 같은 질문을 마치자 카미는 아이들을 전부 불러모았다.

"이걸 꼭 한번은 말해 주어야 될 것 같으니 정신차리고 잘 들어요!"

카미는 엄숙하게 말했다.

"만약 캐롤린 고모가 무엇을 하는지 알고 싶으면 직접 물어봐요. 고모가 말하는 것을 못 알아듣겠거든 알아들을 수 있을 때까지 고모는 몇 번이고 기꺼이 이야기해 줄꺼야. 너희 고모는 굉장한 사람이야. 고모랑 이야기하는 것을 배우도록 해요!"

그 이후로 아이들은 바로 그렇게 했다. 그들은 내가 하는 말을 전부 알아들을 때끼지 나를 붙들고 있었다. 그날 밤 켄이 소방서에서 집에 돌아왔을 때쯤 우리는 내가 하는 말 실수나 표현들을 가지고 너무 재미있어 하면서 웃고 떠들어 댔다.

켄은 내가 본 마지막 모습과는 많이 달라져 있었다. 그는 중년이 되어가고 있었다. 윤기나는 팔자 코밑 수염이 마치 "내가 이곳의 왕초라는 걸 잊지 말아 줘!" 라고 소리치는 것 같았다. 넓은 무지개 색 바지 멜빵이 그가 여전히 개성이 강하다는 것을 말해 주는 또 다른 증거였다.

그는 쉴새없이 물어댔다.

"다음 목표는 뭐지? 대학교? 집안 형편은 어때? 그 센터는 괜찮아? 그곳에서 무엇을 기대할 수 있어?"

나는 내가 할 수 있는 한 솔직하게 대답했다. 요양원과 센터가 내가 바라는 모든 것이 아니었다고 인정했다. 그러나 서부 해안 지역에서는 그곳이 나에게 가치 있는 삶을 추구하려는 조그마한 희망이라도 실현할 수 있는 가장 좋은 곳이라고 생각했다. 비록 진도는 느렸지만 지금은 내가 어디론가 가고 있다고 느꼈다. 앵커리지로 돌아가면 나는 정보의 부재나 환경 때문에 제로지점(Ground Zero : 폭심지 - 원자탄이 투하되어 폭발한 지점의 바로 아래 또는 위의 지점 - 역자)에 다시 던져지는 것과 같을 것이다.

켄은 웃었다.

"무엇이 문제야? 너는 제로지점을 좋아했지 않니?"

내가 빙긋 웃으며 고개를 흔들자 그는 "미안해, 너를 비난하려는 뜻은 아니었어!" 라고 했다.

우리가 식사를 시작하려 식탁에 앉자마자 갑자기 오토바이 엔진처럼 "부릉 부르릉"하는 큰소리와 이어서 브레이크 밟았다 떼는 것을 흉내내는 소리가 났다. 5분 동안이나 예의 바르게 꼼짝 않고 앉아 있던 케니 주니어와 그 동생 대니가 드디어 못 참고 소리지르는 모습을 나는 힐끗 쳐다보았다. 그러나 그들은 오히려 자기 아빠를 쳐다보면서 웃고 있었다. 그들의 아빠는 오토바이 핸들처럼 생긴 손잡이가 달린 내 특수 숟가락을 들고서 해리(Harry Davidson : 세계 최고 성능의 미국제 오토바이 상표명 - 역자)를 타고 고속도로를 달리는 상상을 하는 듯이 넋이 빠져 있었다. 나는 그때 비로소 켄이 소리내고 있다는 것을 알았다.

카미는 처음으로 함께 식사하면서 여동생을 놀리려 드느냐고 자기 남편을 야단치며 숟가락을 돌려주라고 했다. 켄은 멈칫 생각에 잠긴 듯 콧수염을 만지작거렸다.

"오늘이 정말 처음으로 같이 식사하는 거야?"

내가 그렇다고 하자 그는 내 숟가락을 돌려주었다. 그러나 잠시 후 그것을 낚아채어 내 손이 가 닿을 수 없는 곳에 두고 내가 얼마나 오래 화를 안 내고 참을 수 있는지 보고 싶기 때문에 돌려주지 않겠다고 말했다.

나는 카미 쪽을 보면서 어른처럼 행세하는 한 아이를 포함해 다섯 아이를 키우느라고 무척 힘이 들겠다고 말했다. 그녀는 웃으면서 켄에게 "당신 누이가 당신 이야기를 하는 것이 분명해요. 참 영리하군요!" 라고 말했다.

켄은 언짢은 낯을 하면서 숟가락을 건네주었다. 나는 받아 쥐고 으깬 감자가 벌써 식었다고 투덜거렸다.

저녁 식사 때의 장난기 섞인 그 사건으로 켄의 아이들은 캐롤린 고모에게는 장난을 쳐도 된다는 식으로 오해하게 되었다. 바로 다음날 아침. 시스틴 성당 지붕 위의 어린 천사들 중의 하나처럼 생긴 9살배기 주근깨 투성이의 빨강머리 대니가 내 손가방을 들고서 "고모, 안녕히 계세요!" 라면서 앞문 쪽으로 향했다.

"어디 가는 거니?"

나는 궁금했다.

대니는 아무것도 아닌 양, "이 고물을 쓰레기통에 갖다 버릴려고요!" 라고 내답했다.

나는 대니에게 내가 붙들기 전에 그것을 내려놓으라고 했다. 안 그러면 휠체어를 타고 잡으러 가겠다고 했으나 그는 도망갔고 나는 쫓았다. 그는 엄마가 나를 골려대는 것을 야단치자 그때서야 항복했다. 그녀가 왜 고모를 못살게 구느냐고 물었을때 그의 한마디 변명이 나를 위로해 줬다.

"캐롤린 고모를 사랑해서 그랬어요. 골리면 고모는 재미있어 해요!"

또다른 어느 오후에는 화장실에 갈 때 깜빡 잊고 휠체어를 복도에 놔두었다. 화장실에서 나와보니 휠체어가 사라져 버렸다. 카미가 찾으러 다녔는데 아이들이 마당에서 친구들에게 한번 타는데 10센트씩 받고 빌려 주고 있는 것을 발견했다.

어느 날 켄이 일하러 갔을 때 카미는 나를 할머니와 함께 살았던 산타크루즈로 태워다 주었다. 주중이었으므로 해변가는 내가 기억하던 그대로 황량하고 쓸쓸했다. 그러나 벌써 20년 전 일이었다. 지금은 파도가 훨씬 작아 보였다. 우리가 살았던 오두막은 창문 밑에 화단이 없어져서 더 낡고 헐벗은 것 같았다. 나는 평화스럽게 외딴 그 장소와 다시 사랑에 빠졌다. 컴컴한 겨울날 밤의 굵은 빗줄기와 으르렁대는 파도가 그 바닷가 동네에 신비스런 마력의 분위기를 연출해 냈던 것을 떠올렸다. 외할머니가 생각이 났다.

슬픈 추억도 아름답게 다가왔다.

나는 켄과 그의 멋진 가족들과 새로운 관계를 맺게 되었고 또 켄이 헤어지면서 한말에 위로를 받아 용기를 얻어서 시애틀로 되돌아왔다. 켄은 만약 사람들이 나에게 많은 시간과 공간을 허락하고 가만 내버려두기만 하면 내가 하고 싶은 무슨 일이든 해낼 수 있을 것이라고 말해 주었다.

"그리고 혹 필요한 것이 있으면, 무엇이든 이야기만 해. 정말이야. 도와줄게!" 라고 했다.

그는 몇 달 후 내 낡은 타자기가 완전히 망가졌을 때 자기가 말한 것을 그대로 지켰다. 켄은 새것을 보내 주었다.

종합뇌성마비센터에서 일하는 우리들은 그곳의 주인인 양 느꼈다. 센터는 일부 종업원들의 부모가 자기들의 장애 아이들이 직업을 가질 수 있도록 하기 위해 설립했었다. 장애인을 수용하지 못하는 사회에서 그나마 소속감을 느끼며 생산적인 일을 하는 장소가 필요했었던 것이다. 센터에 오는 많은 사람들이 그곳이 자기들의 여생을 보내기에 필요한 모든 것을 갖추었다고 믿었다. 그곳은 안전하고 정이 드는 장소였다. 아마 너무 안전하고 정이 드는 곳이리라.

요양원과 마찬가지로 센터도 재정적으로 심한 곤란을 겪었다. 요양원의 경우처럼 주 정부와 연방 정부는 재정 지원을 해주기로 했다. 그러나 지원을 받으려면 수많은 조건이 붙었다. 센터에도 많은 변화들이 불도저처럼 밀어 닥쳤고 작업실에서 일하는 우리들은 생산성 평가를 받아야 했다. 만약 지정된 기준보다 생산성이 떨어지면 작업 시간이 줄게 되고 대신 개발실이라고 불리는 새 부서에서 사회 적응 기술 및 대인 관계를 배워야만 했다.

새로운 체제는 나의 일상적인 개인 생활에도 많은 변화를 가져왔다. 센터에서는 더 이상 물리 치료를 받을 수 없어서 오후에 요양원으로 돌아와서 해야 했다. 늘어난 작업량과 빨라진 작업 속도에 너무 지쳐 버려 저녁 뉴스 시간에 벌써 잠이 들어 깨어나지 못해 글을 쓰거나 다른 일을 할 수 없을 때가 많았다. 새 체제는 내 정력을 더 많이 요구하는 대신 내 목표를 추구할 여유는 점점 줄게 했다.

요양원에서 한가한 시간이 되면 "작업실의 한 종업원"이라는 익숙한 처지로부터 전혀 다른 새 상황으로 나를 밀어 넣는 변화에 눌려 쓰라리고 애통해하는 나 사신을 달래 보려고 노력했다. 그러나 센터에서는 광범위해진 대인 관계를 즐길 수 있는 이점도 있었다. 시사 잡지를 읽고 정치적인 토론을 갖는 것이 우리 사고를 자극시켜 주었고 또 새로운 체제가 갖는 긍정적 측면도 인정하게 해주었다. 진정으로 나는 성장하고 싶었다. 변화에 더 잘 적응하는 것을 배우는 것도 그 과정 중의 필요한 부분이었다.

또다른 내 생각의 변화는 비슷한 때에 발생한 한 사건 때문이었다. 어느 날 센터의 한 나이든 자원 봉사자가 나를 개발실에서 공연되는 특별 무용 예배 순서에 초대했다. 비록 성경에서 다윗 왕이 법궤(이스라엘 백성이 출애굽한 후에 하나님의 은혜를 기념하기 위하여 10계명 돌판 등을 넣어둔

나무에 금을 입힌 상자로 하나님의 임재를 상징함. 언약궤라고도 함 - 역자) 앞에서 기뻐 춤을 추었다는 이야기는 알고 있었지만 예배에서 춤을 춘다는 것을 들어본 적이 없었다. 그리고 내가 출석했었던 교회들은 춤추는 것을 죄처럼 백안시했었다.

나는 호기심이 생겼다. 그래서 나의 본능적인 비난은 접어두기로 했는데 아마 이런 특수 프로그램을 보러 감으로써 나의 영적인 안목을 넓혀보려 했던 것 같다. 남녀 무용수들이 하늘거리는 흰색의 간편한 가운을 입고 "예수, 우리 소원의 기쁨"이라는 찬송가에 맞춰 춤을 추었다. 그들의 춤사위는 참으로 경이롭고 은혜로웠다. 나는 그 동작들의 순수한 아름다움에 넋을 잃었고 하나님께서 그 예배를 기뻐 받으실 것이라고 확신했다.

그 동작들이 지금까지의 좁고도 한정된 예배를 통해 내가 이해하고 있던 것보다 훨씬 더 풍성하게 하나님과 우리를 연결시켜 줌이 틀림없다고 생각하게 되었다. 당시 내가 일상 생활의 육신적 필요에 너무 시간을 뺏겨버려 영적 성장을 할 생각이나 노력을 할 여유가 없었던 것이 그렇게 느껴진 이유의 하나였는지도 모른다.

작가가 되려는 나의 평생 소망을 추구하기 위해 그곳의 한 지방 대학에 영어 101을 수강 신청했다. 그러나 대학은 이상하고도 새로운 세계였다. 지금까지 받은 나의 모든 교육은 장애를 감안한 특수 환경에서 이뤄졌다. 그러나 대학은 달랐다.

대학은 넓은 땅 위에 독립 건물이 여기저기 떨어져 있다는 것도 몰랐다. 수업 첫날 나는 겁을 먹었고 외로웠으며 완전히 내 정신이 아니었다. 주위에 휠체어를 밀어 줄 사람이 아무도 없었다. 인쇄된 과제물을 집에 가서 잘 꺼내어 볼 수 있도록 확실히 책 속에 끼웠는지 다시 확인해 주는 사람도 없었다.

그 과목의 첫 번째 중요한 숙제는 50줄의 자유시와 단편 소설을 작문하는 것이었다. 작문한 것을 둘 다 카피해 급우들 모두에게 나눠 주고 서로 비평할 수 있게 했다. 그 과목은 내가 공부를 충분히 해낼 것 같았고 바로 그날 오후 요양원에 돌아오자마자 열심히 숙제를 했다.

영어 101의 교수는 창조적인 작문 코스 위주로 수업을 이끌고 나갔기 때문에 모든 숙제를 즐기며 할 수 있었다. 나는 정원이나 사람의 성장에 관해 시를 썼다. 정부 배정 분양지에 살고 있는 한 가정 - 어떤 사람이 사기를 쳐서 쫓아내려 했으나 법원 소송에서 이겨 그 토지에 대한 소유권을 되돌려 받은 가족에 관해 단편을 썼다. 그 과목에 A를 받았고 급우 중 몇 사람은 내 이야기는 책으로 출판해야 한다고 했다.

겨울 학기에는 다른 영어 코스인 문학 해석학을 택했다. 그러나 나는 교수가 정해 주는 형식대로 작문을 해본 적이 없어 애를 먹었다. 상담 교수가 나를 도와줄 학생을 소개해 주었지만 다음 학기에 재수강을 해야 했고 겨우 B를 받았다.

대학교의 첫해 학교 신문에 장애인 교육에 관한 기사를 계속 연재하는 일을 할 수 있었다. 장애 학생을 위한 안내 팜플렛도 만들었다. 도서관에서 전국 대학교 카탈로그들을 수집하여 목록도 만들었다. 두 과목의 수강료를 감당할 충분한 돈을 벌었으나 그 해가 끝날 때에는 학교에서 내가 할 수 있는 아르바이트 일거리를 마련할 수 없었다.

대학교 공부를 해 낼 수 있다는 것을 증명해 보인 것은 즐거웠지만 매일 매일의 학교 생활은 나를 거의 녹초가 되게 했다. 매일 학교까지 통학해야 하며 캠퍼스의 이곳저곳을 왔다갔다 해야 하고 또 나대신 필기해 줄 수 있는 사람을 찾아야만 했다. 매 분기마다 똑같은 문제들을 해결해야 했다. 그 해 말쯤 나는 너무 낙심이 되어 대학교 학위의 꿈을 포기해 버렸다. 나는 작가가 될 수 없을 것 같았다. 그리고 나에게 정말 필요한 것은 직장을 구하는 일이었다.

이때쯤 시애틀 쉐로우에 장애인 재활원이 개설되었다. 원생을 모집하는 사람이 시리지에 왔을 때 요양원 직원이 나에게 가서 알아 보라고 권했다. 내가 알아 본 바로는 괜찮을 것 같아 며칠 후 나는 크레스트뷰 재활원에서 일하기 시작했다.

이 재활원은 많은 나무와 넓은 잔디밭으로 둘러싸인 한 폐교된 학교 건물 안에 있었다. 뒤쪽에는 자갈 운동장이 있었고 운동장 너머로는 숲이 있었다. 나는 조용하고 외딴 느낌을 주는 그 장소가 좋았고 무엇보다 재활원 버스가 항상 정시에 온다는 사실이 마음에 들었다. 종합뇌성마비센터의 들쑥날쑥했던 시간표와는 달리 재활원이 시간을 엄수하는 것은 중요하고도 존중해 줄 만한 점이라고 생각되었다.

작업실은 더 작았지만 오히려 직원들이 우리를 한 사람씩 돌볼 여유가 있었다. 기본적인 일거리는 비행기 승객들이 사용했던 헤드폰을 다시 씻어서 봉지에 넣는 일이었다. 크레스트뷰는 육체적인 장애인은 단지 몇 사람뿐이었다. 내가 정신적으로 아무 문제가 없는 유일한 종업원이었다.

끊임없이 종업원들 사이에 싸움과 말다툼이 발생했기 때문에 작업장의 분위기는 거의 언제나 감정적으로 긴장되어 있었다. 계속되는 다툼에 화가 났지만 나는 동료 대부분이 만져 주고 껴안아 주는 것을 애타게 그리워하고 있다는 것을 알게 되었다. 그래서 나는 규칙적으로 휴식 시간마다 그들을 끌어안아 주고 따뜻하게 보살펴 주었다.

재활원의 직원들은 나를 존경해 주었고 나는 그들의 이야기를 잘 들어 주었으므로 심지어 그들의 직장 일에 대한 염려와 걱정거리들도 나와 의논했다. 나는 특히 재활원에서 단체로 가는 견학에 자주 즐겁게 참여했다. 내 휠체어가 무겁고 과외의 짐이 되었지만 여직원들은 미술 전람회, 점심 식사와 쇼핑에 기꺼이 데리고 다녀 주었다.

무용 전문 선생님이 1주일에 한번씩 재활원에서 춤을 가르쳤다. 나는 수동적이고 육체적 반응이 느린 재활원 원생들이 음악에 맞춰 생기가 되살아나는 모습을 경이의 눈으로 지켜보았다. 버날이란 남자가 항상 잊혀지지 않는데 그는 심한 정신적 장애가 있었지만 체격만큼은 무용수처럼 생겼었다. 그는 어렸을 때부터 학교를 다닌 적이 한번도 없고 또 정신병원에 수용된 적도 없었다. 그러나 그는 무용의 자질을 타고났다. 그는 자기 식의 스텝과 동작으로 자유로이 추길 좋아했는데 깜짝 놀랄만큼 완벽하게 추어댔다. 그가 춤출 때는 마치 그의 전신이 완전히 다른 세계로 미끄러져 들어가 버리는 것 같았다.

나도 춤을 추었다. 재활원 측에 내가 붙들고 서서 음악에 맞춰 흔들 수 있도록 발레용 손잡이를 벽에 설치해 줄 것을 요청했다. 그것이 내가 추는 "춤"의 전부였다. 그래도 나는 그러길 좋아했다. 상상 속에서는 우아한 발레리나가 되어 있는 나 자신을 마음껏 그려보았다.

〜〜〜 〜〜〜 〜〜〜

어름이 서서히 가을로 접어들 때 크레스트뷰 선생님들이 계속 배우기 원하는 모든 사람에게 과목을 다시 배정했다. 상담 선생님에게 작문 기술을 개발할 수 있는 과목을 배우고 싶다고 말하자 선생님은 나에게 우선 자기 학생들을 위한 수업 계획 짜는 일을 맡겼다. 우리는 단어 분류표에서 1학년(혹은 몇 학년이 되었든)의 상식이나 지식 수준에 적합한 단어를 골라 그들에게 맞는 이야기를 지어냈다.

드문 경우였지만 선생님이 결근할 경우 수업을 나에게 맡도록 했다. 그럴 때는 몇몇 학생들은 내가 정식 선생이 아니라는 이유로 또는 내 말을 잘 알아들을 수 없어서 결석했다. 나머지 학생들은 출석해 나와 함께 그런 대로 수업을 꾸려 나갔다.

나는 가르치는 기술도 조금씩 개발했는데 그런 과정 중에 학생들로부터 참으로 귀중한 교훈을 배웠다. 젊은 남자들 가운데는 읽는 법을 배우기를 진정으로 원하는 사람들이 많았다. 그들은 읽을 수 없을 때는 책상을 두들겨 대거나 화를 내며 나가 버리기도 했다. 나는 그들의 배우고 싶어하는 안타까운 욕구에 감동되었다. 그들의 절실한 모습들이 나에게 대학교로 다시 돌아가는 문제를 심각하게 생각하게끔 도전을 주었다.

시리지에서는 또다른 문제가 있었다. 자기 일정이 방해받는 것을 못 참고 울화를 터뜨리는 앨린의 증세가 수년 동안 점차 더 심해져 갔다. 앨린은 시간만 나면 내 곁에만 있으려고 했다. 때때로 그녀는 단지 조용히 앉아 있고 내가 자기 손을 잡아 주길 바랬다. 내 손을 내밀어 주면 그녀는 그것을 잡고 거기에 머리를 대고 엎드려서 하염없이 흐느껴 울었다.

그녀는 내가 팔로 그녀를 안고 사랑해 주길 원할 때는 항상 분명하게 그 뜻을 나타냈다. 그녀는 재잘거리면서 의사 표시를 하려 했으나 내가 이해 못한다는 것을 알고 난 후로는 진짜 눈물을 흘리면서까지 울어댔다. 그녀는 가끔 장난치느라 일부러 눈물도 흘렸지만 이 눈물은 눌려져 있던 고통과 슬픔이 배어 나오는 참되고도 괴로운 눈물이었다. 나는 가끔 그녀의 낙심하는 모습에 같이 울었다. 그녀가 고통스러워하며 말없이 홀로 있는 모습을 보는 것은 너무나 안타까웠다.

앨린의 고통과 절망이 서서히 그녀를 더 외롭게 만들었고 심지어 나로부터도 멀어지게 했다. 그녀는 여름의 마지막 장미꽃처럼 머리를 떨어뜨리고 몇 시간이고 휠체어에 하염없이 앉아 있었다. 그녀가 절망의 심연에 빠져 허덕이는 것을 보면서도 던져줄 생명의 오랏줄이 나에게 없었다. 내가 할 수 있는 일이라곤 그녀를 사랑해 주고 그녀가 나에게 중요한 사람이라는 것을 보여 주려 애쓰는 것뿐이었다.

  앨린의 가족, 직원, 그리고 나는 그녀를 더 복잡한 구조의 다른 병동으로 옮기면 더 많은 정규 일상 활동을 해야 하니까 그것이 모두를 위해 좋겠다고 합의했다. 이때쯤 그녀의 울화증은 하루 종일 가기도 했다.

  나는 이 결정이 최선이었다고 믿었고 앨린이 나에게 부담이 되기 시작했으므로 서로에게 휴식이 필요했으나 마치 대책 없는 친구를 내어버린 것 같은 기분은 여전히 남아 있었고 부끄러운 느낌이었다.

  나는 앨린이 그리워질 것이라는 것을 알았다. 정작 몰랐던 것은 그녀가 떠남으로써 내 생애에 가장 의미있는 특별한 관계를 맺을 길이 열려졌다는 것이었다.

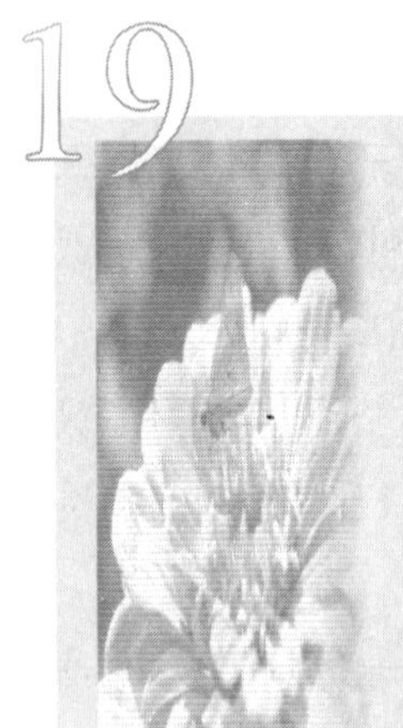

도나와 알렌

도나는 시리지의 요양원에서 첫 번째 "갓난아이"가 되었다. 그녀는 7살이었지만 꼭 한 살 짜리 아이의 몸집밖에 되지 않아 갓난아이가 받는 그런 보살핌을 받지 않으면 안 되었다. 사람들은 그녀 콧구멍에 호스를 낀 다음 그것으로 음식을 받아먹게 했다. 왜냐하면 도나는 한번도 삼키는 것을 배워본 적이 없기 때문이다. 그녀의 갈색 머리카락은 꽁꽁 엉켜서 빗이 들어갈 자리가 없을 정도로 엉망이었다.

그러나 길고 굵은 눈썹이 깜빡거릴 때면 그녀의 크고 예쁜 갈색 눈은 어느 미인 눈 못지 않게 아름다웠다. 그럼에도 불구하고 눈동자는 초점 없이 텅 비어 있어 아무 생각도 않는 듯한 바보스러움이 가득 차 있었다.

도나가 시리지로 오기 바로 며칠 전 엉덩이뼈가 부러지는 사고를 당해 요양원에 도착한 지 며칠 동안은 간호실에서 지내야 했다. 간호사들은 그녀의 키에 맞는 이불을 찾지 못해 조그만 수건으로 덮어 주었다.

나는 도나의 룸메이트가 되겠다고 자원했다. 왜냐하면 그녀가 내 동정심을 발동시켰기 때문이다. 나는 그녀만큼 절망스럽고 버림받은 것같이 보이는 사람을 본 적이 없었다. 그러나 막상 보조원이 그녀를 내 방에 데리고 들어오니까 덜컥 겁이 나면서 수많은 걱정이 밀려왔다. 도나가 울면 어떻게 하지? 만약에 토하기라도 하면 어쩌지? 보조원을 불러야 하나 아니면 호스를 먼저 치워야 하나? 도나가 춥다는 것을 어떻게 알지? ….

보조원 한 사람이 내가 걱정하는 말을 듣고는 웃기 시작했다.

"캐롤린 당신은 꼭 첫아이를 낳은 엄마같이 행동하는군요. 걱정 말아요. 별일 없을 테니."

하지만 확신할 수 없었다. 그녀는 금방 깨질 것같이 약해 보이기만 했다. 내 생각에는 그녀를 이불에 쌓아 놓는 수밖에 없을 것 같았다.

방이 약간 춥다는 생각이 들어 도나가 춥지 않도록 내 무릎용 담요로 꼭 덮어 주었다. 그리고 나는 책을 읽기 위해 내 자리로 돌아갔다. 그런데 몇 분도 안 되어 갑자기 도나가 웃으면서 침방울을 내뱉기 시작하는 것이었다. 그것은 다름 아닌 도나가 내 담요와 장난을 치면서 내는 소리였다. 그녀는 나의 부들부들한 담요를 좋아했던 것이다.

간호사가 내 약을 가시고 들어왔다가 이 광경을 보고 깜짝 놀라며 도나가 요양원에 온 이후로 우는 것 외에는 본 적이 없다고 했다.

"세상에 이 방에 들어와서는 웃고 있네. 캐롤린 당신한테 무슨 힘이 있나봐요. 진작부터 당신이 저 애를 돌봐야 했었는데 잘못했어요!"

간호사는 놀란 표정을 짓고 있었다.

도나가 웃음을 터뜨렸을 때 내가 느꼈던 감정을 뭐라고 정확하게 표현할 수가 없다. 어쨌든 그 순간 내가 그녀에게 꼭 필요한 존재라는 것을 깨닫게 되었으며 그러니까 더더욱 그녀를 위해서는 어떤 일이라도 할 수 있을 것만 같았다. 나는 또 삶에는 어떤 의미와 방향이 있다는 것도 깨닫게 되었다.

　요양원에서 제일 먼저 시작한 훈련은 도나에게 목구멍으로 음식을 삼키는 법을 가르쳐 주는 일이었다. 보조원들이 식사 시간마다 들어와 도나가 음식을 먹도록 도와주었다.

　입 속에 음식이 들어가자 도나는 전에 느끼지 못했던 새로운 감각 때문에 깜짝 놀랐다. 처음 몇 번은 음식 먹는 시간만 되면 그 조그맣고 빼빼 마른 몸으로 안간힘을 다해 발버둥을 치며 소리를 질러댔다. 이렇게 몇 번의 훈련이 끝나자 음식을 억지로 받아 넣기는 했지만 곧 혓바닥으로 다 밀어내거나 주먹을 자기 입에 넣고 빼지 않았다.

　도나에게 음식을 먹이는 일이야말로 사랑과 인내가 필요한 일이었다. 그러나 어떤 보조원들은 그런 사랑과 인내가 모자랐던 것 같다. 그들은 몇 번 시도하다가 금방 포기하고 말았다.

　하지만 봉사 정신이 투철한 보조원들은 도나를 팔에 안은 채 그녀를 달래가며 끝까지 음식을 먹여주는 일에 성공했다. 나는 간호사들에게 노력도 하지 않으면서 착한 보조원을 깔보는 그 못된 보조원들에 대한 불만을 털어놓았다. 그러자 어떤 보조원들은 나를 눈의 가시처럼 미워했다. 그러나 그런 것 따위에 눈 하나 깜짝할 내가 아니었다.

　드디어 그 호스를 제거하는 날이 왔다. 도나는 입으로 음식을 먹을 수 있게 되었던 것이다. 먹기 싫어하는 음식 -시금치나 무 같은 것- 이 입에 들어오면 코를 찡그리는 도나의 모습이 귀엽기만 했다. 그런데 어떻게 금방 맛을 알았는지 쵸코렛 푸딩만 먹으면 신이 나서 헤헤거렸다.

　도나의 엉덩이가 완쾌되자 그녀는 자기 사이즈보다 훨씬 큰 환자복을 입을 필요도 없었으며 더 이상 유모차 같은 데 앉아 있을 필요가 없었다. 이제 그녀는 자기 사이즈의 휠체어에 앉아 놀 수 있었다. 직원 한 사람이 헌 아동복 하나를 가지고 와 그녀에게 입혀 주었다. 그 옷을 입자 도나는 더 이상 불쌍한 고아같이 보이지 않고 조그맣고 귀여운 진짜 꼬마같이 보였다.

그 다음 단계는 도나를 교육시키는 특별 프로그램에 집어넣는 것이었다. 하지만 도나의 한계를 전제해 볼 때 그 "교육"이라는 것은 사실 "치료"를 의미하는 것이었다. 그래서 도나의 교육을 담당할 선생님들은 정부가 규정하는 목표와 단계를 무시하지 않고도 그녀에게 알맞은 프로그램들을 개발했다. 첫 번째 목표는 도나가 계속해서 손을 빠는 것과 입에 주먹을 넣는 것을 저지시키는 것이었다.

선생님들은 일단 그녀가 손 빠는 것을 저지시킨 후 그녀의 신경을 다른 일에 분산시키려 했다. 하지만 그녀를 새로운 일에 집중하게 만드는 일도 힘들기는 마찬가지였다. 그녀가 무엇인가 새로운 일을 하면 나는 그녀가 내 방에서 처음으로 웃었던 그날 밤과 똑같은 심정이 되어 그녀가 대견스럽기만 했다.

서서히 도나는 사람답게 되어 갔다. 그녀는 내가 이름 붙인 것이지만, "도나의 소리"를 만들어 내기 시작했다(그녀가 내 목소리를 듣거나 다른 사람이 나한테 말하려고 내 방에 들어오기만 하면 "쑤" 라고 소리내었는데 내가 듣기 제일 좋아하는 소리였다).

그런 소리를 내면 나는 언제나 그녀에게 말을 걸어 주었다. 왜냐하면 그녀가 중요하고 사랑받는 존재라는 것을 느낄 수 있도록 도와주고 싶었기 때문이다. 그녀가 소리를 낼 때마다 나는 장난기 있는 목소리로 "내가 언제 네 의견을 물어 보기나 했어, 이 개구쟁이야?" 라고 놀려 주었다.

날이 가고 달이 가면서 도나의 소리는 점점 더 커지기 시작했고 드디어 소음같이 들릴 때도 있었다. 내가 누구하고 얘기라도 하고 있으면 방해를 하려는 것인지 아니면 자기도 끼워 달라고 하는 것인지 "쑤" 라고 고함을 빽빽 질렀다.

나는 그녀가 어떤 일을 하든지 참아내는 내 모습을 보고 깜짝 놀랐다.

나는 한번도 짜증을 내거나 화를 낸 적이 없었다. 사람들은 이런 나의 모습을 보고 어떻게 그렇게 관대한 엄마가 되었느냐고 하면서 도나를 너무 버릇없이 키우는 것이 아니냐고 놀려댔다. 그러면 나는 도나가 처음 왔을 때를 생각해 보라고 하면서 그때에 비하면 지금은 얼마나 양반이냐고 대꾸했다. 덧붙여서 말하길, 조그마한 애라고 해서 다 천사같이 굴어야 하는 법은 없다고 했다.

신기하게도 대부분의 시간, 내가 책을 읽거나 글을 쓰고 있기라도 하면 도나는 마치 도와주려는 것처럼 조용히 앉아 있었다. 그러면 나는 하던 일을 중단하고 그녀에게 다가가 내가 그녀 옆에 있다는 것을 상기시켜 주었다. 도나는 내가 그렇게 자기를 잊지 않고 있다는 것을 알아차린 듯 만족한 표정을 지으며 행복해 했다.

어느 날 저녁. 도나는 말할 수 없을 정도로 화가 나 계속해서 울어댔다. 도저히 그녀를 달랠 길이 없었다. 그녀의 기저귀를 점검해 보았다. 또 혹시 베개가 잘못되었나 해서 베개도 잘 놓아주었다. 하지만 여전히 울면서 계속 보채었다. 하는 수 없이 보조원을 불러 어떻게 해야 할 지 물어 보았다. 그녀는 나보고 도나를 흔들어 주라고 하였다.

보조원의 말대로 내가 약간 흔들어 주자 도나는 울음을 딱 그쳤다. 그리고 자기가 언제 울었었냐는 것처럼 빙그레 웃으며 침방울을 내뱉는 것이 아닌가. 나는 도나에게 "너 참 버르장머리가 없구나!" 라고 했다. 그때 나는 읽어야 할 책도 있었고 해야 할 일이 몇 가지 있었는데 그녀가 소동을 피우는 바람에 아무것도 할 수 없었기 때문이다. 도나는 내가 하는 말 따위에는 별로 신경쓰고 싶지 않다는 식으로 "쑤" 라고 소리를 내며 나를 바라보았다.

인생이란 좋은 일만 일어나는 것이 아닌가 보다. "호사다마(好事多魔)"라고 할까, 나는 좋은 일이 있으면 또한 슬픔도 따라온다는 삶의 교훈을 알

게 되었다.

내가 요양원에 들어온 후 얼마 있다가 알렌이라는 똑똑하고 내성적인 젊은 남자가 들어왔다. 그는 나와 의남매를 맺게 해 달라고 했다. 그의 의도는 다 알지 못했지만 나를 그렇게까지 생각해 주는 그의 관심에 감사의 마음을 표했다. 그렇게 의남매 관계를 맺은 우리는 새로운 우정을 키워가기 시작했다.

알렌은 종합뇌성마비센터에서 일하고 싶어했다. 하지만 건강 상태가 좋지 않아 할 수가 없었다. 그는 선천적으로 몸이 꼬이면서 거의 경직 상태에까지 빠지는 이상한 병을 앓고 있었다. 의사도 그 병은 치료할 길이 없다고 했다. 결국 알렌은 오랫동안 병상에 있어야만 했다.

알렌이 요양원에 처음 도착했을 때만 해도 그는 오리사냥 미끼로 쓰는 나무 오리를 만들고 색칠하는 일을 할 수가 있었다. 나무로 만들어진 그 오리들은 살아 있는 것같이 아름다웠다. 그의 건강은 해가 지날수록 상태가 나빠졌지만 어쩌다 좋을 때면 알렌은 자기 아버지가 만들어 주신 작업대 위에서 몇 시간이고 일을 했다. 어떤 날은 그의 망치질 소리가 규칙적인 멜로디처럼 똑딱거리며 힘차게 들려왔다.

알렌이 하는 또다른 일이 있었는데 매일 밤마다 화재 안전 점검을 하는 것이었다. 요양원은 내가 어느 곳에서도 보지 못했던 특이한 안전 장치를 갖고 있었다. 안전 점검 시스템으로 가죽 가방에 들어 있는 자그마한 상자에 커다란 열쇠가 하나 붙어 있었다.

그리고 요양원 건물의 구석구석마다 그 열쇠로 문을 열 수 있는 조그만 함이 하나씩 붙어 있고 그 함 안에는 필기도구가 들어 있었다. 매일 밤 화재를 점검하는 사람이 함을 열고 필기도구를 꺼내어 안전 상태에 대해 기록해야 했다. 알렌은 길고 긴 겨울밤 동안 그 일을 자원하여 밤마다 한 시간에 한번씩 돌아다니며 요양원의 안전을 점검했다.

밤늦도록 수고하는 그의 노고를 덜어 주기 위해 나는 그에게 농담을 걸기도 하며 요양원의 환경에 대해 얘기하곤 했다. 한번은 그에게 밤마다 이렇게 돌아다니는 것이 힘들지 않느냐고 물어 보았다. 그러자 그는 고개를 저으면서 내가 늦게까지 자지 않고 자기를 생각해 주는데 뭐가 힘이 들겠느냐고 했다. 그리고 가끔 이렇게 말했다.

"이곳 요양원에서 긍정적인 사람은 당신 한 사람밖에 없어요."

그가 그런 말을 하면 나는 웃으면서 내가 언제나 긍정적인 사람이 아니라는 것을 알아두라고 했다. 사실 나는 요양원을 떠나 다시는 돌아오고 싶지 않다는 생각을 한 적이 수도 없이 많았다고 고백했다.

그러자 알렌이 기다렸다는 듯이 얘기했다.

"그럼 나만이 그렇게 생각한 사람은 아니었군요."

저녁 식사가 다 끝나가던 어느 날 밤, 도나가 잘 있는지 또 깨끗한 턱받이가 방에 있는지 가서 확인해야겠다고 알렌에게 말했다. 알렌은 이런 나의 모습을 보고 놀리면서 말했다.

"내가 만약 사실을 몰랐다면 도나가 정말로 당신 딸인 줄 알았을 거예요!"

나는 그가 하는 말을 무시하면서 내일 아침에 만나자는 얘기만 하고 내 방으로 갔다. 그러나 그날 밤 그와 그렇게 대화하던 것이 마지막이 되리라곤 꿈에도 몰랐다. 다음날 새벽 그는 갑작스런 장폐색(장관〈腸管〉의 일부가 막히는 질환 - 편집자)으로 병원에 실려갔으나 곧 사망하고 말았다.

나는 이 소식을 듣고 하루종일 슬픔을 이겨 보려고 안간힘을 썼다. 하지만 저녁때 내 방에 앉아 책을 읽고 글을 쓰려고 하는데 윙윙거리는 그의 전기 휠체어 소리가 들려오는 것만 같았다. 그리고 그의 모든 것이 그리워지기 시작했다. 그의 농담도, 다정한 목소리도, 어떤 것도 이제 존재하지 않는다고 생각하니 가슴이 메어왔다. 그때 밖에서 그가 떠드는 것 같은 소리가 들려왔다.

"이것 봐요, 캐롤린! 아직도 방에 있는 거예요? 방에 들어간 지 2시간이나 됐다구요!"

나는 더 이상 참지 못하고 엉엉 울고 말았다.

매일 밤 수간호사가 화재 점검기를 들고 왔다갔다하는 소리를 들으면 왠지 슬픔에 잠기곤 했다. 그 간호사는 알렌같이 내 방에 와 아는 척을 하며 수다떨지도 않고 그저 종종 걸어왔다가 종종 돌아가는 발소리만 내었던 것이다.

20

I Prefer Flowered Kleenex

꽃무늬가 있는 크리넥스

만약 내가 예수님에 관해 요양원에서 처음 들었더라면 아마도 나와 예수님과의 관계가 생기지 않았을 것이다. 이곳에서는 그리스도의 이름으로 행해지는 것들이 나를 무섭게까지 했다. 너무나 많은 선교 단체들이 서로 협력하지 않고 제각기 일을 하고 있었다. 이 단체 저 단체가 아무 때나 불쑥 찾아와서 똑같은 행사를 반복했다.

그 중에는 아주 따뜻하고 정겨운 단체들도 있었지만 '왜 이들이 찾아와서 나를 못살게 굴까' 하고 여겨질 정도로 무뚝뚝하고 불쾌한 단체들도 있었다. 가장 나쁜 경우는 영적으로 우월하다는 태도를 겉으로 나타내 보이려는 사람들이었다.

하나님보다 더 성스러운 태도를 가지려고 애쓰는 사람들에 대해 내가 어떻게 생각하고 있는지를 보여 주는데 주저하지 않았다. 어떤 사람들은 무조건 내 방문을 밀고 들어와 나에게 필요한 것은 하나님께서 나를 치료해 주실 것이라고 믿는 믿음이라고 단순하게 이야기했다. 내가 그들의 면전에서 세차게 문을 닫을 때면 그들은 주저하지 않고 내가 마귀의 자식이라고 판단하고 상종하지 말아야 한다고 여기는 것 같았다.

앨린이 나의 룸메이트였을 때 사람들이 그녀를 다루는 방법이 나를 몹시 화나게 했다. 따스한 여름날 저녁 때면 그녀는 테라스에 앉아 가볍게 불어오는 미풍을 즐기며 나와 이야기하는 것을 좋아했다. 다른 사람들이 우리에 관해 어떻게 이야기하는지 우리는 알지 못했었다.

그러나 내가 "무늬만 기독교인"이라고 부르는 사람들이 요양원에서 예배를 인도했던 어느 날 저녁, 그들은 그녀가 가기를 원하는지 물어 보지도 않고 무턱대고 테라스로부터 앨린의 휠체어를 밀어내어 집회 장소로 끌고 갔다. 나는 그들의 태도가 참을 수 없을 정도로 거칠고 경솔하다고 생각하여 화가 나서 그들에게 대들었다. 그러나 나의 항의는 효과가 있는 것 같지 않았다. 심지어 그들은 내가 무슨 말을 하는지 이해하려고조차 하지 않았다.

나는 그들의 똑같은 공격으로부터 도나를 보호하기로 결정했다.

그들 중 어느 누구라도 그녀에게 가까이 할라치면 나는 독이 오른 독사처럼 대들었다. 나는 도나에게 그들이 그녀를 데려가려고 시도하면 그들에게 침을 뱉으리고 가르쳤다.

그들이 보여준 태도는 이것이 전부가 아니었다 : 그들의 믿음은 말 뿐이지 실천이 뒤따르지 않았다. 내가 오랫동안 그들을 관찰한 후 얻은 결론이었다. 그들은 하나님의 사랑과 은혜에 관해 노래하고 설교했지만 요양원에 있는 사람들의 더러워진 코나 침에 젖어있는 턱을 닦아줌으로써 그들의 믿음을 실천하려는 노력은 단 한번도 보여준 적이 없었다.

그래서 나는 그들을 무시했다. 그들도 나를 건드리지 말아야 한다는 것을 알게 되었다.

어느 더운 여름날, 잠옷차림에 맨발로 테라스에 앉아 저녁을 먹고 있었다. 그날은 아수 기분 좋은 저녁이었다. 나는 평안을 즐기고 있었고 새들은 내가 흘린 빵 조각을 먹기 위해 모여 들었다. 갑자기 그들 중 한 사람이 걸어 들어와 나 혼자만의 공간에 침입을 했다. 그는 처음 보는 사람이었고 나의 악명에 대해 들어본 적이 없는 듯했다. 내가 식사를 계속하면서 그를 무시하면 그가 교양 있는 사람이라면 조용히 물러나겠지 라고 생각했다.

그러나 천만에.

나는 음식을 먹을 때면 언제나 온 정신을 집중해야 했다. 우선 숟가락 위에 음식을 올려야 하고 가능한 많은 양을 내 입에 집어넣을 때까지 음식이 숟가락에서 떨어지지 않도록 중심을 잡아야 했다. 이 버르장머리없는 젊은 친구는 그런 모습을 생전 본 적이 없다는 태도로 나를 응시했다. 그는 나에 대해서 아는 것이 없었다. 아마 내 이름조차 모르고 있었을 것이다. 그러나 내게 필요하다고 생각되는 성경 구절은 잘 알고 있었다.

그는 모든 것을 초월한 듯한 표정을 짓고 허리를 똑바로 세워 선 채 경건함이 뚝뚝 묻어 나오는 태도로 **"범사에 감사하라 이는 그리스도 예수 안에서 너희를 향하신 하나님의 뜻이니라(살전 5 : 18)."** 라는 성경 구절을 인용했다. 그리고 나의 휠체어를 빙글빙글 돌렸다. 나는 비명을 지르면서 혼자 내버려 달라고 소리쳤다. 만약 내가 그의 얼굴에 침 뱉기 전에 도망치지 않았다면 나는 그에게 힘껏 돌진했을 것이다.

분노가 가라앉은 후에 나는 다른 성경 구절에서 이 사건 전부(그 남자의 무시하는 듯한 태도나 성경 구절의 오용 등)에 대해 정확하게 지적하고 있음을 알았다 : **"…말 못하는 나귀가 사람의 소리로 말하여…(벧후 2 : 16)"**.

무늬만 기독교인과 나의 마지막 싸움은 어느 늦은 저녁에 찾아왔다. 도나는 잠이 들었고 나는 타자를 치고 있었다. 그날은 몹시 더운 날이라 셔츠에 짧은 속바지를 입고 작업을 하고 있었다. 그때 내 방에 한 남자가 찾아와서 자기는 이러이러한 교회로부터 왔노라고 이야기했다. 그는 그 교회 소식지에 기고하기 위해서 내 작품들 중 몇 개를 얻어 오라고 해서 왔다고 했다.

나는 그에게 그런 일에 관해 그 누구한테도 요청받은 적이 없다고 대답했다. 그러나 그는 나의 대답을 무시한 채 방에 들어와 내 책상 위에 있는 서류 상자를 뒤지기 시작했다.

나는 그에게 나가라고 소리를 질렀다. 그가 전혀 반응을 보이지 않자 나는 그의 정강이를 차면서 비명을 질러댔다. 우리가 할머니라고 부르는 나이가 지긋한 자원봉사 부인이 이 소동을 듣고 달려와서 그 남자더러 나가라고 요구했다. 그는 노기가 등등한 할머니의 얼굴을 보고는 재빨리 도망쳐 버렸다.

내가 진정을 한 후에 할머니에게 무슨 일이 일어났는지에 관해 설명을 했다. 나는 그 남자가 나를 괴물의 일종으로 여기는 것 같다고 말했다. 그리고 그 괴물이 하는 쇼의 일부분으로써 내 작품을 보고 싶어하는 것 같았다고 내 느낌을 말해 주었다. 할머니는 내 곁에서 나를 위로하며 침대에 눕히고 담요를 덮어 주었다.

그녀는 잘 자라고 안아준 뒤 나의 작품을 아무도 훔쳐가지 못하게 사람의 눈에 띄지 않는 곳에 보관시켜 주겠다고 약속을 했다. 다음날 그녀는 그 남자가 나에게 접근 못하도록 하는 법원의 명령을 받아냈다.

요양원에 찾아오는 모든 기독교 단체에 대해 내가 의심의 눈초리로 보았다는 것은 그렇게 놀랄만한 일은 아니다.

그러한 사건들이 일어난 지 1년쯤 되었을 때 새로운 단체가 화요일 오후 예배와 성경공부를 위해 요양원에 찾아오기 시작했다. 나는 내 방에 머물렀다. 나는 또다시 기독교인들로부터 상처를 받지 않겠다고 생각하고 있었다. 그러나 이 단체가 연주하는 멋진 음악이 홀에 가득 메아리쳤다. 그 곡을 어떻게 연주해야 하는지를 잘 아는 사람이 연주하는 피아노 소리였다.

피아노를 따라 바이올린 소리도 들려왔다.

나는 이제까지 "아침을 깨고(Morning Has Broken)"라는 찬양을 들어본 적이 없었다. 그러나 그날 그 부드럽고 조용한 멜로디에 완전히 매료되어 버렸다. 기쁨과 평화로 가득 찬 듯 느껴졌다.

다음 주에 그 예배를 한번 엿보기로 결심했다. 그들은 모두 중년의 부인들이었다. 다들 어머니로 보였다. 그들은 선해 보였으며 또 한편 그 중에 남자들이 보이지 않아 안전할 것이라는 생각을 하게 되었다.

그 예배에 참석하기로 결심했다. 그들이 요양원에서 예배를 인도할 부인들을 훈련시키는 단체의 회원들이라는 것을 바로 알게 되었다. 그 단체는 우리가 하나님께 소중한 존재일 뿐 아니라 그들에게도 우리가 얼마나 중요한지 보여 주었다. 그들은 우리 이야기에 귀를 기울였으며 동시에 우리들을 사랑했다. 심지어 그들은 우리의 이름과 생일도 기억했다.

게다가 우리 코와 턱을 닦아주기 위해 꽃무늬가 새겨진 크리넥스를 가지고 왔다. 나에게 있어서 그 크리넥스야말로 그들이 말로 하는 어떤 것보다도 더 크게 그들을 증거하고 있는 듯 여겨졌다. 그들은 실천적인 복음을 믿고 있었다. 그들은 내가 신뢰할 수 있는 크리스천들이었다.

나만이 그들의 그런 행동에 감명받은 것이 아니었다. 그 모임은 직원들도 참석하기를 꺼리지 않는 유일한 모임이었다. 동쪽 편에 조금 떨어져 있는 홀에서 낮에 모였는데 홀 전체가 복음의 말씀과 찬양을 듣기 원하는 이곳 원생들과 직원들로 꽉 찼다.

그 모임을 이끄는 부인들은 늘 우리가 찬양하도록 격려하면서 어떤 이상한 소리가 날지 걱정하지 말라고 했다. 그들은 주님께서는 우리 마음으로 찬양하는 것을 듣기 원하신다고 말했다.

나는 내 친구 로버트의 찬양에 배어 있는 그의 기쁨을 주님께서 받으셨다고 확신했다. 그는 뇌성마비를 지닌 조그만 흑인 남자였다. 그는 어떤 단어도 제대로 발음할 수 없었다. 그러나 아무도 로버트가 주님을 찬양하기를 좋아한다는 것을 의심할 사람은 없었다. 놀랍게도 찬양을 할 때는 그의 목소리나 발음이 완전히 정상인의 것과 같았다. 만약 당신이 그가 교회에서 찬양을 드리는 것만 들었다면 그가 언어 장애인이라고는 결코 상상할 수 없었을 것이다.

나는 앉아서 그의 찬양을 듣기를 좋아했고 그때마다 그의 얼굴에 떠오르는 기쁨이 가득 찬 자유로운 모습을 보는 것이 즐거웠다.

로스 또한 이 모임을 통해 응답을 받은 또다른 원생이었다. 부인들이 화요일 오후마다 오기 전에는 이 약하고 작은 남자는 하루종일 홀에 앉아 있기 일쑤였다. 그는 좀처럼 움직이지 않았다. 그러나 그가 이 모임에 참석하기 시작한 이후로 조금씩 깨어나기 시작했다. 한 달 후에는 사람들에게 미소를 짓기 시작했고 홀에 앉아 있기보다 공예실로 자주 간다는 것을 알게 되었다. 그는 아직까지 말은 할 수 없지만 친구를 사귀기 시작했다. 그가 복음을 들음으로 인해 소망의 작은 불씨를 잡은 것이다. 그리고 그것은 그의 영혼 속에서 자지만 흔들리지 않게 지리났다.

이 새로운 부인들의 사역의 영향은 예배가 끝난 후에도 계속 이어졌다. 모임 후에 방으로 돌아오면 누군가가 나를 안아 주고 있다는 따뜻한 느낌을 받았으며, 그날 오후의 일과는 창조적인 새 아이디어들로 가득 차게 되어 언제나 생동감이 넘쳐 났다.

나는 특별히 아이올라라는 중년 부인을 몹시 좋아하게 되었다. 그 단체에서 아이올라가 하는 역할은 매우 단순했다. 그녀는 포근히 안아 주는 것과 크리넥스로 닦아 주는 일에 타고난 은사를 지니고 있는 듯했다.

그녀는 매주 화요일 오후 모임을 위해 내 방으로 올 때마다 먹지 않고 남아 있는 점심 식사를 보고 어머니처럼 엄하게 꾸짖었다. 그녀에게 먹는 것보다 안아 주는 것이 더 좋다고 이야기했지만 내가 식사를 남김없이 먹어치울 때까지 그녀는 만족해 하지 않았다.

아이올라는 내 인생에 중요한 위치를 차지하게 되었다. 나는 로이드 목사님과 베티 사모님이 시애틀을 떠나게 되었다는 것을 알았다. 수년 동안 그들은 요양원에서의 좌절에 대해 하소연하기 위해 내가 찾아갈 수 있는 요양원 밖의 유일한 친구였다.

그들은 가장 어두웠던 나의 과거를 함께 했던 친구며 나의 이야기를 들어 주었고 나를 사랑했다. 그들은 내가 화가 났을 때나 하나님에 대해 멀어질 때 영적 인도자가 되었다. 그들은 매일의 생활로부터 정신적인 탈출구가 되어 주었을 뿐만아니라 때때로 실제적으로 내게 안식처를 제공해 주었다.

그들 없이 내가 어떻게 살아갈 수 있을까? 속마음을 털어놓을 수 있는 누군가가 없다면 바로 내적인 고통이 닥쳐 괴로워질 것이다. 나에게는 로이드 목사님과 베티 사모님처럼 믿고 이야기할 수 있는 친구가 없었다.

아이올라가 나타나기 전까지는….

나는 아이올라에게 솔직하게 이야기하는 것이 어렵지 않다는 것을 알았다. 그녀는 내가 낙담해서 울고 있을 때 사랑하는 마음으로 기다려줄 줄 알았다. 나는 그녀와 함께 내 인생의 퍼즐 조각들을 짜 맞추는 것을 좋아했다.

아이올라와 내 인생에 관해 공유하는 것이 많아질수록 그녀에게 터놓고 이야기할 수 없고 또 그녀도 도와줄 수 없는 더 깊은 어떤 부분이 내게 남아 있음을 그녀가 눈치 채고 있다는 생각이 들었다.

어느 날 그녀는 자기 교회에 부목사님이 새로 부임해 왔다고 말했다. 그리고 그녀는 내가 허락하면 짐 목사님에게 나에 관해 이야기하겠다고 하며 목사님이 나를 한번 방문하는 것이 좋겠다고 했다. 그녀는 그가 나를 도와줄 수 있으리라 생각하는 것 같았고 한번 생각해 보라고 권하며 결과를 알려 달라고 했다.

화요일 오후의 그 모임은 내 영혼의 방아쇠를 당겨 놓았다. 그 후 몇 달 동안 내가 루터교 교회의 예배 의식이나 기도문을 기억해 내려고 애쓰며 잠을 못 이루는 밤이면 사도신경이나 키리에 기도문(Kyrie Elision : 그리스어로 "주님께 자비" 란 뜻으로 예배나 성찬식 때에 암송하는 기도문 – 역자) 중의 일부를 읊조리곤 했다. 가끔 익숙한 어떤 기도문은 나를 울게 만들었는데 울고 나면 영혼이 맑아지는 것 같았다.

점차 밤마다 읊조리는 기도문이 나의 멋진 꿈을 회복시켰다. 분홍색 리본을 단 하얀 드레스를 입고 야생화가 멋지게 피어 있는 들판을 뛰어오는 나 자신을 다시 보았다. 그 꿈 속에서 나는 대학교 졸업장을 쥐었을 뿐 아니라 품위와 자존심을 지키고 있었다. 나는 사실이 꿈으로 나타난 것이라고 상상함으로써 그런 소망을 내 마음 속에 늘 지켜 가기를 원했다.

어느 날 저녁, 나는 목표를 향해 한번에 한 발자국씩 전진한다면 그 꿈이 언젠가 반드시 이루어질 것이라고 마음 속으로 다짐했다. 바로 다음날 나는 위쪽에 십자가가 그려진 문이 달린 이동식 옷장이 있는 요양원내의 목욕실로 갔다. 그 옷장은 방문하신 목사님이나 신부님들이 가운을 걸어놓거나 예배용 물품들을 저장해 두는 옷장이었다.

나는 그 옷장 바닥에 몇 권의 루터교 교회의 오래된 찬송가가 있다는 것을 알고 있었다. 나는 그 중에 한 권을 뽑아 들었다. 그것은 내가 앤칼슨 학교에서 사용한 것과 같은 찬송가였다. 나는 사막에서 얼음물을 발견한 것 같은 기분이 들었다. 기도문을 읽기 시작했다. 나는 그 운율의 신비를 기억해 냈으며 그 단어들 속에 있는 능력이 느껴지기 시작했다.

그 단어들은 고풍스런 맛을 풍겼으며 아름다웠다. 특히 계속 반복되는 "주는 자비하시다. 그리스도는 자비하시다" 라는 구절은 내 영혼을 평온케 했다. 그 구절을 소리내어 읽을 때 하나님께서 정말로 내 비참함을 이해하고 계신다는 느낌이 다가왔다.

그분은 내가 누구에게도 말한 적이 없으며 오랫동안 묻어 두었던 고통스런 기억을 알고 계셨다. 또한 그분은 내가 왜 꿈속에서 하얀 드레스를 입어야 했는가를 이해하신다는 것을 믿을 수 있었다.

요양원에 찾아왔던 루터교 교회의 부인들은 그들의 집회에서 기도문을 사용하지 않았다. 반면에 그들은 우리가 어떤 죄를 범했다 해도 주님께서 우리 죄를 용서하셨다는 것을 언제나 기억나게 했다.

하나님께서는 우리를 사랑하신다. 우리 모두에 대한 그분의 사랑을 확증하시기 위해서 예수님을 십자가에 내어 줄 정도로 우리는 값있는 존재들이다. 그 메시지가 내 마음에 자리잡기 시작했다.

내가 그 옷장에서 오래된 찬송가를 발견한 몇 주 후 나는 아이올라에게 짐 목사님께 전화해 달라고 이야기했다.

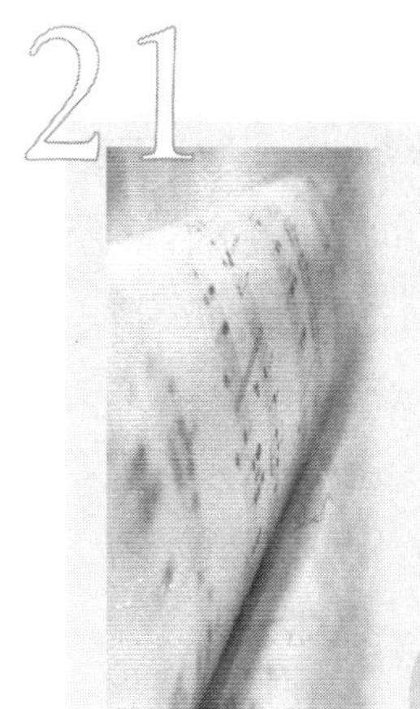

21

문제가 있을 때 그 문제와 씨름하면
비록 1센티미터만큼밖에 진보가 없다 할지라도
그 싸움은 꿈을 추구하기 위한 가치 있는 투쟁이라는 것이다.

센티미터의 신학

아이올라와 그 친구들이 따뜻하고 사랑스런 "엄마들의 복음"이라는 불씨를 나의 바싹 마르고 지쳐 있는 영혼에 지펴 놓았을 때 나의 영혼 깊은 곳에서는 전율이 울려 퍼졌다. 하나님의 사랑이 어떤 것인지는 이미 들어본 바 있었지만, 이 친절한 여인들과의 교제는 나로 하여금 복음을 믿고 시험해 보아야 할 때가 왔다는 확신을 들게 했다. 첫 번째 큰 시험은 짐 목사님을 만나는 것으로 시작되었다.

아이올라가 동행했다. 운전 기사는 교회 사무실 바로 앞에 주차시킨 후 아이올라와 함께 나를 사무실 안까지 부축해 주었다. 짐 목사님은 우리를 반가이 맞아 주었고 아이올라는 목사님께 팔받이가 있는 의자 하나를 달라고 부탁했다. 물론 그 이유는 내가 편하게 앉을 수 있도록 하기 위해서였다.

짐 목사님은 20대 후반의 키가 크고 마른 편이었으며 운동을 즐길 뿐 아니라 건강 관리를 잘 하는 분처럼 보였다. 겸손하고 부드러운 말투로 보아 자신과 세상에 대해서도 참 편안한 분이라는 인상을 받게 되었다. 서재는 큰 화초들이 정글을 이룬 것같이 아름다웠고 여기저기 흩어져 있는 서류들로 보아 목사님은 많은 일에 관여하는 것 같았다. 한마디로 가장되지 않은 따뜻함과 정직한 친절함이 방안 가득한 것을 느낄 수 있었다. 내가 사무실 구석 신문지 위에 놓여져 있는 비닐 봉투에 들어있는 흙더미가 무엇이냐고 물어 보자 목사님은 캐나다에 방문했다가 가져온 화초라며 잘 자라주길 소망한다고 말했다.

화초들과 사람들에 대해 대충 소개를 한 후 목사님은 내게 알파벳 보드 사용하는 법을 보여 달라고 했다. 내 설명을 다 들은 후 그것의 사용법을 어느 정도는 이해할 수 있지만 워낙 새로운 것이라 도움이 필요할 것 같다고 솔직히 말했다. 그러자 아이올라는 내가 철자를 알파벳 보드에 적고 있는 동안 자기 자신도 노트에 적어 보니 훨씬 대화하기가 쉬웠더라고 말했다. 그녀의 조언대로 목사님도 곧 종이와 연필을 준비했다.

아이올라는 주로 뒤쪽에 조용히 앉아서 목사님과 내가 대화할 수 있는 분위기를 조성해 주었다. 가끔 목사님은 내가 하는 말을 이해하지 못하고 아이올라에게 통역을 부탁하곤 했지만 나를 처음 만나는 사람치곤 나의 이상스런 표현을 잘 이해하는 편이었다. 그리고 웃으면서 말하길 내 말을 이해하려고 하는 것은 될 듯하다가도 실패하곤 하는 "좌절"이라는 게임을 하고 있는 것 같다고 고백했다.

목사님과 약속을 하기 전에 나는 아이올라에게 요양원에서 내가 느끼고 있는 절망감과 내 미래에 대해 목사님과 잘 의논할 수 있도록 미리 그에게 대충 언질을 주도록 부탁했었다. 그래서 목사님은 이미 전해 들은 부분에 대해 대화하길 원했다. 그러나 대화 중에 나의 절망감이나 우울증을 씻어 줄 만한 어떠한 성경말씀을 인용하지도 않았고 나와 나의 힘든 상황에 대해 금방 어떤 대답을 찾기란 쉬운 일이 아님을 암시했다.

목사님은 나의 절망감에 대해 잠깐 얘기를 나누신 후 이렇게 말했다.

"캐롤린, 내가 보기에 지금 상황은 당신이 전혀 예상치 못했던 상황인 것 같소. 아마 어떤 요양원에 있다 할지라도 당신의 가능성을 완전하게 키워 줄 수 있는 곳은 없을거요. 당신과 아이올라가 귀띔해 준 것을 고려해 볼 때 당신이 시리지 요양원에서 불행하다고 느낀 것은 불가피한 것이라고 여겨집니다."

목사님은 내게 생각을 정리하고 대안을 마련할 것을 권고했다. 짐 목사님은 센티미터의 신학을 확고하게 믿는 분이었다 – 즉 문제가 있을 때 그 문제와 씨름하면 비록 1센티미터만큼밖에 진보가 없다 할지라도 그 싸움은 꿈을 추구하기 위한 가치 있는 투쟁이라는 것이다. 목사님은 나의 장기 목표인 "대학 입학"을 칭찬해 주면서 반면에 지금 당장 내가 당면한 가장 힘들고 어려운 문제가 무엇인지 정리해 보라고 권했다. 그리고 그 문제를 즉각적으로 해결하기 위한 대안을 찾아보라고 했다.

나의 첫 번째 시급한 과제는 식사 시간에 음식을 제대로 공급받는 것이었다. 시리지 요양원에 새 보조원 몇 명이 고용되었는데 전혀 상식 밖의 사람들로 직업 의식이 없는 이들이었다. 그 사람들의 주된 동기는 오직 주어진 업무를 가능한 빨리 마치고 휴식 시간에 들어가는 것이라고 해도 과언이 아니었다. 그들은 내 방에 휭하니 들어와서 음식이 담겨진 쟁반을 타자기 위에 정신없이 올려놓고는 쏜살같이 사라져 버리는 것이었다.

내 식탁을 항상 깨끗이 청소해 놓음으로써 '식탁에서 밥 먹을 준비가 되어 있소' 라는 메시지를 보냈지만 전혀 눈치를 채지 못하는 낌새였다. 그들은 음식 양을 줄여 주었으면 좋겠다고 이야기할 틈도 주지 않고 종적을 감춰버리기 때문에 복도까지 나가 다른 보조원의 도움을 청할 수밖에 없었다. 게다가 식사를 시작할 때쯤이면 이미 음식은 식어져 있었다.

목사님은 나의 불평을 조심스레 들어주었다. 그러나 다음주 목사님을 다시 찾아오기 전에 그 식사 문제를 해결해야 한다는 숙제를 주며 모든 문제를 나 혼자 해결해야 된다고 했다.

우리는 또한 나의 영적 상태에 관한 이야기도 나눴다. 로이드 목사님과 베티 사모님이 떠난 후 내게 밀려온 상실감과 수많은 의구심들, 그리고 하나님을 향한 분노, 그런 것들에 관한 이야기였다. 목사님 말씀에 의하면 내가 어떤 의심을 하든, 또는 하나님께 어떠한 감정을 품고 있든지 간에 하나님께서는 나의 고통과 감정의 변화를 이해하실 뿐만아니라 내 모습 그대로 나를 받아 주신다는 것이었다. 왜냐하면 그리스도께서 나를 위해 돌아가셨기 때문에….

그리스도께서 십자가에 못박혀 죽으시며 몸소 겪은 고통의 경험 때문에 하나님께서 우리의 고통 또한 이해하고 느끼실 수 있다는 것을 알게 되었다. 목사님이 또 하나 지적해 준 것은 그리스도께서는 한번도 "아버지, 이 잔을 주셔서 감사합니다" 라고 기도하지 않았다는 것이다. 예수님께서는 오히려 그런 고통을 피할 수 있도록 "이 잔을 내게서 지나가게 하소서" 라고 기도했다는 것이다.

목사님과의 첫 번째 만남의 시간이 다 되어갈 무렵 다음주에는 요양원에서 만나자고 약속을 한 후 같이 기도를 드렸다. 기도하는 동안 목사님은 우울증을 겪는 나를 통해 하나님의 사랑과 은혜가 나타나고 또한 십자가에서 돌아가신 그리스도에 의해 내가 인정받을 수 있는 진정한 안식의 장소로 인도하여 주시길 간구했다. 그리고 나서 평화의 상징인 성호를 그려 내게 선사했다.

얼마나 멋진 사랑의 표현인가! 이것이야말로 나를 향한 하나님의 사랑과 평안이 실제적이고도 육체적인 몸짓으로 나타나 표현되어진 것이 아닌가 싶었다.

그 주에 나는 아주 기발한 방법으로 식사 문제를 해결하기 위한 투쟁을

했다. 보조원이 내 식사를 타자기 위에 놓고 급히 나가면 나는 있는 힘을 다해 쟁반을 마룻바닥에 떨어뜨린 후 발로 음식을 여기저기 흩어놓았다. 그리고 나서 식사를 배달한 바로 그 보조원을 불러 청소를 하게끔 했다. 계속해서 똑같은 사건이 몇 번 더 진행되자 주말쯤 가서 나의 메시지가 전달되었다. 또 아주 큰 수건 하나를 타자기 위에 덮어놓음으로써 어떤 음식이든 타자기 위에 있기만 하면 날라 갈 줄 알라는 신호를 보냈다. 그 후로 보조원들은 식사가 담긴 쟁반을 조심스레 내 식탁 위에 놓아 줄 뿐만아니라 음식 중에 조절되어야 할 것이 있는지 체크까지 해 주었다.

그 다음주에 목사님이 방문을 오셔서 식사 문제가 어떻게 되었는지 물어보았다. 내가 문제를 해결했노라고 자신있게 말씀드리자 목사님은 씩하고 웃었다. 나는 그때 그의 눈빛에서 아주 장난스러운 색깔을 읽을 수 있었다. 즉 목사님이 '내가 생각했던 방법은 아니지만 효과 있는 방법을 택했군!'이라고 생각한다는 것을 느낄 수 있었다.

두 번째로 내가 추진해야 할 계획은 단기 목표인 "습작"에 관한 것이었지만 오랫동안 글을 쓰지 않았기에 난감했다. 목사님이 내가 썼던 글 중에서 괜찮은 것을 찾아 당신 교회의 교회 소식지에 실어 보자고 했다. 우리는 내 글을 모아둔 꾸러미들을 뒤져보다가 마침내 "기적이란 무엇인가?"라는 제목의 짧은 글을 찾았다. 이 글은 봄에 피어나는 꽃에 관한 것이었다. 목사님은 다음주에 가지러 올테니 그때까지 재정리를 해 보라고 했다. 게다가 목사님도 글쓰기를 즐겨하는 분이라 어떻게 쓰면 좋겠다라는 제안도 해 주었다.

이런 식으로 우리의 우정은 시작되었다. 내가 나의 걱정거리나 미래의 계획에 대해 말씀드리면 목사님은 조용히 들은 후 내가 해야 할 일은 한 발자국씩 나의 꿈을 실현시키기 위해 노력하는 것이라고 격려해 주었다. 그분은 나를 위해 직접 무엇을 하는 것이 아니라 내가 가지고 있는 꿈을 믿어 주고 격려하면서 조금씩 천천히 중단하지 않는 진보가 내 삶에 일어나게 하는 역할을 해 주었다.

12년 이상을 시리지에서 살아온 지라 다른 곳에 가서 살 수 있을까라는 생각은 꿈도 꾸어본 적이 없다. 더구나 도나를 떠나 산다는 것에 대해서는 심각하게 생각조차 해 본 적이 없었다. 그러나 목사님이 격려하고 도와주어 결단을 할 수 있는 용기를 얻게 되었다. 나는 노스시애틀에 최근 개원한 뇌성마비 환자촌에 대해 크레스트뷰의 직장 상사와 사회 봉사 요원과 의논했다.

흔히 "레스(The Res)" 라고 부르는 그곳은 환자들을 집단으로 입주시켜 보호 관리하는 색다른 시설이었다. 그래서 일반 요양원에서 할 수 없는 많은 것들을 장애인에게 공급해 줄 수 있는 장점이 있었다. 환경적 조건이 그렇게 좋다는 것을 알면서도 도나를 떠나가야 한다는 슬픔 때문에 쉽게 결정을 내릴 수 없었다.

그러나 나는 레스를 방문하기로 결정했다. 그리고 그곳에서 나의 룸메이트였던 일라메이를 만나 점심 식사를 같이 할 수 있었다.

그녀는 자랑스럽게 말했다. 이곳이야말로 그녀 자신과 그녀의 부모님들과 이 환자촌을 설립한 사람들이 꿈꾸어 오던 바로 그런 집이라는 것을….

점심으로 나온 것은 간단한 스프와 샌드위치였는데 하나 인상적인 것이 있었다면 크래커가 따라 나와 내 스프에다 얼마든지 부수어 넣고 먹을 수가 있었다. 아무것도 아닌 것처럼 보일지 모르나 나에게는 의미가 있었다. 왜냐하면 시리지에서는 스프가 마치 물같이 멀겋기만 했기 때문이다. 게다가 크래커를 따로 더 주는 것은 상상도 못했기에 스프를 먹고 나면 늘 배가 고프다는 느낌을 받았다.

점심 식사 후에 일라메이는 레스의 여기저기를 구경시켜 주었다. 아주 큰 건물들로 이루어졌는데 두 개의 뜰이 둥그렇게 둘러싸고 사방으로 자연 채광이 되는 창문이 많이 딸린 넓고 큼직한 거실이 있었다. 또 하나 인상적인 것은 건물 중앙에 멋진 치료실이 있다는 것이었다.

침실을 둘러보니 통풍이 잘되고 수납장이 편하게 설치되어 있었는데 휠체어가 움직이기에 용이한 디자인으로 찬장을 만들어 놓았다는 것을 알 수 있었다. 가장 인상 깊었던 것은 원생들의 옷차림이 바깥 거리에서 볼 수 있는 사람들의 옷차림과 똑같고 요양원에서 맡았던 그 칙칙한 냄새가 아닌 좋은 냄새가 났다는 것이다.

레스에서는 또 원생들 중에 관심 있는 사람에게는 근처에 있는 쇼라인지 방대학에 다닐 수 있는 기회를 만들어 주고 있었다. 직원들이 통학 시간에 맞춰 차량을 제공해 주는 배려를 하면서까지 말이다. 내가 대학교에서 수업 몇 과목 들을 때만 해도 언제나 아이올라와 루스 또는 여자 성경 대학에 다니고 있던 다른 친구들에게 차편을 제공해 달라고 약속을 해야지만 집에 올 수 있었던 것을 기억한다.

목사님을 만나 레스에서 발견한 것들을 말씀드리자 무척 흐뭇해하면서 사실에 입각한 결정을 내리는 깃은 참 중요한 것이라고 말했다. 그분은 어려운 일을 선택하는 고통을 회피하기 위해 아무것도 하지 않는 것보다는 올바른 결정을 내리기 위해 필요한 사실들을 알아보는 것이 훨씬 낫다고 믿었다. 그럼에도 때때로 나는 확신이 가지 않을 때가 있었다.

목사님은 또 선택을 해야만 하는 고통은 언제나 내 삶의 한 부분이 될 것이라고 했다. 내가 무엇을 하든지 간에…. 나는 그런 고통을 회피할 수 없다는 것을 깨닫게 되었다. 아니 어느 누구라도 회피하지 못할 것이다. 목사님은 어떠한 난관이 닥쳐온다 해도 나 자신을 위해 세웠던 목표를 추구하라고 용기를 줬다.

아마도 목사님은 레스가 내게 가장 좋은 장소라고 생각했음이 틀림없다.

내가 그곳에 들어가려면 최소 1년 정도 대기해야 한다고 말씀드리자 실망의 기색이 완연했다. 그러나 나는 내심 안도했다. 어려운 결정을 내리는 일을 잠시 연기할 수 있었기 때문이었다. 그때 목사님이 그 1년 동안 내가 겪어야 할 우울증을 어떻게 대처할 것인지 물어 보았지만 나는 어떤 대답을 드려야 좋을 지 알 수가 없었다.

나는 어떤 의사가 전화로 처방해 주는 약을 복용하고 있었는데 그 의사는 나의 건강에 별로 신경쓰는 사람 같지 않았다. 그는 정기적으로 처방전을 주었지만 내 건강 기록부만 참고하고는 마치 나를 진찰한 것처럼 써놓곤 했다. 가끔 나를 진찰할 때는 마치 나를 절름발이나 귀머거리 또는 벙어리같이 취급했다. 그래서 그가 처방약으로 주는 것이 과연 효과가 있을까 하고 의심이 되었다. 왜냐하면 나의 우울증은 더 심해지고 있었고 계속해서 평소보다 낮잠을 훨씬 많이 잤기 때문이다.

그래서 목사님이 계속되는 우울증을 어떻게 대처할 것인가에 대해 물어 보았을 때 나의 모순되는 감정을 달리 표현할 길이 없었다. 나 자신조차 왜 그러한 우울증을 겪어야 하는지 알 수 없었기 때문이다. 내 인생 처음으로 내가 지치고 늙었다는 느낌을 가졌다. 나의 삶이 무슨 악몽 같았다. 그리고 그 악몽에서 깨어날 수 없는 것이 아닌가 하는 생각뿐이었다.

어느 늦은 가을 저녁, 커텐을 걸으려고 창문 가에 섰을 때 나를 향해 다가오는 불길한 검은 구름을 목격하게 되었다. 나는 뜰 옆에 서 있는 어린 체리나무 위로 미친 듯이 떨어지는 커다란 물방울을 바라보고 있어야만 한다는 강압적인 느낌을 받으며 서 있었다. 나는 폭풍우를 좋아한다. 그러나 이번 폭우에 대해서는 왠지 화가 치밀어 올랐다. 그리고 어떤 외로운 어린 아이가 내 머리를 스쳐 지나가면서 이렇게 말하는 것 같았다.

"폭풍우가 오고 있어요. 이 폭풍우가 지나가기 전에 당신의 마음은 갈기

갈기 찢어질 거예요!"

아침이 되었을 때 서리가 참혹한 결과를 가져왔다. 아침 햇살을 보기 위해 커텐을 열자 눈이 얇게 깔린 것을 목격했고 동시에 그 체리나무는 너무 여리고 약해 죽을 수밖에 없었다는 것을 알게 됐다.

나는 아주 침울한 분위기로 크레스트뷰의 일터로 나갔다. 내 상사가 헤드폰을 가방에 넣는 작업을 시작하라고 명령했다. 내가 맡은 할당량이 2일 전부터 밀려 있었기 때문에 서둘러야만 했다. 나는 이 일을 할 때마다 효과적으로 일하기 위해 한 받침대를 사용했다. 10개의 칸이 나눠진 받침대를 휠체어 바로 앞에 놓은 후 헤드폰 한 개를 조그만 가방에 넣은 다음 이 받침대의 첫 번째 칸에 넣고, 두 번째 헤드폰을 또 그렇게 하고 해서 열 번째 칸까지 채우는 것이었다. 즉 내가 10개의 헤드폰을 10개의 가방에 넣는데 얼마나 시간이 걸리든지 간에, 내가 몇 개까지 했는지 세고 걱정할 필요가 없는 것이다. 어쨌든 그 일은 다른 생각을 할 시간 여유를 조금도 주지 않는 무척 바쁜 일이었다.

그날 따라 재활원을 방문하러 오는 수많은 방문객들에 대해 유난히 민감해 있었다. 저 사람들이 유리창 저편에서 우리를 보면서 무슨 생각을 할까 의아해했다.

'그들은 나를 어떻게 생각할까? 저 사람들 중의 단 한사람이라도 내가 희망과 꿈을 갖고 있는 여자라고 생각할까? 내가 평생 이렇게 하고 있을거라고 생각하는 것은 아닐까?'

그날은 오전 내내 차가운 비가 내렸다. 점심 시간에 식당에서 소란스런 말다툼이 일어났다. 도대체 무엇이 정신적으로 부자유한 내 동료들의 감정에 불씨를 놓았는지 모르지만 순식간에 말할 수 없는 분노와 절망이 방안에 가득 찼다. 그들은 육탄전을 벌이고 창문을 부수기까지 했다. 너무나 놀란 나는 문을 박차고 휠체어를 탄 채 폭풍우 속으로 나갔다. 그리고 비 속에서 이것이 내가 원했던 삶은 아니라고 흐느끼면서 한없이 울었다.

뇌성마비라는 감옥에서 생존할 수는 있다. 그러나 내 머리와 가슴이 다른 일을 동경하고 있을 때 내 손은 작업장에 있어야 한다는 현실은 이중문으로 꼭꼭 갇혀 있는 처량함 그 자체였다. 무엇보다도 내가 원하는 것은 바로 교육이었고 그 교육을 통해 하나님께서 내게 주신 글쓰는 재주를 마음껏 발휘하고 싶은 것 뿐이었다. 어린 체리나무가 얼어죽은 것 같이 그 재능이 시들어 죽기 전에….

그날 오후 시리지에 돌아와서 짐 목사님이 내게 한 말을 다시 생각해 보았다 - 하나님께서는 나의 고통을 이해하시고 같이 느끼신다는 것을 말이다. 그리고 나 스스로에게 이렇게 말했다.

'하나님께서는 크레스트뷰에서 무슨 일이 일어났는지 다 보셨고 내가 얼마나 외로워 했는지 그리고 내 삶을 얼마나 처량하게 느꼈는지 다 알고 계셔!' 그리고 의기소침한 분위기에서 벗어나기 위해 이번 주말에 할 일들을 쭉 적어 보았다 - 먼저 기사 쓰는 일을 마치기. 독서하기. 방 청소하기. 도나의 화장대를 똑바로 놓기. 그녀의 옷을 접어 놓기 등등.

목록에 적어놓은 계획들을 시작해 보려 했지만 너무나 우울해 집중할 수가 없었다. 절망감이 고개를 쳐들면서 나의 사소한 계획들을 무의미한 것으로 만들어 버렸다. 그리고 나의 삶은 이것으로 끝이라는 생각에 사로잡히게 되었다.

주일날 오후까지 한번 더 한냉전선이 찾아왔다. 비가 내리치고 바람이 다시 정원을 어지럽혔다. 그리고 내 내면의 폭우 또한 극성을 부렸다.

내 책상 위에 놓여 있는 광대얼굴 모양의 도자기 잔조차 마치 냉소를 나에게 보내듯 해 나의 고통을 가중시켰다. 그 잔을 번쩍 들고 책상에 던져 박살을 내 버렸다. 산산조각난 잔의 파편을 들어 내 손목을 긁어 상처를 냈다. 팔에서 약간의 피가 떨어졌지만 더 이상 깊게 상처를 낼 만한 용기가 없었다.

아! 절망이여!

이 쓰디쓴 삶의 모순!

나는 자살조차 할 수가 없구나!

그러나 그 순간 깨달은 것은 나는 죽고 싶지 않다는 것이었다. 하나님께 살 수 있는 의지를 주시고 다시는 포기하지 않게 해 달라고 기도했다. 나는 다친 팔을 씻어내기 위해 화장실로 급히 갔다. 피묻은 휴지와 깨진 도자기 파편을 종이 봉투에 집어넣어 쓰레기통 깊은 곳에 감추었다. 그 다음 소매가 긴 웃옷을 입고 침대에 누웠는데 아주 깊은 잠에 들고 말았다.

다음날 잠에서 깨어났을 때도 여전히 비가 내리고 있었다. 나는 도나가 학교에 갈 때 우비를 입혀 주었다. 나 또한 옷을 차려입고 직장으로 향했다. 새로운 방문객들이 재활원 안으로 들어오자 유리창 저편에 있는 그들을 쳐다보면서 생각했다.

저 사람들이 내 영혼의 창문을 들여다보면서 무슨 생각을 할까라고….

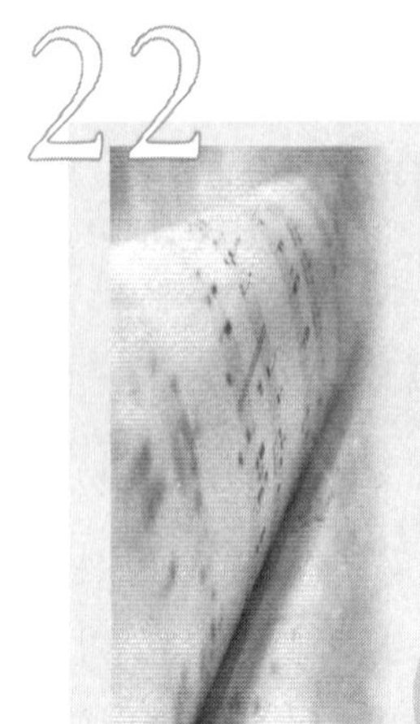

뒤돌아보지 않기

그 다음주에 짐 목사님을 만나 무슨 일이 일어났는지 말씀드렸다. 내가 느꼈던 자살 충동은 목사님 영역 밖의 일이라고 생각했는지 며칠 후 어떤 상담자를 만나볼 것을 제안했다.

목사님이 추천한 상담자는 동정심이 있는 사람처럼 보였지만 그의 사무실에 있는 직원들은 믿을 수 없을 정도로 무식하다 해도 과언이 아니었다. 상담 약속을 하기 전에 내가 최근에 느꼈던 위기에 대해 쓴 편지를 친구더러 그 사무실에 전해 달라고 부탁을 했다. 그렇게 함으로써 많은 시간을 절약하고 상담자는 사전 지식을 얻을 수 있으리라 생각했다. 나는 당연히 그 편지가 수신인에게 전달되고 그 사람만 읽었을 것이라고 생각했다.

상담이 다 끝나갈 무렵 직원들이 내 편지를 꺼내놓고 그것도 바로 내 앞에서 마치 나는 감정도 없는 사람이고 맹인이나 귀머거리인 것처럼 취급하면서 나의 상태를 토론했다. 물론 그들이 나만큼 비참한 상태에 있는 사람을 여태 만나본 적이 없었는지도 모른다. 그들은 나를 어떻게 대해야 할지 몰랐고 과연 내가 그 상담자가 하는 말을 이해했을지에 관해 크게 떠들어댔다. 나는 모욕감을 느끼고 분노했다. 그리고 너무나 당황한 나머지 당신들이 얼마나 잔인한 사람들인 줄 아느냐라는 반박조차 할 수 없었다.

그 후 나는 이렇게 기도했다.

"아버지, 나를 인간도 아닌 것처럼 취급한 저 사람들을 용서해 주세요. 제 힘으로는 도저히 저들을 용서할 수가 없어요. 저는 너무 화가 나고 속상하기 때문이에요!"

그 다음주에 목사님을 만나 무슨 일이 일어났는지 말씀드렸다.

"다시는 그 사무실에 가지 않을꺼에요!" 라고 하자 그 일은 내 잘못이 아니라고 목사님이 위로해 주었다.

다시 한 주 후에 목사님이 심방을 와서 성찬식을 해 주셨다. 노스다코타의 루터교 교회에서 성찬식에 참여했을 때는 어린아이였기 때문에 사실 이 성찬식이 내게 있어서 의미있는 첫 성찬식이었다. 간단하게 진행되어진 성찬식이었지만 성스럽고 아름다운 비밀처럼 여겨졌다. 포도주에 적셔진 한 조각의 빵을 먹으면서 그리스도의 몸을 생각했다(짐 목사님이 나를 위해 포도주와 빵을 따로 먹지 않고 한번에 먹을 수 있도록 고안한 간단한 방법대로). 하나님의 아들, 그분은 자신의 몸을 깨뜨리셨다. 그래서 나의 고통과 부서짐을 이해하실 수 있는 것이 아닌가.

이 깨달음은 너무나 오묘하여서 말로 다 형용할 수가 없었다. 어쨌든 내가 그 진리를 믿기에 포도주에 적신 작은 빵 한 조각을 먹자 내가 품고 있는 길고도 먼 꿈을 향해 전진하는 것에 새 힘을 얻었다는 확신이 들었다.

1978년의 긴 겨울이 끝나면서 봄비가 내리고 따뜻한 봄 햇살이 내렸지만 내 내면의 폭풍우는 아직도 걷히지 않고 있었다. 특히 내가 잠 못 이루는 밤이면 더 기세를 부렸다.

나는 마침내 노스시애틀의 레스에 신청서를 내놓고 기다리기 시작했다. 나의 머리는 바른 결정을 내렸다고 얘기하는 반면, 나의 가슴은 계속해서 아니라고 했다. 나는 시리지에 남아 영원히 도나를 보살펴 주고 싶었다. 만약 남는다면 나의 인생과 정신 건강이 어찌 될까 하는 두려움도 없지 않았지만 도나를 두고 떠나는 것은 너무 잔인한 일이 아닌가 하는 생각이 가시질 않았다.

도나는 그녀를 위해 대신 말해 줄 수 있는 대변인이 필요했고 추운 겨울 날 따뜻한 옷을 입고 학교에 가도록 살펴줄 수 있는 사람이 필요했다. 또한 그녀가 배고프지 않다고 생각할 때도 살살 달래어 밥 먹여 줄 수 있는 사람이 있어야 했으며 그녀가 피어나고 성장하는 것을 충분하게 지켜 보호해 줄 수 있는 그런 사람이 그녀 곁에 있어야만 했다.

그러나 내가 그녀를 위해 어떠한 일을 한다 해도 그녀의 상태가 조금도 나아지지 않는다는 것을 잘 알고 있었다. 그녀는 조그마한 목소리로 "나 좀 가만 놔둬. 내가 혼자 할테야!" 라는 말조차 못할 것이다. 어떤 질문에도 고갯짓으로라도 대답하지 못할 것이다.

수많은 시간, 도나의 큰 갈색 눈동자를 쳐다보며 무엇이라도 조금의 희망이 있을까 하고 찾아보았지만 도무지 어떤 희망도 보이질 않았다. 그녀가 할 수 있는 일이라고는 그저 침대에 누워 있거나 휠체어에 묶여 가만히 앉아 있는 것 뿐이었다. 도나는 킬킬거리고 웃거나, 침방울을 뱉거나, 머리를 흔들거나, 자기 팔을 두드리거나 하는 것 외에 할 수 있는 것이 없었다. 도나의 내면에 무엇이 갇혀 있든지 간에 그녀 또한 그 속에 갇혀 있었다.

내가 가진 재능을 그녀와 함께 나눌 수 있게 되길 얼마나 자주 원했던가. 비록 불완전해도 최소한 나는 사고할 수 있고 대화할 수 있고 계획을 세워 꿈을 추구할 수도 있지 않은가.

'도나에게 있어서 인생이란 어떤 것일까? 그녀는 자기가 존재하고 있다는 근

본적인 이치라도 깨닫고 있는 것일까?'

나는 그 대답을 전혀 얻을 수 없었고 아마 영원히 얻지 못할 것이다.

내 마음에 쓰라리게 자리잡고 있는 복잡한 의문들을 가지고 목사님을 만났다. 내가 도나를 버리고 가려는 것이 너무 나쁜 일이 아닌가 하는 생각 때문에 목사님과 얘기하는 동안 몇 번이고 울음을 터뜨리고 말았다. 목사님은 이 딱한 현실 상황을 외면하지 않은 채 내가 이미 깨닫고 있는 사실을 재확인시켜 주었다.

"지금부터 10년 후에도 도나는 아마 똑같은 침대에 누워 있거나 똑같은 휠체어에 앉아 있을 것입니다. 그러나 지금부터 10년 후 당신은 대학을 졸업해서 당신의 꿈대로 세상을 변화시킬 수 있는 어떤 작품을 쓰고 있을지도 모른단 말입니다."

목사님은 반복해서 내가 가진 꿈은 하나님께서 내 인생에 심어 놓으신 계획이라고 강조했다. 또한 하나님의 뜻을 행하는 것은 쉽지 않을 뿐 아니라 즐겁지 않을 수도 있다고 했다. 그러나 하나님의 뜻을 행하는 것은 언제나 선하고 바른 일이라고 상기시켜 주었다. 결국 진 목사님이 하나님의 뜻을 내신 선하고 있다고 믿은 나는 목사님의 뜻을 따르겠노라고 말씀드렸다.

그러던 어느 날 아침, 식사를 마치고 도나와 놀아준 후 무슨 할 일이 없을까 하고 고민하고 있는데 갑자기 어떤 생각이 떠올랐다 :

'왜 도나를 여태 세례를 받게 하지 않았지?'

내가 믿고 있는 한 도나는 하나님의 성스러운 은혜를 입은 그분의 딸이었고, 세례를 행함으로써 그녀를 예수님 사랑의 팔에 영원히 안겨 줄 수 있을 것이라고 생각했다.

물론 그녀가 세례를 받았다고 그녀가 필요할 때 우비를 입을 수 있는 보장이 되거나 토라져 있을 때 충분한 음식을 제공받을 수 있다는 보장을 의미하는 것은 아닐 것이다. 그러나 그녀는 하나님의 보호 아래 있고 그분을 의탁할 수 있게 될 것이다.

목사님에게 나의 의견을 말씀드리자 기쁜 표정을 지었다. 도나를 떠나보내는 또 다른 발자국을 내딛게 된 것이다. 목사님은 세례를 주기 위해 요양원측으로부터 어떤 허락을 받아야 하는지 걱정했다. 왜냐하면 도나는 특별 보호 감시 조치아래 놓여져 있었기 때문이다.

도나에게 세례를 줘도 좋다는 허락을 받은 후 목사님은 내가 다녔던 교단에서는 유아 세례를 행하지 않는다고 지적했다. 도나가 내 삶의 한 부분을 차지하기 전에도 나는 어떤 교파에서는 유아 세례를 주고 또 어떤 교파에서는 유아 세례를 주지 않는다는 것 따위를 생각해 본 적이 없었다. 그러나 이제 왜 많은 사람들이 하나님을 그런 식으로 제한하려 하는 것일까 하는 의문을 갖게 되었다. 분명히 위대하시며 동정심이 많으신 창조주께서는 도나에게 세례를 받게 하려는 나의 의도를 충분히 이해하실 만큼 포용력이 크신 데도 말이다.

도나가 세례를 받는 날 햇살은 따뜻하고 아름다웠다. 보조원은 도나에게 엷은 하늘색 드레스를 입혀 주었는데 마치 작은 천사같이 보였다. 세례식은 요양원 뒤뜰에서 거행되었다. 성찬대가 없어 아주 오래된 탁자에 꽃으로 장식해서 사용했고 또한 플라스틱 그릇에 물을 가득 받아 성수로 사용했다.

그리 거창하거나 화려하지 않은 성찬식이었지만 하나님의 임재하심을 느낄 수 있었고 무엇보다도 그 자리에 참석해 준 친구들로 인해 의미가 깊었다. 참석한 손님들 가운데 전에 보지 못했던 빨간 머리의 소녀가 있었다. 나는 마음 속으로 그녀를 위해 기도드렸다. 그녀는 똑똑해 보였다. 그녀가 명석해 보이는 것을 감사드리며 도나와 같이 그녀가 일생을 도나처럼 요양원에서 보내지 않게 하시며 그녀를 보호 축복해 주시길 간구했다.

목사님이 성부·성자·성령의 이름으로 세례식을 시작한다는 선포를 하는 바람에 기도를 그쳐야 했다. 만약 도나의 부모님이 계셨다면 그분들이 받아야 할 질문을 내가 대신 받게 되었다. 목사님은 간략하게 설교한 후 내게 몇 가지 확인을 했다. 내가 도나를 사랑함으로써 그녀에게 하나님의 사랑을 보여 주는 책임을 지겠다고 서약했고 나 자신도 그리스도 안에 있는 믿음의 사람이라는 것을 확인했다.

그러자 목사님은 주님께 도나를 지켜 보호하여 주시며 영생의 복을 주십사 하고 간구했다. 또 나에게 비록 도나와 멀리 떨어져 있다 하더라도 그녀가 세례받은 것을 기억하며 주님께서 그녀를 보호하시고 사랑하시고 있다는 믿음 위에 설 수 있겠느냐고 질문했다.

성찬식이 끝나자 우리 모두 그늘에 앉아 이야기를 나눴다. 목사님은 또다시 어떤 고통이나 기쁨이 내 삶에 닥쳐온다 할지라도 그것은 내가 생각했던 것보다 훨씬 멋지고 의미있는 것이 될거라고 다짐했다. 하나님께서는 내게 꿈을 주실 것이라고 했다. 내게 목표를 주시면 성취할 수 있는 능력도 주실 것이라고 했다.

우리가 대화하는 동안 도나는 지겨움을 참지 못해 마침내 침방울을 내뱉고 발을 구르기 시작했다. 그녀가 소동을 피우는 바람에 모든 대화는 중단되었고 다른 사람들의 주의를 끌게 되었다. 그녀가 짜증내기 시작하자 목사님은 도나를 방으로 안고 와 침대 위에 뉘어 주었다.

나는 요양원을 떠나겠다는 결단을 내렸다. 하지만 레스 환자촌에서 온 소식에 의하면 내가 처음에 확인했던 때보다 더 기다려야 할 것 같다는 것이다. 1년 이상을 기다려야 자리가 난다고 했다. 요양원을 떠나겠다는 결정을 내리기까지 얼마나 힘이 들었는데… 이 기다림은 끝이 없을 것 같았다.

몇 개월 후 어느 날, 10월의 가을이 요양원 뒤뜰을 감색, 빨간색, 노란색으로 물들이자 시간이 참 빨리 지나간다는 것을 깨달았다. 레스에 들어가는 것을 기다리는 동안 조금 오래된 꿈을 또 하나 시도해 봐야겠다고 결심했다. 목사님에게 루터교 교회 식의 견진성사(Confirmation : 교파마다 조금씩 내용이 다르나 대개 세례식 후 성도의 신앙을 확인하여 성찬식에 참여할 수 있는 자격을 부여하는 예식 – 역자)를 받기 원한다고 말씀드리자 그는 그 예식을 베푼다고 해서 나의 교파가 바꾸어지는 것이 아니고 또 그렇게 시킬 뜻도 없다고 했다. 그래서 나는 단지 내가 앤칼슨 학교에 다닐 때부터 그런 예식을 받고 싶었을 뿐이라고 말했다. 이제 요양원을 떠나 레스로 가 새 출발을 하려는 때에 멋진 시발점이 될 것 같았다. 신선한 출발을 하기 위해서 말이다.

나는 여전히 성적 희롱을 당했던 과거의 그 끔찍한 기억과 감정의 소용돌이에 얽매여 있었기에 이전 루터교 교회를 다니던 친구들 아무에게도 견진성사에 관해 말할 수 없었지만 그것은 비참한 과거에서 벗어나 첫 발자국을 내딛는 중요한 계기가 될 것 같았다. 만약 내가 루터교 교회와 영적 교감을 새롭게 시작하게 되면 아직도 나를 묶고 있는 그 수치심과 죄책감을 어느 정도 깨뜨릴 수 있을 것 같았다.

내게 있어서 "견진성사(堅振聖事)"는 두 가지의 복합적인 의미를 가졌다. 첫 번째는 그 예식이 공적으로 신앙의 새로운 출발을 상징하듯이 이제 만나게 될 새로운 친구들과 연합하게 할 것이다. 두 번째는 나만의 내면 세계가 새로워지길 소망하는 표시이다.

연세가 지긋하신 목사님이 인도하시는 견진성사 수업은 비교적 사람이 많았다. 아이올라가 나의 옆에 앉아 통역자가 되어 주었다. 그러던 어느 날 너무 피곤해 자꾸 의자 밑으로 몸이 미끄러져 내렸다. 수업 후 아이올라가 심각하게 묻기에 괜찮다고 우겨댔다. 하지만 그녀는 목소리만 들어도 내가 피곤하고 아프다는 것을 느낄 수 있다고 했다.

"밥이라고는 대충 아침만 먹고 밤새워 또 무엇을 했나 보구나?" 라고 그녀가 다그치자 나는 맞다고 고백할 수밖에 없었다.

아이올라는 급히 나를 요양원으로 데리고 와 잠을 청해 보라고 했다. 그리고 간호사에게 달려가 내가 많이 아프다고 보고했다. 나 스스로 오랫동안 컨디션이 별로 좋지 않다는 것을 잘 알고 있었기에 간호사에게 얘기해 봤자 별 소용이 없을 것 같았다. 더군다나 간호사는 의사한테 보고하고 그 의사는 내가 말하는 것에는 신경도 쓰지 않고 자기 맘대로 처방할 것이기 때문이다. 레스로 갈 때까지만 참고 있으면 그곳에는 내 말을 귀담아 들어 줄 사람이 있을 것 같았다.

아이올라에게 이런 상황을 설명하자 그녀는 금새 화가 나서 다른 의사에게 갈 수 없느냐고 물어 보았다. 다음날 아침 아이올라와 루스가 와서 병원에 가서 진찰을 받자고 했다. 아이올라가 내 속옷과 잠옷을 챙기고 있는 사이에 나는 당황해서 어쩔 줄 몰라했다.

루스는 나를 진정시키며 작은 목소리로 얘기했다. "가엾은 것, 꽤나 오랫동안 건강이 안 좋았구나. 네가 아무 탈이 없는 것처럼 행동하는 짓 다 알아. 하지만 그건 바보 같은 짓이야. 다른 의사도 많은데 왜 그랬어? 오늘 의사를 만나면 자세하게 말해. 알았어?"

나는 그들을 따라 나섰다. 의사는 간단한 진찰을 한 후 완전 휴식을 선포했다. 그리고 좀더 자세한 진찰을 나중에 하자고 했다. 나는 병원에 남아야 했다.

그러나 나는 싫다고 고집했다. 그리고 병실에 와서조차 침대를 기어 나와 도망가려는 시도를 세 번이나 했지만 그때마다 루스와 아이올라에게 붙잡히고 말았다. 시간이 지나자 나는 정신을 차리게 되었고 부끄럽게 행동한 것에 대해 사과를 했다. 루스와 아이올라는 나의 사과를 관대하게 받아주었다.

"이제 집에 가셔서 점심들을 드세요. 벌써 오후 3시인걸요. 제 걱정일랑 마세요. 착하게 굴게요!"라고 얘기하자 그들은 웃음을 터뜨렸다. 나를 꼭 포옹해 주면서 "이제서야 너다운 소리를 하는구나. 의사가 말한 것처럼 침대에 누워 휴식을 취하렴!" 하고 말했다.

그날 오후 의사는 정밀 검사를 한 후 나와 3시간이나 대화했다. 그 의사는 나와 같은 언어 장애인과 대화해 본 경험이 없었음에도 불구하고 내가 하는 말을 재빨리 알아들었다. 그는 정중한 사람이었으며 나를 존중해 주었다.

의사는 내가 복용하고 있던 약을 딴 것으로 바꿔야겠다고 했다. 먼젓번 의사는 내가 가슴이 아프다고 얘기했을 때 심장약을 주었지만 이번 의사는 심장에는 아무런 문제가 없다고 했다. 그의 진찰에 의하면 약간의 관절염과 더불어 스트레스성 피곤이 축적된 것이라고 했다. 오히려 가장 걱정되는 것은 나의 우울증인데 도대체 내 삶에 어떤 일이 일어나고 있느냐고 물어 보았다.

의사에게 크레스트뷰 재활원과 시리지 요양원에서 느끼는 절망감에 대해 얘기했다. 또한 노스시애틀의 환자촌으로 옮기는 것을 결정하기까지의 고충과 더불어 그곳에서는 더 좋은 치료와 배려 그리고 대학에 다닐 수 있는 기회를 가졌으면 한다고 말했다. 대학을 졸업한 후에는 나만의 세계와 꿈에 그리는 집을 갖고 싶으며 사회에 적응할 수 있게 되기를 원하고 있음을 밝혔다.

내 이야기를 다 들은 후, "당신같이 명석하고 활동적인 사람이 그런 상황에서 스트레스를 받는 것은 너무나 당연한 것 같소. 하지만 내가 보기에 당신은 벌써 그 상황에 어떻게 대처해야 할 지 잘 알고 있는 사람이요. 내 환자들 중 더 많은 사람들이 당신 정도만이라도 자기들의 삶을 책임질 수 있다면 얼마나 좋겠소!" 라고 말했다.

그리고 나서 매우 직접적인 질문을 하였다.

"캐롤린, 사람들이 당신의 말하는 것을 이해하려는 노력조차 하지 않을 때 당신은 어떻게 대처하오? 만약 내가 당신이라면 하고 싶은 말을 다 표현하지 못하면 미쳐 버릴텐데 말이오. 만약 당신이 말하고 싶은 모든 것을 좀 더 빨리 표현할 수 있다면 당신에게서 나올 것은 굉장한 것이 될거요!"

우리는 한참동안 얘기를 했다. 대화가 끝나자 그가 인내심을 갖고 나를 이해해 준 것에 대해 감사의 마음을 전했다. 그가 떠난 후 오후 내내 오랜만의 단잠을 잤다. 그의 동정심이 내게 새로운 희망과 평안을 안겨다 준 것이다.

다음날 아침 그 의사가 와서 말해 주길 레스에 연락해 나를 긴급 대기자 명단에 올려 놓았다고 했다. 자리가 나는 대로 가능한 빨리 들어갈 수 있는 조치를 취했던 것이다. 하지만 며칠 더 병원에 머무르면서 재충전을 하라고 했다. 그는 심지어 간호사에게 명령하여 내게 밥을 먹여 주라고 했다. 왜냐하면 내가 너무 약해져서 먹을 힘조차 없는 상태였기 때문이다.

의사가 떠나자 나는 침대에 누워 크리스마스가 되기 전에 레스에 들어가 새해를 그곳에서 맞을 수 있게 해 달라고 기도드렸다.

병원에서 퇴원한 지 며칠 안 된 12월의 어느 날 밤, 요양원으로 나이가 지긋하신 자원 봉사자 한 분이 나를 찾아 왔다. 도로시라는 이름의 이 할머니는 집에서 손수 만든 사과 소스를 몰래 가지고 들어와 내게 먹여 주었다. 그리고 소형 크리스마스 트리를 장식하여 내 책꽂이 위에 올려놓았다.

7년 전에 도나를 만났던 그 상황에서 조금도 변화가 없는 상태 -버려진 아이- 의 그녀를 떠나가야 한다는 것이 너무 가슴 아프다고 말하자 도로시 할머니는 더 이상 그런 식으로 생각하지 말라고 했다. "도나는 참 예쁜 아이야. 그 애가 주님 앞에서 얼마나 소중한 존재인줄 나도 알아. 하지만 네가 그 애를 위해 여기 남는다는 것은 너 자신을 속이는 것일꺼야. 네가 여기서 오랫동안 살 것을 생각하면 꼭 죽을 것 같았다고 얘기하지 않았니? 이제는 가야 할 때가 된거야. 작가가 되겠다는 꿈을 이루어야지. 대학에 복학해라. 언젠가는 너의 글이 도나나 이런 요양원에서 살아야만 하는 다른 사람들에게 큰 힘이 될꺼야. 물론 쉽지는 않겠지. 하지만 캐롤린, 네가 노력만 한다면 너는 분명히 네 꿈을 이룰 수 있을거야. 네가 도나에게 너의 삶을 바친다 해도 그 애는 아무 진전 없이 똑같을거야!"

며칠 후 나는 기도 응답을 받았다. 1979년 1월 2일에 레스에 들어갈 수 있다는 연락을 받게 되었던 것이다. 주님께서는 새해 새 출발이라는 복을 허락하셨다.

루스와 아이올라, 도로시와 함께 방을 정리했다 -15년 동안이나 쌓여져 있었던 나의 가재 도구들- 루스가 내게 15년이라는 기간을 상기시켜 주었을 때 새삼 깜짝 놀랐다. 그렇게 긴 세월을 이곳에서 보냈구나 생각하면서 잡동사니들을 버리고 꼭 필요한 것들만 정리했다. 부원장이 우리가 짐 싸고 있는 것을 점검했다. 그런데 그 광경이 그녀에게 그녀의 아이들이 대학을 가기 위해 집을 떠나던 모습을 연상케 한다고 했다. 얼마나 적절한 비교인가! 내 인생의 절반 동안 시리지는 나의 집이었다. 이곳에서 기쁨, 성취, 고통, 그리고 좌절을 맛보았다. 방마다 복도마다 추억이 배어 있었다.

도나는 크리스마스 휴가로 학교에 가지 않고 요양원에 있어서 그랬는지 그날따라 우리가 짐 싸고 있는 동안 심술이 나 있었다. 내가 떠난다는 것을 알고 있는 것일까?

'어떻게 하면 아직도 내가 그녀를 사랑하고 있다는 마음을 전할 수가 있을까? 내가 떠나는 것도 사랑하는 마음의 표시라고? 하나님께서 너를 지켜주실 거라고?'

도저히 무슨 말을 해야 할 지 몰랐다.

새해 둘째날, 아침 일찍 일어나 도나를 보호해 줄 천사를 보내 달라고 기도드렸다. 평소와 다름없이 나는 보조원이 도나에게 옷 입히는 것을 도와주었다. 지난 7년 간의 삶이 마치 한 직공(織工)이 직조기에서 나와 도나를 서로 엮어 짠 것같이 여겨졌다. 하지만 이제 난 떠나가야 하는 시점에 놓여 있고 이제는 다시 깁고 잇기가 불가능한 찢어진 천 조각처럼 되는 것이 아닌가라는 생각이 들어 가슴이 찢어질 것 같았다.

도나와 차를 타는 곳까지 같이 가 버스를 기다리는 동안 마지막 작별을 해야 된다고 생각하니 자꾸만 눈물이 나오려 했지만 억지로 참았다. 그녀가 방에 돌아올 때쯤이면 나는 이미 가고 없을 텐데….

담요를 접고 옷을 차려입은 후 방을 둘러보니 마치 황야같이 메마르고 쓸쓸해 보였다. 아이올라와 도로시가 복도로 걸어오는 소리가 들려왔다. "잘 잤어요, 아가씨? 모든 준비가 된 것 같네!" 나를 안심시키려 포옹을 하면서 도로시가 말했다.

내 생애에 베풀어 주신 하나님의 기적이 새로운 시작과 함께 계속될 수 있도록 같이 기도드렸다. "주님, 그동안 요양원에서 있었던 모든 일들로 인하여 감사드립니다. 이제 레스 환자촌으로 들어가려고 합니다. 그곳에서 새로운 삶을 시작할 때 모든 이들과 더불어 잘 살 수 있도록 도와주세요!"

우리가 시리지를 떠날 때쯤 매서운 겨울 폭풍우가 내리치고 있었다. 나는 결코 뒤돌아보지 않겠노라고 결심했다. 왜냐하면 난 울지 않을 것이니까.

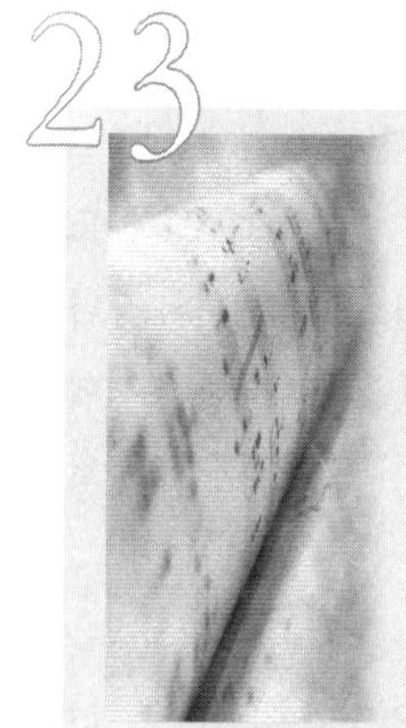

레스 환자촌

폭풍우가 너무 세게 내리치는 바람에 자동 세차기 속에 들어와 있는 기분이었다. 라디오 일기예보에 의하면 호수를 연결하는 워싱턴 다리가 차단될 지 모른다고 했다. 나와 동행하는 친구들이 집까지 무사히 돌아갈 수 있을 지 걱정이 되었다. 내가 아이올라의 손을 꼭 잡자 그녀는 아무 말도 하지 않은 채 빙그레 웃기만 했다.

지난 수년 간 내 안에 존재해 왔던 폭풍우를 생각하면서 과연 이제는 그 폭풍우가 평온해졌는지를 생각해 보았다. 창 밖의 비가 차덮개를 내리칠 때마다 외할머니가 돌아가셨던 그날의 폭우가 연상되었다.

간호사 한 사람이 레스(The Res) 환자촌 앞에서 문을 활짝 연 채 우리를 맞이했다. 그녀는 "어서 들어오세요. 비가 억수같이 쏟아지는군요!" 라고 했다. 아이올라가 내 잠바를 벗기고 옷매무새를 봐 주는 동안 간호사가 얘기했다.

"캐롤린, 당신에 대해 많은 소문을 들었어요. 당신은 이 레스의 큰 재목이 될 거예요!"

나는 뭐라고 대답해야 할 지 몰랐다. 내가 다른 사람들을 위한 재목이 된다고? 내가 이곳에 온 것은 단지 대학에 다닐 수 있는 다른 선택의 길이 없어서였는데….

간호사는 관리과에 전화해 내 짐을 실어다 주라고 부탁했다. 조금 후에 나는 일라메이와 함께 쓸 내 방으로 향했다. 그녀는 지금 레스의 작업실에서 근무 중이었기 때문에 나중에야 만나게 될 것이다. 그러나 방에 들어서자 이미 그녀의 체취를 느낄 수가 있었다. 침대에 놓여져 있는 그녀의 오래된 수예품들과 책상 위의 책과 종이 그리고 벽에 걸려져 있는 그림과 사진들 모두 그녀의 일부였다.

옷 정리를 거의 다 마치고 공식적인 입주 과정이 끝났다고 생각하자 아이올라, 루스, 도로시는 집으로 향했다. 그들이 떠나자마자 나는 나의 당나귀 인형을 침대 위에 던져놓은 채 깊은 잠에 빠졌다. 낮 동안에 레스에서 벌어지는 소란에도 아랑곳하지 않았다. 나는 어떤 새로운 장소에 가기만 하면 치음 며칠 동안은 잠을 못 자는 것이 특징인데 이상하게도 레스에서는 늘어지게 잘 수 있었다. 내가 잠을 자고 있는지 아니면 깨어 있는지 분간이 안 갈 정도로 계속 졸음이 쏟아졌지만 마침내는 정신을 차리게 되었다.

귀에 익은 일라메이의 휠체어 소리가 복도에서 윙윙거리며 들려올 때 잠에서 깨어났다(모든 휠체어는 그 특유의 소리를 갖고 있다). 얼른 발 밑에 있던 상자들을 치웠다. 그녀를 보자 소리치며 달려가 꼭 껴안았다.

"너랑 여기서 같이 살 수 있다니 꿈만 같다!" 라고 그녀가 말했다.

일라메이에게 아마 몇 분 졸았나보다고 말했다. 그때 마침 간호사가 들어와 나를 보고 웃으며 얘기했다. "음! 잠꾸러기가 일어나셨군요. 내 이름은 마지예요. 체온을 재려고 3번이나 왔었는데 그때마다 자고 있어서 깨울 수 없었어요. 일라메이를 화장실에 데려다 주고 와서 당신의 체온을 잴게요. 새로운 환자가 올 때마다 그들이 살아 있는지를 확인하는 것이 저의 일이거든요!"

그녀에게 배고픈 것이 살아 있다는 것을 의미하는 거냐고 물어 보았다. 만약 그렇다면 나는 분명히 살아 있었기 때문이다. 간호사는 금새 나의 체온을 쟀다. 그때 옛 친구들과 새로운 친구들이 나를 환영하려는 듯 몰려들어 왔다. 장애인이라는 점에서 그리고 같은 목표를 갖고 있다는 점에서 내가 아주 다양한 사람들이 모여 사는 공동체의 일원이 되었다는 것을 순간 깨달았다.

그들 중에는 작가도 있고 예술가와 정치가도 있었다. 어떤 사람은 교회를 다니는 반면 어떤 사람은 무신론자였다. 결혼한 사람도 있었고 미혼인 사람도 있었으며 심지어 동성연애자도 있었다. 어떤 사람은 조용하고 어떤 사람은 심하게 몸을 흔들어댔다. 부모에게 자기의 인생을 의지하는 사람이 있는 반면 자기 자신의 독립을 위해 부단히 애쓰는 사람도 있었다. 그리고 세상의 풍조에 따라 사는 사람이 있는가 하면 관습을 깨뜨리며 새로운 것을 추구하려는 사람도 있었다.

각기 특색 있는 다양성을 가진 이 공동체는 마치 훌륭한 인간 모자이크 같았다. 일라메이와 내가 식당으로 향할 때 장애인들은 모두 똑같은 것을 원한다라는 일반적으로 통용되는 가정이 틀렸다고 생각되었다.

식당으로 들어가는 길이 너무 복잡해 우리는 잠시 복도 옆에 휠체어를 대기시켜야 했다. 기다리는 동안 나는 난간을 잡고 스피커에서 신나게 나오는 음악 소리에 맞춰 몸을 흔들었다. 일라메이는 그저 우리의 오랜 우정의 표시로 눈동자만 굴리고 있었다.

그때 누군가가 복도 저쪽 끝에서 고함을 치는 바람에 나는 소스라쳐 넘어지고 말았다. 휠체어에 앉으면서 나의 자세를 바로 세우려 할 때 어떤 남자의 천둥 같은 목소리가 들려왔다.

"저렇게 춤을 추는 여자가 도대체 누구야?"

일라메이는 웃음을 터뜨리고 말았다. 그 사람이 다가오자 그녀는 나를 소개시켜 주었다.

"존, 이쪽은 캐롤린이에요. 내가 생각하기에 당신 두 사람은 천적(天敵)이 될 것 같은데요. 왜냐하면 둘 다 제정신이 아니잖아요!"

존이 자신은 나처럼 정신나간 사람은 아니라고 했다.

"나는 최소한 시민다운 예의를 갖추고 서 있었지만 당신은 정신병자 마냥 날뛰고 있었잖아!"

그 사람이 장난이 심한지 어떤지는 잘 모르겠지만 아주 명랑한 사람이라는 것은 알 수 있었다. 그는 60대쯤 되어 보였지만 아직도 자기에게 할당된 쿠키보다 더 많이 먹으려고 여기저기 기웃거리는 소년 같은 짓궂음이 얼굴에 가득한 사람이었다. 흰머리가 술을 달아놓은 모양처럼 귀쪽으로 조금 났을 뿐 머리 중앙은 무슨 유리 공처럼 반짝반짝 윤이 나고 있었다.

그는 사업가였고 가족과 함께 레스 옆에 있는 교회를 다니고 있있으며 여기 레스를 매일 늘락거리면서 환자들을 위한 특별 선교 사업을 하고 있었다. 그는 떠나기 전 자기 선교팀이 하는 예배에 한번 와 달라고 했다.

식당에서 음식을 기다리는 동안 일라메이에게 존에 대해 여러 가지를 물어 보았다. 그가 순수한 사람인지? 우리들로부터 진심으로 원하는 것이 무엇인지? 자기 자신이 정상인이라는 미안함 때문에 이런 일을 하는 것은 아닌지? 따위의 것을 물어 보았다. 스스로 기독교인이라고 자처하지만 그의 얼굴을 봐서는 확신할 수 없었기 때문이다.

일라메이는 나의 혹평을 듣고 깜짝 놀라는 것 같았다. "넌 모든 사람을 다 믿었잖아. 근데 지금 네가 하는 말은 존을 무슨 범죄자인 것처럼 얘기하는 것 같다." 라고 했다.

그녀에게 시리지에서 만났던 무늬만 기독교인들에 대해 얘기해 주었다. 특히 내가 속옷만 입고 있을 때 내 방에 들어와서 나의 글을 훔쳐 갔던 그 남자도 기독교인이었다는 것을 말해 주었다. 자기를 기독교인이라고 소개하는 사람을 믿을 수 있게 될 때까지는 나 자신을 지키지 않으면 안 된다고 강조했다. 그녀는 나를 이해하는 듯 빙그레 웃고만 있었다.

저녁은 맛있고 유쾌했다. 보조원은 우유를 2번이나 갖다주었다. 가장 기분이 좋았던 것은 자기 음식을 누가 훔쳐가지 않을까 해서 동물처럼 경계하며 먹지 않아도 된다는 것이었다. 요양원에서는 몸이 날쌘 지체장애인들에게 몇 번 음식을 뺏긴 적이 있었다. 식사 시간이 너무나 여유 있고 스트레스를 받지 않아도 되었기 때문에 만약 내가 이렇게 정중하고 예절 바른 생활에 익숙해지면 요구할 것이 끝이 없을 것 같다고 얘기하자 옆에 있던 사람들이 박장대소를 했다. 일라메이는 미소를 지으며 "네가 문화인이 된다고? 글쎄 두고볼 일인데…."

주식이 끝나고 후식까지 먹자 내 위장은 음식으로 가득 찬 포만감으로 행복했고 내 가슴은 새 친구들과의 우정으로 따뜻해 졌다.

저녁 식사 후에 짐을 풀 일이 태산 같았다. 그때 젊은 남녀 두 사람이 내 방을 찾아왔다. 짐 푸는 것을 도와주려고 왔던 것이다. 그들의 이름은 톰과 메리였고 둘 다 학생이었는데 루터교 성경학교에 다니면서 성경 번역가가 되려는 꿈을 키우고 있었다. 성경학교 교수님으로 계신 짐 목사님의 아버지로부터 나에 대해 많은 얘기를 들었노라고 메리가 말했다. 그들은 레스 근처에 있는 쇼라인 루터교 베델교회를 나가 보라고 권해 주었다.

나는 루터교 교회의 세계가 이렇게 좁은 것에 깜짝 놀랐다. 메리는 킬킬거리면서, "그럼요 우리는 당신의 모든 것을 알고 있다구요!" 라고 말했다.

나는 투덜거리면서 머리를 흔들어댔다.

"세상에, 이곳에 오자마자 악명이 높아졌구만!"

그러나 톰과 메리가 내게 보여준 관심에 내심 감사하고 있었다. 그들은 특히 내가 레스에서 하고 싶은 일이 무엇인지 알고 싶어 했다. 그들은 내가 미래를 위해 꿈을 품고 있다는 것은 당연한 것이라고 했다.

메리에게 나의 목표에 대해 얘기하고 있는 동안 톰은 나의 녹색 책상을 질질 끌고 들어와 그 위에 타자기를 올려 놓았다. 여기저기 긁힌 자국이 난 오래된 책상이라 꼴이 말이 아니었다. 메리가 어안이 벙벙해 그 책상이 쓸 만하겠냐고 물어오자 "그 책상은 나의 분신이에요. 이런 곳에 어울리지 않는 것같이 보여도 꽤 쓸만하다구요!" 라고 대답했다. 그러자 우리 모두 오랜 친구들이 된 양 한바탕 크게 웃었다.

취침 시간이 되어서야 일라메이와 나만의 조용한 시간을 가질 수 있었다. 그녀는 다시 한번 내가 레스에 온 것을 환영했다.

"캐롤린, 너와 살게 되서 너무 기뻐!"

그리고 솔직하게 자기 생각을 이야기했다.

"사실 이곳이라고 해서 문세가 없는 것은 아니야. 우리가 소원하던 바로 그런 곳은 아니지만 옛날에 살던 곳에 비하면 천국이지!"

침대로 올라가기 전 창 밖을 보려고 커튼을 약간 열었다. 은색의 달빛이 어둑어둑한 하늘 사이에 흩어져 있는 구름 속을 뚫고 은은하게 흔들리고 있었다. 폭풍우가 지나간 후라 날씨가 춥고 쌀쌀해질 것 같았다.

오늘 아침 시리지를 떠났는데도 마치 수억만리를 여행한 것 같은 기분이 들었다.

24

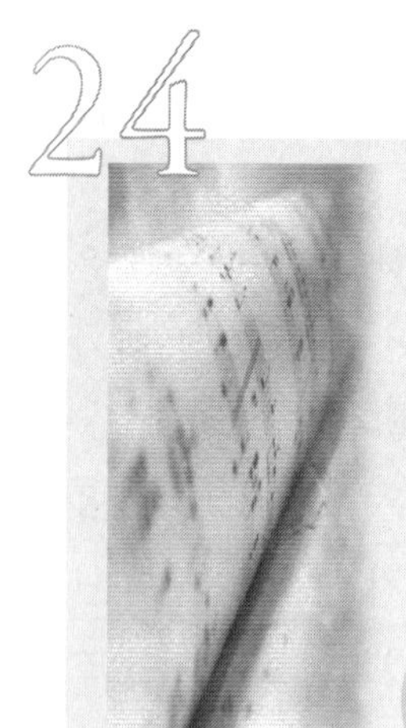

며칠 후 장난기가 많은 어떤 개구쟁이가
"조심 이 여자는 위험함" 이라고 스인 종이를
내 방문에다 붙여 놓았다.

위험한 소머즈

어느덧 견진성사를 받는 주일이 왔다. 그날 날씨는 맑았지만 쌀쌀한 주일이었다. 교회로 향하려고 옷을 차려 입을 때 앤칼슨 학교에서 보냈던 날들이 떠올랐다. 그후 거의 20년이란 세월이 흐른 지금에서야 영적인 소생을 할 수 있게 되었다는 것을 깨달았다. 고통스럽고 아팠던 그 도피가 끝나면서, 부끄러웠던 과거를 박찬 채 새로운 영적 항해를 위해 전진해 가는 나의 모습이 스스로 대견스럽게 여겨졌다.

햇살이 천장을 통해 베델교회 제단 위로 내리쬐면서 그날 견진성사를 받으려고 서 있던 우리들을 감싸 주었다. 그 장면은 마치 하나님의 놀라운 은혜가 우리 위에 임하는 것을 상징하는 것 같았다. 그날 나를 교회까지 데려다 주려고 아이올라는 사우스시애틀로부터 올라왔다. 그녀는 라슨 목사님이 내게 여러 가지 엄숙한 질문을 할 것을 알고 도와주기 위해 내 옆에 서 있었다.

"당신은 성부 하나님과 성자 예수님 그리고 성령님을 믿습니까?"

"당신은 사탄과 그가 하는 모든 악한 일을 부인합니까?"

"당신은 교회와 교회가 하는 일을 믿습니까?"

모든 질문에 아이올라와 나는 "예, 하나님의 은혜로 믿습니다." 라고 대답했다.

그리고 나서 목사님은 고개 숙인 한 사람 한 사람마다 머리에 손을 얹고 기도해 주었다. "하나님 아버지, 캐롤린에게 성령을 선물로 주시고 그녀의 믿음을 더하여 주소서. 그녀의 삶을 인도하여 주시고 힘을 더하여 주소서. 고통을 당할 때 인내할 수 있게 하시고 영생을 맛보도록 축복하여 주소서!"

주님의 무한한 사랑과 용서의 약속에 비하면 내가 서원한 것은 너무나 보잘것없는 것이 아닌가 하는 생각이 들었지만 나는 그 서원을 꼭 지킬 것이라고 다짐했다. 비록 내가 우울하고 화가 났을 때에라도 하나님을 기쁘시게 해드리려는 나의 속마음을 그분이 다 알고 계실 것을 생각하니 마음이 날아갈 것같이 기뻤다.

견진성시가 끝닌 후 성도의 교세 시간이 뇌자 많은 사람들이 와서 아는 척하며 안아 주었다. 라슨 목사님은 교회 사람들이 내 얘기만 하고 있다고 놀렸다.

"캐롤린은 꿈이 많고 그 꿈을 성취하기 위해선 겁나는 것이 없는 여자라고 소문이 났던데요!" 라고 아이올라에게 웃으면서 말했다.

"나는 그녀에게 레스에서 선구자가 되라고 격려해 주었는데 사람들이 그녀의 기상을 쫓으려고 벌써부터 야단인 것 같군요!"

목사님이 하는 말을 듣자 기분이 좋았다. 그리고 견진성사 받기를 참 잘했다는 생각을 하면서 집으로 돌아왔다. 미래에 어떠한 험산준령이 닥쳐온다 해도 나는 꼭 정상에 오르리라고 결심하면서….

도나가 생각날 때마다 가슴이 저려왔다. 식사 시간만 되면 도나가 턱받이를 하고 밥을 먹는지, 보조원이 그녀에게 충분한 양의 음식을 주는지 걱정되었다. 15년이란 세월을 요양원에서 보내다가 이제 이렇게 새로운 영역을 찾아온 나로서는 모든 것이 불안하기 짝이 없었다. 그래서 쇼라인지방 대학에 입학하기 전까지 뭔가 의미 있는 일을 해야겠다고 결심했다.

나는 전기 휠체어를 사는데 필요한 서류 작성을 하기 위해 물리 치료사와 상담하는 일부터 시작했다. 그 이유는 대학 캠퍼스를 돌아다니기 위해서 전기 휠체어가 필요했고 또 그 휠체어를 얻기 위해서는 알래스카 주의 승인을 받아야 하는 복잡한 과정을 거쳐야 했기 때문이었다. 나는 전기 휠체어를 학교에서만 사용할 예정이라고 이야기했다. 왜냐하면 하루 종일 휠체어에 앉아 있다가 그나마 있는 근육까지 쇠약하게 하고 싶지 않았기 때문이었다.

레스에서의 처음 몇 달 동안은 아침마다 운동한다는 목적으로 보행기를 집고 물리 치료실까지 걸어갔다가 다시 내 방으로 돌아오는 일을 했다. 어떤 간호사들은 이런 나의 모습을 보고 "뒤뚱거리는 캐롤린이 온다." 라고 놀려댔다.

몇 개월 후에는 점점 더 많은 원생들이 휠체어를 필요로 했기 때문에 내 일상 생활에 약간의 변화가 왔다. 대부분의 원생들은 자기들이 사용하는 휠체어가 사람을 치면 그 사람이 날아 가리라는 것을 알고 있는 안전 운전자였다. 그러나 안타깝게도 그 중의 대다수가 근육을 잘 조정하지 못하기 때문에 복잡한 복도 같은 곳에서 위험한 상황을 초래할 수 있는 가능성이 많았다. 어떤 무심한 운전자들은 나와 같이 걸어다닐 수 있는 사람이 휠체어에 치어도 성자같이 참아줄 거라고 생각한 모양이었다. 가장 화나게 하는 사람은 뒤도 돌아보지 않은 채 도망가는 뺑소니 운전사였다.

돈은 어린 소년 같은 사람이었다. 책상시계가 똑딱거리며 돌아가는 것을 지켜보기 위해 몇 시간이고 의자에 앉아 있을 수 있는 그런 사람이었다. 이런 그가 전기 휠체어를 구입해 사용하는 일은 쉬운 일이 아니었다. 자기가 운전하면서도 어디로 향하고 있다는 것조차 분간하지 못했기 때문이다. 한마디로 방향 감각이 없었다. 그가 나를 넘어뜨릴 수밖에 없는 상황이 되면 미안해서 어쩔 줄 모르고 눈물까지 찔끔찔끔 흘리곤 했다. 결국 나는 돈과 다른 사람들을 위해 치료실까지 가는 도보 여행을 중단해야만 했다.

봄 학기가 시작하기 전까지 나는 또 레스 환자촌에서 자원 봉사로 조교 활동을 하였다. 어느 날 오후 언어 치료사가 캐논 발신기라고 부르는 새로운 장치를 갖고 있는 것을 보게 되었다. 트랜지스터 라디오 정도의 크기인 이 기계는 아주 얇은 종이 테이프가 한쪽 끝에 약간 나와 있는 사각형 자판기가 붙어 있었다. 어떤 글자나 단어도 자판기를 치기만 하면 종이에 인쇄되어 나올 수 있게끔 고안된 장치였다. 복잡한 메시지만 아니라면 어떤 것이든 이 작은 타자기 위에서 전달이 될 수 있었다.

얼마나 멋진 기계인가! 드디어 나의 꿈이 현실화 될 수 있는 순간이 찾아왔던 것이다. 이젠 디 이상 알파벳 보드를 가지고 다닐 필요도 없으며 내 말을 이해하는 사람을 통역관으로 데리고 다닐 필요가 없게 되었다.

내가 말하려는 뜻을 그대로 전달하는 것은 참으로 힘든 일이었다. 나의 J 발음과 S 발음 그리고 Z 발음이 모두 Y 발음으로 난다는 것을 잘 아는 사람들조차 나와 대화하는 것은 쉬운 일이 아니었다 - 그 사람들은 내가 나의 손을 등뒤로 갖다대면 그것이 과거 시제를 의미한다는 것과 다섯 손가락을 짝 펴면 복수 명사를 의미한다는 것까지 알고 있던 사람들이다. 사실 내게 있어 과거 시제와 복수를 얘기하는 것은 거의 불가능했다.

그때까지 나는 세 살배기 아이가 사용할 수 있는 그런 수준의 말을 만들어 쓰고 있었다. 이 발명은 시간과 에너지를 절약할 수 있는 장점이 있었지만 나의 자존심을 모두 버려야 하는 그런 모험을 요구했다. 예를 들면 "나 지금 식당에 갈거예요" 라고 말하는 대신 "나 식당"이라고 말하는 것이었다. 근본적인 나의 뜻은 전달이 됐을지라도 때때로 듣는 사람들이 저 여자 뭔가 좀 모자란 것 아니야 하는 인상을 갖게끔 했다.

캐논 발신기가 있는 이상 이젠 무슨 말이라도 다 표현할 수 있게 되었다. 더 이상 마음속으로 "이 말을 표현할 수 있을까?" 라고 걱정하며 말할 필요가 없게 될 것 같았다. 그전까지는 무슨 말을 입 밖으로 내기 전에 발음을 먼저 생각하고 어떻게 하면 정확한 소리를 낼 수 있을지 고심하곤 했다. 나는 또한 음절의 변형과 시제, 혀의 위치까지 고려하면서 한 문장 한 문장이 정확하게 전달되도록 시도했지만 어떤 발음은 소리내기가 불가능하여서 아예 쓰지 않거나 간단한 방법으로 동의어를 찾아 발음하곤 했다. 그런데 이 새로운 발신기가 나의 이런 참담했던 상황을 변화시켜줄 구세주가 될 참이었다.

언어 치료사는 나보고 그녀의 발신기를 한번 사용해 보라고 했다. 자판기는 약간 작은 감이 있었고 글자가 찍혀지는 것을 보니 무슨 외국어같이 보였다. 타자기 자판기에 익숙해 있던 나로서는 발신기에 딸려있는 자판을 사용할 때마다 철자를 다시 한번 확인해야만 했다.

그래도 이 기계를 잘만 사용하면 큰 도움이 될 것 같았다. 나는 곧 내가 하고 싶은 말을 자판기에 쳐서 인쇄한 종이를 언어 치료사에게 주었다. 그녀는 "약간의 어려움이 있지만 해결할 수 있을 것 같아요. 학교에 다닐 때쯤이면 내 무릎에 붙여 놓고 쉽게 사용할 수 있을 거예요!" 라고 크게 읽을 수 있었다. 그녀는 당장 캐논 발신기 하나를 주문해 주었으나 그것이 도착하는데는 꽤 시간이 걸렸다.

사회 보장 연금 제도를 통해 숙박비를 해결할 수 있었고 매달 25불씩 별

도로 용돈도 받는 혜택을 받고 있었지만 대학에 입학할 만큼의 큰돈은 없었다. 그때 마침 셜리 언니가 내 입학금을 대 주겠다고 나섰다.

쇼라인지방대학에서 며칠 동안 수업을 받으며 공부하는 것이 쉽지 않겠다는 것을 알게 되었다. 레스에서 2명의 남자가 함께 등록을 했는데 그들은 나와 어울리려 하지 않는 눈치였다. 우리들의 등하교와 점심 시간에 이것저것 도와주는 보조원과 얘기하는 것 외에는 하루 종일 휠체어에 앉아 알파벳 보드를 두드리며 캠퍼스 여기저기를 방황하는 것이 나의 일과였다.

내 담당 사회 봉사 요원은 내 힘에 부치지 않을 만큼의 과목을 택해 들어 보라고 했다. 그는 또한 미리미리 필수 과목이 어떤 것인지도 알아 보라고 했다. 만약 작문 숙제가 많은 과목을 하나 택했을 때 다른 한 과목은 읽기만 해도 되는 그런 과목을 들어 보라는 충고도 했다. 미술사같이 숙제가 없는 과목을 택하면 한 학기에 두세 과목을 충분히 소화해 낼 수 있다는 것이 그의 생각이었다.

그러나 불행하게도 내 스케줄대로 공부하기에는 너무 시간의 여유가 없었다. 첫 학기 동안에는 강의실에 박혀 꼼짝 못한 처지였기 때문이다. 이침 일찍 우리를 강의실까지 내워다 주는 버스가 오후 늦게야 우리를 데리러 오는 형편이었으니 비록 두 과목만 수강한다 해도 하루 종일 학교에 남아 있어야 했다. 그날 배운 것을 복습할 수는 있지만 타자기가 없으니 숙제할 길이 없는 딱한 형편이었다.

매일 저녁 레스에 도착하면 방으로 급히 가서 숙제를 시작하려고 정신이 없었다. 하지만 그 시간쯤이면 몸이 지칠 대로 지쳐 있었고 조그만 일에도 신경이 날카로워져 폭발하기 십상이었다. 일라메이가 무엇이 필요해 말만 걸어도 신경질을 부렸다. 이런 식으로 심술쟁이가 될 의도는 없었는데 나는 그렇게 되어가고 있었다. 밤만 되면 내가 했던 말과 행동 때문에 울다가 잠이 들곤 했다.

또 어떤 날은 하찮은 일에 시간을 다 뺏겼다. 물리 치료사가 전화로 관절염기가 있는 나의 엉덩이에다 뜨거운 찜질을 해야 하니 치료실까지 오라든가, 어떤 직원이 나한테 할말이 있다든지 해서 시간을 뺏겼다. 모든 것이 레스의 시간표에 따라 움직여지지 않으면 안 되는 형편이었다. 결국 내가 숙제를 하려고 책상에 앉을 때는 저녁 7시 이후라야 가능했다.

이런 상황에서 휴학을 할까 하는 생각도 많이 했지만 나의 꿈을 버릴 만한 용기가 없었다. 내가 도중하차 하려는 것을 알고 언제나 전화로 나를 위로해 주는 두 사람이 있었는데 아이올라와 엘리자베스 언니였다. 아이올라는 확고하면서도 재치있게 나를 격려했다.

"가엾은 것, 네가 힘들고 지쳐 있는 것 다 알아. 하지만 결코 쉽지 않을 거라고 내가 얘기 했었잖아. 참고 견디면 반드시 승리할거야!"

그녀는 내가 포기해야겠다고 생각할 때면 꼭 전화해서 이런 식으로 나의 감정을 북돋아 주는 역할을 했다.

"캐롤린, 학교 그만두는 것 아니지? 내가 무슨 말을 하려는지 잘 알텐데. 내가 자꾸 잔소리 안 해도 되겠지?" 라고 말하면 나는 꼼짝없이 그런 생각을 포기해야 했다.

얼마 되지 않아 레스에서 몇 명의 학생이 더 등록을 했다. 이렇게 해서 쇼라인대학을 들락거리는 하나의 무리가 형성되었다. 우리들 중 대다수에게 대학을 다닌다는 것은 무엇보다도 독립을 의미하는 것이었다. 그 중의 어떤 사람들은 숙제할 수 있는 여건이 안 되어서 단지 청강만 하기도 했다.

주문한 오렌지색 전기 휠체어와 캐논 발신기가 도착하자 나는 전에 누리지 못했던 자유를 마음껏 누릴 수 있게 되었다. 발신기를 갖고 다니면서 실로 새로운 세계를 즐길 수 있게 되었다. 어떤 때는 단지 복잡하고 어려운 단어를 쓰는데 사용했고 또 어떤 때는 나의 생각을 표현하는데 쓰기도 했다. 그러면서 친구들에게 말하기를 아마 나같이 재충전이 가능한 입을 가진 사람은 없을 거라고 했다.

밤마다 나의 전기 다리와 전기 입을 충전시키기만 하면 그 다음날 못할 일이라곤 아무것도 없게 되었다 - 혼자 도서실에 가서 책을 반납하고 수강 신청하는 것도 가능했다(교무과 직원은 내가 원하는 것이 무엇인지 알고 있었기에 나를 위해 수강 신청서를 대신 써 줬다). 어쨌든 쇼핑도 혼자 할 수 있게 되었다.

어떤 날은 우리 레스의 학생들이 시장을 보러 무리를 지어 나갔다. 나는 선반 꼭대기 위에 있던 쨈 한 통을 사고 싶었기에 얼른 그것을 발신기에 쳐서 어떤 손님에게 좀 내려 달라고 부탁했다. 그 손님에게 감사하다고 인사하고 뒤돌아서니 기분이 하늘 위로 날아갈 것 같았다. 내게 불가능이 없어진 것이다. 이것이 꿈인지 생시인지 구분이 안가 내 살을 꼬집어 보기도 했다.

기분이 좋아 마음속으로 춤을 추며 옆쪽 통로를 신나게 달려가고 있는데 갑자기 날카로운 비명 소리가 들리면서 나의 기분을 망쳐 놓았다. 나는 거의 휠체어에서 떨어질 뻔했다.

"저 여자를 조심해. 위험한 여자인시도 몰라!" 라고 내 뒤에 있던 아줌마가 소리쳤다. 나는 본능적으로 어떤 사람이 위험한 사람인지 몰라도 빨리 그곳을 피해야겠다고 생각했다. 나는 어쩌면 긴급 구조 경찰팀이 뛰어올지도 모른다고 생각했다. 어쨌든 그 드라마 같은 상황에서 벗어나려고 애썼다. 내가 휠체어를 돌려 뒤를 돌아다보자 비명을 지르던 그 여자가 나를 피해서 자기 남편을 데리고 통로 저쪽으로 가고 있다는 것을 순간적으로 깨달았다. 결국 그 아줌마를 놀라게 했던 위험한 여자란 바로 나였던 것이다. 그날 레스로 가는 버스 안에서 치료사인 메리앤에게 그날 있었던 일을 이야기해 주었다.

그녀는 눈물이 빰을 타고 내릴 정도로 웃어 제쳤다.

"당신이 위험하다고? 초라한 청바지에다 티셔츠를 입고 있는 연약한 당신을 보고 위험하다니, 아마 그 여자가 당신 발신기를 보고 무슨 폭탄인 줄 알았나봐요!"

며칠 후 장난기가 많은 어떤 개구쟁이가 **"조심 이 여자는 위험함!"**이라고 쓰인 종이를 내 방문에다 붙여 놓았다.

요즈음, 아직도 옛 친구들을 만나면 내가 여전히 위험한 여자냐고 물어본다. 그러면 나는 "물론이지. 아마도 더 위험해진 것 같아!" 라고 대답하곤 한다.

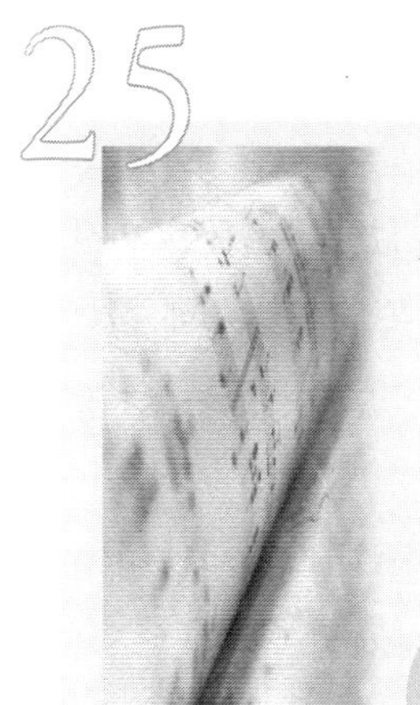

내 내면의 상처를 다 털어놓을 수 있는 사람을 만나기까지는
평안을 느끼지 못할 것 같다는 생각이었지만
과연 그렇게 될 수 있을까 하고 접어 두었다.

속마음을 털어놓을 사람을 찾아서

매년 뇌성마비 자선 TV쇼에 레스 환자촌이 나왔다. 해가 지날수록 상황이 좋아지는 경향이었다. 어떤 해에는 내가 직접 인터뷰를 받은 적도 있었다. 한 방송 기자가 내 침대에 걸터앉아 내가 학교 다니는 것과 작가가 되겠다는 꿈에 대해 인터뷰하는 동안 나의 책상과 타자기가 화면에 비쳐졌다. 인터뷰하는 동안 나는 나의 발신기를 사용해서 대화하기도 했다.

카메라맨은 내 타자기에 있는 오타 방지기에 관심이 있었다. 왜냐하면 그 TV쇼의 특색 중의 하나가 어떤 기증품들이 필요한지를 보여 주기 위해 장애인 전용 설비들을 보여주는 것이었다. 훨씬 나중에야 알게 된 것이지만 레스에서 개인 전용 장치를 지원해 준 적이 없고 주 정부와 의료 보험 회사가 그리 했다는 것을 알게 되었다. 그리고 오타 방지기 값도 내가 지불했다.

자선쇼라고 하는 것은 각색될 수도 있는 여러 가지 위험성을 안고 있지만 어쨌든 나는 세상의 주목을 받는 것이 그리 나쁘지 않았다. 그러나 나 자신이 카메라에 비쳐질 때는 약간의 흥분이 더해지면서 왠지 슬프다는 느낌을 받았다. TV팀이 떠나자마자 레스는 아무 일도 없었다는 듯이 다시 시끌벅적한 원래의 모습으로 돌아갔다. 시간이 지날수록 레스도 전에 살던 요양원처럼 더 많은 정신 지체 장애인들을 수용할 수 있다는 명목으로 정부의 지원금을 더 끌어들이려고 하는 것 같았다.

물론 아직까지 레스는 시리지 요양원보다 훨씬 좋았다. 나는 레스에서 받는 물리 치료가 참 좋았다. 그리고 무엇보다도 레크리에이션 프로그램이 마음에 들었다. 매주 토요일 아침에 열리는 음악회와 주말 캠프에서 우리는 많은 것을 배울 수가 있었다. 사회 생활을 강조한 이러한 프로그램들이 사람들간의 친목과 우정을 두텁게 해 주었다.

그럼에도 불구하고 기도하는 시간이면 하나님께서 내게 뭔가 좀더 좋은 것을 주시고자 하신다는 생각이 들었다. 내 내면의 상처를 다 털어놓을 수 있는 사람을 만나기까지는 평안을 느끼지 못할 것 같다는 생각이었지만 과연 그렇게 될 수 있을까 하고 접어 두었다. 그러한 걱정은 점차 적극적이고도 신실해져 가는 내 믿음 뒤로 감추어 놓기로 했다.

아마도 나는 나의 상처를 감추는데 그리 익숙하지 않았던 것 같다. 아니면 어떤 사람들은 다른 사람들보다 더 지각이 예민한지 모르겠다. 나의 가장 친한 친구들 중의 한 사람이며 재활원 직원들 중에서 가장 성실한 사람이라고 손꼽힐 수 있는 사람이 있었는데, 그의 이름은 그레그였다.

그레그는 장난기가 넘치는 다정한 남자였다. 그가 나를 약올리는데 가장 잘 써먹는 방법은 내가 보행기를 가지고 뒤뚱거리며 걸어가고 있을 때 내 청바지 지퍼에 달려 있는 아주 커다란 고리를 잡아당기는 시늉을 하는 것이었다. 내가 지퍼를 올리고 내리고 하는 것은 쉬운 일이 아니었기에 지퍼 끝에다 잡아당기기에 편한 커다란 끈 같은 것을 걸어 놓았던 것이다. 그는 그런 나의 모습을 보면 "수다쟁이 캐시" 라는 인형에 달려 있는 끈을 보는 기분이라고 얘기했다. 그러면서 만약 자기가 그것을 잡아당기면 내가 무슨 말을 할 지 궁금하다고 했다.

하루는 그의 사무실에서 얘기하고 있었는데 그는 심각하게 나의 속을 다 안다고 하면서 나에게는 어떤 영적 장애물이 있는 것 같다고 이야기했다. 만약 내가 그런 상황을 극복하지 못하고 현실을 직면하지 못하면 더 큰 영적 위기를 맞게 될 것이라고 했다. 나는 화가 나서 다시는 그의 사무실을 찾아가지 않았다. 그러나 그는 내가 무엇을 숨기고 있다는 것은 알지 못했다. 그것을 그에게 말할 수 없었던 것이다.

레스에 있는 사회 봉사 요원과 이야기해 볼까 하는 생각도 해 보았지만 우리는 서로 뭔가 맞지 않았다. 내가 그 사람하고 약속해 상의를 할까 하면 그때마다 원생의 부모들이 찾아와 자기들의 다 큰자식을 위해 좀더 좋은 배려를 요청하느라 상담 시간을 방해하곤 했다. 그는 항상 내게 미안하다고 사과했지만, 내가 받은 인상은 돈을 지불하는 유료 입주자들의 요구가 나 같은 정부 보조 입주자의 걱정거리보다 더 중요하다는 느낌이었다.

레스가 나의 솔직한 감정을 누출할 수 없는 곳이었듯이 옷을 벗기나 목욕하는데도 안전한 장소는 아니었다. 각 사람의 방에 있는 샤워실 외에 4개의 커다란 공동 목욕탕이 있었고 우리 같은 신체 부자유자들이 움직이기에 편한 장치와 난간이 설치되어 있었다.

처음 레스에 입주했을 때만 해도 남녀가 각각 별도의 탕을 갖고 있었다. 하지만 시간이 지날수록 모든 것이 엉망이 되어갔다. 관리 직원들이 모자라서 그랬는지 언제부턴가 남자 간호사들이 여자 공동 목욕탕에 와서 목욕하고 옷을 입는 것이었다. 어떤 무지하고 바보 같은 남자들은 여자들이 목욕하고 있는데도 여자 목욕탕에 있는 화장실까지 사용했다. 심지어 직원으로 보이는 사람이 원생들이 목욕하고 있을 때 손님들에게 목욕탕 건물과 시설을 구경시켜 주는 적도 있었다.

처음 얼마 동안은 이런 모욕을 견뎌내었지만 시간이 지날수록 참기 어려웠다. 한번은 내가 여자 목욕탕에 있는데 남자 원생이 걸어오고 있었다. 나는 기회다 싶어 있는 힘을 다해 소리를 질러댔다. 내 고함소리에 질렸는지 그 사람뿐 아니라 거기 있던 모든 사람이 귀가 멍멍한 표정을 지었다. 어쨌든 이런 상황이 계속되는 것은 옳지 않았다. 여자들은 여자들만의 프라이버시를 지켜야 했다.

나는 다른 여자들과 이 문제에 대해 이야기하기 시작했다. 어떤 사람들은 별로 신경쓰는 것 같지 않았다. 또 어떤 여자들은 오히려 그런 상황을 즐기는 것 같았다. 왜냐하면 그렇게 해서라도 남자를 보는 것이 그들이 느낄 수 있는 최대한의 성적 접촉이었기 때문이다.

또 어떤 사람들은 남자 간호사들이 목욕탕에 들어오는데 찬반의 의견이 있다고 지적해 주었다. 왜냐하면 어떤 여자 원생들은 너무 무겁고 뚱뚱해서 목욕탕 안으로 안아 넣어주기가 매우 힘이 들었기 때문이다. 그러나 대부분의 여자들은 프라이버시를 지켜야 한다는 것과 여자 목욕탕이 사람들이 지나다니는 길이 되어서는 안 된다는 것에 동의했다.

특별히 어떤 맹인 원생은 나의 의견을 지지해 주었는데 그녀는 남자 간호사들이 자기의 옷을 벗겨 주고 목욕시켜 주고 심지어 생리대까지 대 주는 것이 너무 싫고 혐오스러웠다고 했다. 그리고 남자들이 뭘 잘 모르고 일하는 것 같다고 했다.

그래서 나는 이 문제를 입주자 회의에 알렸다. 이 소식이 입주자 회의에 알려지자 곧 레스 환자촌의 최고 책임자에게까지 전해지게 되었다. 그는 이런 문제가 있는지 조차 몰랐다고 사과하면서 곧 관리 직원들에게 명령해 "여자용" "남자용" 화장실 표시를 붙여 놓으라고 했다. 그는 또 여자 원생들이 여자 보조원에게 생리적 도움을 부탁하는 것이 당연하다고 하면서 그 권리를 지키라고 하였다.

이런 사건이 있었음에도 불구하고 직원이 부족한 탓으로 가끔 목욕하는 것을 도와줄 사람이 누구라도 있어야 했다. 아무리 그래도 남자 원생이 여자 목욕탕에 들어가면 레스에서 쫓겨난다는 경고가 발표됐다. 나는 그런 경고가 얼마나 효과가 있을지 확신할 수 없었다. 그래서 여자들끼리 힘을 합치기로 했다. 여자들 자신이 경고 폭탄이 되기로 했던 것이다.

이렇게 해서 내가 여성 전용 목욕탕을 위한 캠페인에서 승리하자 친구들과 몇 명의 직원들이 나더러 입주자 회의 대표가 되어 보라고 볶아대기 시작했다. 이 환자촌의 오락 치료사인 메리 앤은 자원해서 나의 선거 관리인이 되겠다고 했다. 그녀는 선거용 광고를 만들어 주고 짧고도 핵심이 있는 나의 연설을 매번 대신 읽어 주었다. 하지만 나는 정치적인 활동에 오랫동안 얽매이고 싶지 않았다. 왜냐하면 학업에 집중해야 했기 때문이다.

입주자 회의라는 제도는 우리 사회 봉사 요원이 고안한 것으로 그는 이 제도를 통해 원생들 사이에 자치 관리가 이루어지길 원했던 것이다. 하지만 해결해야 할 문제가 너무 많다는 것을 깨달으면서 이것이 쉽지 않은 일이라는 것을 알게 되었다.

선거에 당신되자 나는 자치회 안에서 또 하나의 성공적 캠페인을 벌였는데 각 원생들이 자물쇠와 열쇠를 구입하여 각자의 우편함을 갖게 하자는 것이었다. 나는 때때로 내 우편물과 은행 잔고가 적혀 있는 종이가 침대에 놓여져 있는 것을 보고 화가 나곤 했었다.

이것은 어느 누구든 내가 방에 없기만 하면 내 사생활에 무슨 일이 일어나는지를 다 알 수 있다는 것을 의미하는 것과 같았다. 물론 우리 중의 어떤 이들은 우편함을 여는 것조차 누군가의 도움을 받아야 할지 모르지만 이 일은 더 많은 프라이버시를 보장받을 수 있게 되는 것을 의미했다.

캔사스시티에서 열리는 뇌성마비 전국대회에 사절단을 보내는 시기가 되었을 때 나를 포함한 다른 한 사람의 원생이 그곳에 갈 수 있도록 추천을 받았다(두 명의 보조원이 우리와 동행했다). 우리는 정보를 수집했으며, 수집한 정보들을 자치회에 보고했고 또 우리 입주자의 신문인 "커뮤니케이터"에 보고 기사를 쓰는 등 유익한 시간을 가졌다. 그럼에도 불구하고 나는 결국 자치회 대표직을 사임해야만 했다. 왜냐하면 너무나 많은 시간과 노력을 뺏겨 학업에 집중할 수가 없었기 때문이다.

내 개인적인 이익 때문에 전체의 유익을 도모하는 일을 포기한다는 것이 미안하고 죄스럽기까지 했다. 그러나 내게는 학교가 우선이었다. 그리고 스스로 가슴아픈 결론을 내린 배경은 레스 환자촌을 변화시키는 데는 끝이 없을 것 같았기 때문이었다. 내가 바라고 소망하던 그런 안식의 장소가 되기에는 더 많은 시간이 걸릴 것이기 때문이다.

어느 날 아침 학교로 출발하려고 하는데 새로 온 제니라고 하는 세탁 아줌마가 내 빨래를 가지고 들어와 옷장에 정리하려 했다. 그 아줌마한테 내가 나중에 정리할 테니 그냥 놔두라고 했다. 그런데 학교에서 돌아와 보니 빨래를 모두 옷장에다 차곡차곡 넣어놓은 것을 보아 그녀는 내 말을 이해하지 못했다는 것을 알게 되었다.

다음 번에 아줌마가 내 빨래를 가지고 왔을 때는 만반의 준비를 하고 기다리고 있었다. "내 빨래쯤은 내가 정리할 수 있어요!" 라고 쓰여진 종이를 아줌마한테 드렸다. 그러자 아줌마는 "알았어!" 라고 하면서 그래도 그렇게 성미 까다롭게 굴 필요가 없지 않겠느냐고 하며 나가 버렸다.

나는 그녀와의 관계를 좋게 해야겠다고 생각했다. 그녀는 키가 작고 뚱뚱한 노르웨이계 사람이었다. 그녀의 눈동자에서 나는 누구한테서 무엇을 빼앗아 갈 생각이 전혀 없는 사람이라고 말하는 듯한 느낌을 받았다. 사실은 그때부터 몇 개월을 지내며 그녀를 겪어보니 그녀의 퉁명스럽고도 가끔

씩 거친 행동은 그녀의 따뜻하고 포근한 성격이 그런 식으로 표현됐을 뿐이라는 것을 알게 되었다.

어느 날 내가 "이 레스에 110명이라는 사람들이 있는데 왜 꼭 나만 가지고 성가시게 구는 거예요?" 라고 그녀에게 쏘아 부쳤다. 그러자 그녀는 씩 웃으면서 "너를 놀리는 것처럼 재미있는 일이 없거든. 너는 빼빼 말라가지고 무슨 만화 영화에 나오는 주인공 같애. 그리고 난 너보다 힘이 세니까 항상 이길 수 있다는 걸 명심해!" 라고 말했다.

그녀가 너무 잘난척하며 시끄럽게 웃는 바람에 내 옷을 정리하는 것으로 그녀한테 이길 생각은 하지 않겠다고 결심했다. 하지만 그녀의 그런 웃기는 행동이 나의 호기심을 발동시켰고 그녀를 더 좋아하게 만들었다.

한번은 보행기를 가지고 복도로 걸어가고 있는데 그녀가 내 뒤에 와서는 퉁명스럽게 말하길 빨리 걷든가 아니면 자기가 지나갈 수 있도록 길을 비켜 달라고 했다. 만약 그녀가 정중하게 부탁했으면 그렇게 했을지도 모른다. 하지만 퉁명스런 그녀에게 본보기를 보여 줘야겠다고 생각했다. 나는 미적거리며 일부러 천천히 걷기 시작했다. 그러면서 말하길 예의를 지키면 지나가게 해 주겠다고 했다.

그러자 그녀는 나를 번쩍 들어 자기 빨래통 안에 횡하니 던져 버렸다. 그리고 나선 "못된 계집애 같으니!" 라고 중얼거리며 그 빨래통을 내 방까지 끌고 왔다.

그녀가 나를 침대에다 내동댕이쳤을 때 내 휠체어는 물리 치료실에 있고 보행기는 복도에 있다는 것을 깨닫게 되었다. 나는 그녀에게 나를 그대로 놓고 나가지 말아 달라고 애걸했다.

그러자 그녀는 부드럽게 웃으면서 침착한 목소리로 말하길, "만약 네가 다시는 그렇게 하지 않는다고 약속하면 네 부탁을 들어주지!" 라고 했다. 그래서 결국 나는 항복하고 말았다.

내가 너무 우울하고 힘들어서 우리에 갇혀 있는 동물 같다고 느낄 때면 제니나 그녀의 상사인 베티와 이야기하기 위해 세탁실에 가곤 했다. 내 담당 사회 봉사 요원과는 달리 베티는 언제나 이야기할 시간이 있었기 때문이다. 그리고 그녀가 해 주는 말이 사회 봉사 요원과 상담하는 것보다 훨씬 효과가 있었다.

어느 날 베티는 내가 우울해 있는 것을 보고 쇼핑을 해 보라고 했다. 그리고 내가 그녀에게 너무 우울해서 잘 모르겠다고 하자 잠깐 나가더니 제니를 데리고 들어와서 그녀에게 나와 함께 백화점에 갔다 오라고 했다. 그리고 "돌아와서 출퇴근부에 싸인해!" 라고 말하는 것이었다.

우리는 우리의 문제에 대해 이야기하면서 같이 쇼핑을 했다. 혼자서 두 명의 자녀들을 키우고 있는 그녀는 그녀의 사적인 문제를 나한테 다 이야기해 주었다. 쇼핑을 하면서 우리만의 특별하고도 소중한 우정이 싹트기 시작하였다.

얼마 되지 않아 레스의 오락 부서에서는 야외 캠핑을 계획하고 있었고 우리 원생들도 서로 같이 가자고 졸라댔다. 나는 야외를 좋아했다. 제니는 그녀의 자녀들을 데려오기로 했는데 그 자녀들이 내 휠체어를 밀어준다고 했다.

나와 제니는 서로를 점점 더 이해하기 시작했다. 제니는 엄마나 엘리자벳 언니가 나를 대해 준 것같이 내가 스스로 행동할 수 있도록 대해 주기 시작했다. 내가 말하는 것을 이해하지 못할 때는 "중얼거리지 말고 좀 똑똑하게 얘기해!" 라고 말했다. 그리고는 아빠가 그랬던 것처럼 내가 하는 말을 흉내내곤 했다. 시간이 지날수록 나는 제니와 함께 레스 밖에서 더 많은 시간을 보냈으면 좋겠다고 생각했다.

어떤 해에는 엄마가 내 생일이라고 해서 "프린세스 마거릿"에 있는 빅토리아 섬까지 가는 유람선을 탈 돈을 보내 주기도 했다. 나와 제니는 관광도

하고 길을 잃어버리기도 하면서 즐거운 시간을 보냈다. 레스를 떠나 밖에서 시간을 보낼 때는 언제나 생기가 넘쳤다.

그리고 아주 쌀쌀한 겨울 아침 학교에 가려고 할 때 복도 저편에서 "지퍼 올려, 날씨가 춥단말야. 학교 잘 갔다와라!" 하는 그녀의 목소리를 들으면 왠지 기분이 좋아졌다.

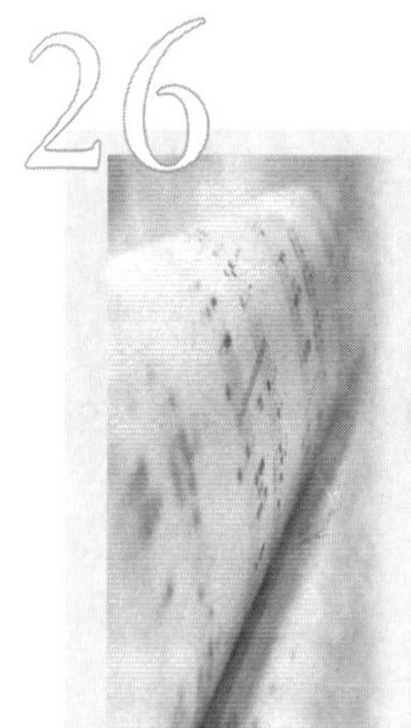

26

College Graduation

수해 동안의 좌절을 헤치며 이제 나의 꿈을 이루게 된 바로
그 순간, 나를 사랑하는 이들의 격려와 사랑의 소리가
내 귀에서 떠나지 않고 오랫동안 윙윙거렸다.

대학 졸업

대학에서 내가 제일 좋아했던 과목은 맥스웰 교수의 문학 강좌였다. 그 교수님은 마치 현존하는 중세 기사같이 생겼었다. 예수회 신부였던 그는 사제직을 그만두고 결혼한 후 열정적인 문학 강의를 하고 있었다. 나는 그의 문학 강좌는 몽땅 다 듣기로 했다. 왜냐하면 작가가 믿을 만한 작품을 쓰기 위한 기초를 쌓기 위해서는 고대 그리스 신화에서부터 현대 소설까지 이해해야 된다는 그의 말에 공감했기 때문이다.

맥스웰 교수는 수업 시간에 나를 곯린 다음 내 얼굴이 빨개지는 것을 보고 재미있어 했다. 그는 자주 과장된 몸짓으로 장난스럽게 인사하며 아는 척했다.

"내 사랑! 나는 당신을 미치도록 사랑합니다. 당신이 이 교실에 임해 주시니 제게 큰 영광이 될 뿐입니다."

그런 다음 뛰어와서 나를 안아 주곤 했다. 나는 그에게 왜 수도 생활을 그만두었는지 알 것 같다고 말했다.

"교수님은 너무 엉뚱하신 것 같아요!"

하루는 자기가 제일 좋아하는 책을 가져와서 학생들에게 읽고 평가해 보라고 했다. "노예"라는 제목인 이 책의 내용은 어떤 남자가 밧줄로 꽁꽁 묶인 채 살고 있었지만, 걷기도 하고 뛰기도 하며 불가능해 보이는 것들을 척척 해낼 수 있다는 얘기로 시작되었다. 그 남자가 그런 일을 너무 잘 해내자 서커스계의 떠오르는 스타가 되었다. 그 남자는 사람들이 아무리 밧줄을 풀어 주겠다고 해도 거절했다.

그럼에도 어느 날 밤 그 남자가 미쳤기 때문에 자기의 운명을 스스로 결정할 수 없는 사람이라고 지레짐작한 몇 명의 사람들이 그가 자고 있는 사이에 그의 밧줄을 끊어 버렸다. 남자가 잠에서 깨어났을 때 자기 자신은 완전한 절망 상태로 변했고 다시는 자유로워질 수 없다는 것을 발견했다는 것으로 끝이 났다.

나는 그 책을 읽고 큰 충격을 받았다. 그 책은 나에게 두 가지 복합적인 의미를 심어 주었다. 첫째, 자유가 오히려 새로운 불구가 될 수 있다라는 것이다. 둘째, 그 노예는 자기를 얽매기는 했지만 자기의 분신이나 다름없던 그 밧줄이 없어지자 삶의 의미를 잃어버리고 말았다는 것이다. 그 밧줄 없이 그는 더 이상 자신이 누구인지조차 몰랐던 것이다. 하지만 나는 그 노예가 힘들거라고 생각해 밧줄을 끊었던 사람들이 나쁜 사람들이라고 말하고 싶지는 않다. 왜냐하면 만약 그 사람들이 그 노예가 그런 상황을 통해 자기 존재를 인식하고 있었다는 것을 알았다면 다른 방법으로라도 그 노예를 도와줬을 거라고 생각했기 때문이다.

수업이 다 끝나가던 어느 날 맥스웰 교수는 마치 나를 두고 하는 말처럼 "노예"에 대한 색다른 평가를 해 보여 주었다. 나는 수업을 마치고 막 책가방을 챙기고 있었고 교수님은 칠판을 지우고 계셨다. 교수님은 칠판을 지우다 말고 돌아서서 "빌어먹을, 그렇게 사는 것이 인생이야, 캐롤린. 하지만 나는 그렇게 살 만한 용기가 있는지 모르겠단 말야!"라고 말했다.

나는 뭐라고 대답해야 할 지 몰라 그저 머뭇거리다가 고개를 끄떡끄떡하고 강의실을 나왔다. 나는 그의 교수법에 감명을 받은 것만큼이나 이 선하신 분의 솔직함과 동정심 때문에 가슴이 뜨거워져 있었다.

알게 모르게 어느덧 3년이란 세월이 흘러갔다. 일반 문학 학사 학위를 취득하기 위해 96학점이나 들었던 탓으로 나는 늙고 지쳤다는 기분이었지만 마음은 뿌듯했다.

실제 졸업식은 6월에 있을 예정이었는데 졸업장은 우편을 통해 1월 달에 받게 되었다. 어느 날 오후, 레스의 안내실에서 전화가 왔다. 조이스라는 이름의 할머니 접수 계원이 전화를 한 것이었다. 이분은 나같이 식구가 멀리 떨어져 있는 원생들에게 특별한 관심을 보여 주던 친할머니 같은 분이었는데 내 졸업장을 다른 사람을 통해 내 방에 보내는 것보다 본인이 직접 내게 전해 주고 싶었던 것이다.

내가 안내실에 도착하자 그 할머니는 당신의 책상을 돌아 나와서 내게 졸업장 봉투를 전해 주었다. 내가 졸업장을 꺼내자 나를 꼭 부둥켜 안아 주면서, "넌 2개의 졸업장을 받은 거나 다름없어. 네가 자랑스럽구나!"라고 말했다. 웃음과 울음이 동시에 터져 나왔다. 스피커를 통해 이 기쁜 소식이 환자촌 전체에 알려지자 그날 내내 사람들이 몰려와 나의 졸업을 축하해 주었다.

드디어 6월의 졸업식 날이 왔다. 그날은 오전 내내 켄 오빠가 도착했는지 신경이 쓰였다. 아주 오래 전 내가 마치 폭풍우가 몰아치는 바다에서 떠돌아다니는 나무 조각 같다고 느꼈을 때 내가 만약 대학 졸업장을 받는다면 식장 위까지 같이 걸어가 주겠다고 그가 약속한 적이 있었다. 이제 그 약속을 지키기 위해 오빠가 캘리포니아에서 오고 있는 중이었다.

그날 아침 드디어 오빠와의 상봉이 이루어졌다. 켄 오빠가 도착하자마자 시애틀에 이미 와 계셨던 엄마와 아빠가 지금 당장 레스로 가도 되느냐고 전화로 물어 보셨다.

"우리가 점심 먹을 때쯤이면 캐롤린이 낮잠 잘 시간인데요. 저 혼자 여기 있으면서 돌봐 주는 게 나을 것 같아요. 졸업식이 저녁에 있는데 그때까지 캐롤린이 피곤하지 않게 하는 게 좋겠어요. 그때 다같이 만나요!" 오빠는 그렇게 부모님께 말씀드렸다.

오빠가 전화를 끊자 나는 오빠가 전화하는 폼을 보니 어떻게 해서라도 응급 상황을 피해 보려하는 소방서장의 말투 같았다고 놀려댔다. 오빠는 껄껄거리며 웃으면서 이날의 주인공은 "나"이지만 오후에 낮잠을 자야만 내맘대로 할 수 있다고 말했다. 나는 그저 오빠 무릎에 앉아 얘기하는 것이 최고라고 했다.

나는 누가 나를 포용해 주고 또 사랑해 주는 것이 참 좋았다. 오빠의 무릎 위에 앉아 있으니 문자 그대로 행복에 겨웠다. 이런 나의 생각을 얘기하자 오빠는 더 크게 웃으면서 지금 대학을 졸업하는 다 큰 아가씨가 작은 소녀 같은 생각을 하느냐고 말했다. 그러면서도 내가 너무 자랑스럽다고 했다. 또한 자기가 엄마에게 말씀드려 내가 알래스카를 떠나 시애틀로 올 수 있도록 했던 것이 얼마나 잘했던 일인지 하고 부드러운 어조로 말했다.

"내가 엄마한테 포지는 그 애 나름대로의 실수를 저지르면서 살아야 된다고 수천 번은 말씀 드렸지!" 라고 오빠는 고백했다. 내가 더 자세한 얘기를 듣고 싶다고 하자 오빠는 그 동안 나 때문에 있었던 일들을 얘기해 주었다.

내가 뭔가 새롭고 위험스런 일 -예를 들면 요양원에서 레스로 옮기려고 했던 것- 을 하려고 할 때마다 엄마는 걱정을 태산같이 하면서 오빠한테 어떻게 해야 하느냐고 하소연했다는 것이다. 엄마는 나이가 들면서 점점 더 소심해 진 것 같다고 했다. 무슨 일만 생기면, "일을 그르치는 것 아니니?" 라고 애를 태웠다는 것이다. 결국 엄마에게 있어 8명의 아이들을 키우는 것이 쉬운 일이 아니었던 것이다.

"그러니까 네가 하고 싶은 일은 네가 결정해라. 내가 엄마한테 잘 말씀 드릴 테니까!" 라고 오빠가 말했다.

나는 켄 오빠의 무릎에 앉아 점심으로 샌드위치를 먹었다. 우유를 마시려고 하자 오빠는 내가 우유를 흘릴까봐 휠체어에 앉아서 마시는 게 어떻겠느냐고 했다. 내가 점심 식사를 마치자 오빠가 낮잠을 자라며 명령하다시피 했다.

"오늘 저녁은 바쁠꺼야. 졸업식 중간에 꾸벅꾸벅 졸면 안 될테니…" 오빠는 흔들거리는 내 머리 때문에 사각모가 지탱하지 못할 것을 알고 있었다 - 특별히 내가 흥분할 때. 그래서 내가 낮잠 자고 있는 사이에 급히 나가 고무줄과 실, 바늘을 사 가지고 와서는 내 사각모에다 고무줄을 꿰매 주었다. 내가 잠에서 깼을 때 아직도 바느질을 하고 있던 오빠는 투덜거리며 얘기했다 :

"이 골치덩어리야. 네 머리가 흔들거리지 않고 가만히 있으면 내가 이런 수고를 할 필요도 없잖아!"

내가 보조원에게 부탁해서 오빠를 도와주라고 하자 혼자서 다하겠다고 고집을 부렸다. 여전히 투덜거리면서 말이다.

저녁 식사 후에야 엄마, 아빠가 큰오빠 내외와 함께 도착했다. 켄 오빠는 학교까지의 약도를 전해 준 다음 돈 오빠의 아내 루스 언니에게 내가 옷 입는 것을 도와주라고 했다. 하지만 루스는 내가 하는 말을 한마디도 이해하지 못했다.

결국은 켄 오빠가 다시 내 옷을 입혀 줄 수밖에 없게 되었다. 내 옷을 입혀 주면서 오빠가 계속 중얼거리며 잘난 척을 하자 루스는 참다 못해 킥킥거리며 웃고 말았다. 오빠는 나보고 일어나라고 해놓고는 내가 뭐라고 말하자 내 드레스를 옆으로 치우면서 크게 떠들었다 :

"내가 옷 입혀 줄 동안 조용히 해! 아주 간단한 거라고. 움직이기만 하면 팔을 부러뜨려서 그것으로 때려 줄 거야. 자, 형수님 이 드레스를 캐롤린에게 입혀 주세요. 그러면 제가 밑에서 잡아당길께요. 애는 자기 신발도 신을 줄 아는 애라고요. 내가 신겨 준다고 하면 소리를 지르고 난리를 치는 애예요. 보기보다 까다로운 아가씨라구요!"

오빠가 이렇게 웃기자 나와 루스는 배꼽을 잡고 웃다가 그만 눈물까지 흘렸다. 그리고 그녀가 말하길 자기는 절대 켄한테 옷 입혀 달라고 부탁하지 않을거라고 했다.

내가 앉아 있는 자리에서도 엘리자벳 언니와 셜리 언니가 관중석 어디에 앉아 있는지 알 수가 있었다. 그들은 기차를 타고 졸업식 시간에 맞춰 막 도착했던 것이다. 그들이 나의 첫 번째 선생님이었던 것을 기억해 보았나. 언니들이 내가 공부할 수 있도록 격려해 주었을 때 불가능은 없다라고 말했던 것도 생생하게 기억이 났다.

식이 시작한지 한 시간쯤 지나서야 내 이름을 불렀다. 켄 오빠는 나를 통로 중앙까지 밀어다 준 후 휠체어에 있는 브레이크를 밟았다. 그리고 내가 휠체어에서 간신히 걸어나올 때까지 기다렸다가 같이 걷기 시작했다. 나는 내 특유의 몸짓으로 뒤뚱거리며 천천히 움직이기 시작했다. 우리가 연단에 도착했을 때 그날 졸업식에 참석했던 사람들이 모두 일어나 박수를 치고 있었다. 그리고 많은 사람들이 눈물을 흘리고 있다는 것을 알게 되었다. 나는 눈물이 나오려는 것을 억지로 참으면서 오직 걷는 일에만 집중하려고 애썼다.

총장님은 나를 맞이하기 위해 단 밑까지 내려온 다음 나를 안고 키스해 주며 말했다.

"당신이 우리 학교에서 공부할 수 있었던 것에 감사드립니다. 당신은 참 대단한 사람이예요!"

켄 오빠는 내가 졸업장 받는 것을 도와주었다. 우리가 자리로 돌아가려고 천천히 걸어갈 때도 사람들은 계속 박수를 쳐 주었다. 나는 통로 저편에서 박수를 치며 서 있는 맥스웰 교수님과 눈이 마주쳤다. 순간 이런 분위기를 조성한 분이 그 교수님이었다는 것을 알게 되었다. 그리고 재빨리 그분에게 웃으며 인사했다.

내 자리로 돌아오는데 약 15분 간의 시간이 소요됐다. 그럼에도 불구하고 사람들은 계속해서 박수를 치며 나의 졸업을 축하해 주었다. 나는 괜히 내 뒤에서 졸업장을 받을 사람들한테 미안해 어쩔 줄을 몰라했다. 하지만 속으로는 행복이란 것이 이런 것이구나 하고 생각했다.

여러 해 동안의 좌절을 헤치며 이제 나의 꿈을 이루게 된 바로 그 순간, 나를 사랑하는 이들의 격려와 사랑의 소리가 내 귀에서 떠나지 않고 오랫동안 윙윙거렸다. 그리고 그 순간으로 인해 내가 어떤 좌절을 맛본다 할지라도 나를 격려해 주었던 그 사람들의 성원을 평생 잊지 않겠다고 다짐했다.

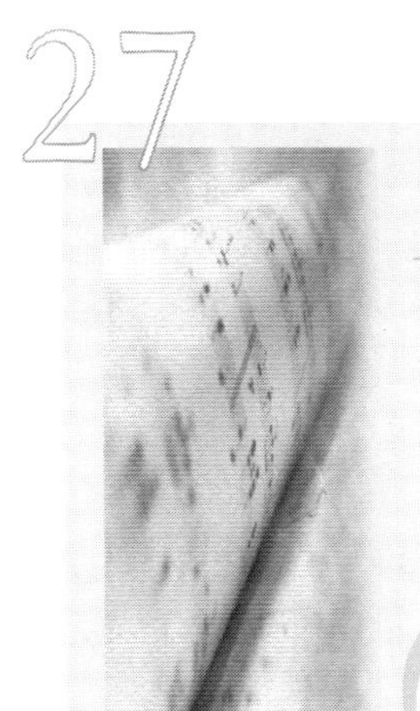

27

이제 나도 그녀가 걸었던 그 길을 걸을 수 있을 것 같다는
생각이 들었다. 그녀와의 만남은 우연이 아닌 운명이었다.

홀로서기

내가 대학을 2년째 다니고 있을 즈음에 종합뇌성마비협회에서는 레스에서 개울을 지나는 맞은 편에 조그마한 훈련원을 만들었다. 이 훈련원은 뇌성마비 환자들 중에서 비교적 신체적으로 자유로운 사람들에게 독립해서 사는 법을 훈련시키기 위해 지어졌다. 이 소식을 듣자 새로운 삶을 꿈꿔 오던 나로서는 그냥 지나칠 수가 없었다. 내가 그 훈련원에 들어갈 수 있는지를 문의했더니 자격이 안 된다는 대답을 듣게 되어 실망했다.

그 이유가 무엇인지 해명을 요구하자 훈련원에 들어올 수 있는 자격을 갖추려면 어떤 도움도 받지 않는 사람이라야 된다고 했다. 그런데 나의 건강 기록부에 의하면 내가 똑바로 서는 것을 도와주는 부목을 착용하고 있다고 했다.

나의 사회 봉사 요원인 돈에게 그것을 착용하지 않은 지 오래됐다고 화난 말투로 대꾸했다. 그 부목은 2년 동안이나 재활원 지하실 어딘가 처박혀 있었다. 하지만 돈은 결정을 내리지 않고 나보고 일단 어떤 변화를 추구하기 보다 대학을 졸업하는 것이 더 시급한 일이 아니겠느냐고 충고했다.

혼자 버스를 타고 다닐 수 있는 것이 자격 요건 중의 하나였기 때문에 돈은 내가 혼자 버스를 타고 노스게이트 백화점까지 갔다올 수만 있다면 훈련원에 신청서를 낼 수 있겠다고 했다.

이 시절만 해도 대부분의 시내 버스들이 휠체어를 실을 수 있는 설비가 돼 있었다. 하지만 혼자 버스를 탄다는 것은 사실 겁나는 일이었다. 나를 아는 사람들이 있는 학교를 제외하고는 혼자서 어디를 다녀본 적이 없지 않은가. 정말 그 일을 해낼 수 있을 지 확신할 수가 없었다. 만약 모르는 사람에게 도움을 요청해도 아무도 내 말을 알아듣지 못하면 어쩔까 하는 걱정이 태산 같았다.

하지만 마침내 나는 결심했다. 그 모험의 대가로 레스를 벗어날 수만 있다면 어떤 일이라도 하겠다는 전제하에서 말이다. 그리고 돈에게 이 모험을 하기 위해 여러 가지 단계를 거치겠다고 얘기했다. 나 혼자 휠체어를 타고 인도의 저편까지 가는 것이 첫 번째 단계였고 그렇게 하는 것이 안전하다 싶으면 찻길을 건너겠다고 했다.

나는 조심스레 돌아오는 길의 정류장을 알아 두었다. 하지만 정류장의 길이 너무 경사지고 위험해 보여 그 다음 정류장에서 내리기로 했다. 그 다음 정류장에서 레스까지는 꽤 먼 거리였지만 평평한 길이라 안전해 보였다. 나는 표시가 될 만한 것들을 유심히 관찰했다. 왜냐하면 숫자를 기억하는 것은 자신이 없었기 때문이다.

한달 동안의 끈질긴 연습 끝에 드디어 노스게이트 백화점까지 가는데 성공했다. 하지만 너무 긴장한 나머지 눈물이 나오려고 했다. 백화점까지 안전하게 도착해 약간의 쇼핑도 하는 여유를 맛보면서 집으로 돌아오는 버스를 타기 위해 버스 정류장으로 향했다.

버스에서 내려 레스 쪽으로 가려고 하는데 갑자기 야릇한 기분이 들었다. 승리했지만 어쩐지 허전한 그런 기분…. 나는 어린아이같이 징징 울면서 집으로 올 수밖에 없었다.

내가 레스의 문에 도착했을 때는 오후 5시가 훨씬 넘어서였다. 그때까지 돈은 퇴근하지 않고 나를 기다리고 있었다. 내가 안전하게 돌아오는 것을 확인하지 않고는 집에 갈 수가 없었던 모양이다. 그는 나를 안정시키기 위해 키스를 해주며, "캐롤린, 당신은 정말 대단한 여자야. 당신이 해낸 일을 책으로 내야겠어!" 라고 말했다. 그가 나를 이렇게 칭찬해 주고 부추겨 주니 용기 백배해 지는 것 같았다.

몇 분 후에 방으로 돌아온 나는 내 지갑과 무릎을 덮는 담요를 잃어버렸다는 것을 알게 되었다. 다시 한번 희비가 엇갈리는 순간이었다. 나는 또 울기 시작했다. 그때 안내실의 조이스 할머니가 어떤 사람이 내 물건을 주웠다는 전화가 왔다는 소식을 전해 주었다.

이 소식을 들은 우리 교회 교인 중의 한 사람이 백화점까지 가서 내 지갑과 담요를 찾아다 주었다. 그녀가 내 물건을 돌려 주면서 "당신은 정말 이곳을 나가고 싶은가 봐요!" 라고 했다. 나는 고맙다는 인사의 표시로 그녀를 안았다. 그리고 "전 정말로 이곳이 싫어졌어요. 이곳을 탈피할 수 있다면 어떤 일이라도 다 할거예요!" 라고 그녀에게 말했다. 그녀는 아무 말도 하지 않은 채 오랫동안 나를 안아 주었다.

돈이 내가 훈련원에 들어갈 수 있다는 기쁜 소식을 전해준 때는 졸업식 몇 주 후 이른 봄이었다. 레스와 같은 재단이었던 훈련원은 가까이에 있는 개울과 연못 저편에 있었다. 그렇게 가까운 거리에 있는 장소였음에도 불구하고 그곳에 들어가기 위한 서류가 얼마나 복잡하고 많은지 작성하는데 10년도 넘게 걸린 것 같았다. 나는 새로운 생활에 대한 동경으로 흥분해 있었다. 하지만 일라메이와 헤어질 것을 생각하면 우울하기도 했다.

　나의 새로운 안식처는 커다란 버드나무 가지가 하늘거리는 그런 곳에 있었다. 이 훈련원에는 5개의 독방과 두 사람이 같이 쓰는 3개의 방이 있었다. 나는 디에드라 라는 아가씨와 스튜디오 아파트(Studio Apartment : 한 방안에 부엌, 화장실, 침대 및 응접 세트를 함께 두고 쓸 수 있는 형태의 아파트 - 역자) 방에 살게 되었다. 우리 방에는 침실과 서재가 될만한 장소가 있었으며 휠체어 높이로 만들어진 부엌이 있었다. 또 훈련원의 커다란 본관에는 휠체어가 들락거릴 수 있는 부엌과 식당, 그리고 벽난로가 붙어 있는 거실이 있었다. 11명밖에 살지 않는 이 훈련원은 마치 진짜 나의 집 같이 느껴졌다 - 레스 환자촌과는 완전히 딴 세계였다.

　내가 그렇게도 소망하던 평화와 안식의 장소라고 생각해서 그랬는지 몰라도 나는 영원히 그곳에서 살고 싶었다. 하지만 그것은 불가능할 수밖에 없었다. 왜냐하면 훈련원은 어디까지나 훈련원이었기 때문이다. 그곳에서 자립하는 것을 배우고 나면 정말 나 혼자 살 수 있는 그런 장소로 옮겨야 했기 때문이다.

　나는 나의 룸메이트인 디에드라를 레스에서부터 알고 있었다. 그녀는 어떤 유전적인 병으로 십대 말쯤에 신체불구가 되었다. 우리들은 서로 비슷한 수준의 신체적인 장애인이였지만 서로의 서툰 몸짓을 보며 웃을 정도로 곧 친한 사이가 되었다. 우리는 손을 꽤 잘 쓰는 스탠이라고 하는 남자와 함께 훈련원 본관에 있는 부엌 한쪽을 쓸 수 있게 되었다. 손을 잘 못쓰는 디에드라와 내가 실수라도 저지르면 가엾게도 스탠이 음식 벼락을 맞곤 했다. 그러면 그 대가로 우리는 그가 하는 항상 똑같은 지겨운 농담을 들어주어야 했다.

　디에드라와 내가 치약을 칫솔에 묻히는 것은 쉬운 일이 아니었기 때문에 양치질을 할 때는 둘이서 무슨 경쟁이나 하듯 치약을 여기저기 묻히고는 까르르 웃었다. 우리는 둘 다 치약통을 잡고 치약을 짜기 위해 안간힘을 써야 했다. 그러나 치약을 묻히는 것이 아니라 치약통이 미끄러져 손에서 빠져 휭하고 날아가는 재미있는 장면만 연출하고 말았다. 이럴 때마다 우리의 보조원이었던 재키는 안달이 나서 말이 아니었다.

나는 디에드라의 용기와 그녀가 자기 자신의 장애를 헤쳐 가는 것을 보고 감명을 받았다. 그녀가 결혼하기 위해 내 곁을 떠났을 때의 슬픔은 말로 다 표현할 수가 없다. 물론 그녀가 자유로운 생활을 할 수 있게 되어 떠나니 내 기쁨 또한 차고 넘쳤다. 그럼에도 불구하고 그녀의 빈자리는 늘 내 마음에 그리움을 남겨 놓았다.

훈련원에서의 일상 생활은 레스에서 보냈던 것과는 딴판이었다. 보조원들은 우리들에게 음식 만드는 법과 가계부 쓰는 법을 가르쳐 주었다. 나의 첫 번째 보조원이었던 재키는 내가 배우려는 열심이 대단한 것을 알고 내 시간표를 나의 필요에 따라 바꿀 수 있도록 허락해 주었다. 얼마동안 나를 관찰한 그녀는 "당신우 당신 자신의 자업 치료사기 될 수 있을 것 같아요!" 라고 했다. 그리고 내 방식으로 일을 할 수 있도록 도와주었다.

훈련원에 사는 사람들은 여러 가지 집안일을 해야 했다. 식탁을 차리거나 치우기, 자동 접시 세척기에 접시 넣기, 진공 청소기로 청소하기, 그리고 마루 닦기 등의 일이었다. 매일 저녁 식사 후에는 돌아가면서 누군가가 청소를 해야 했는데 누구든지 당번이 되면 그날 저녁 늦게까지 수고해야만 맡겨진 일을 마칠 수 있는 형편이었다.

나는 훈련원에서 열리는 직원 회의에 세 사람이라야 그 일을 해낼 수 있다는 의견을 표명했다. 그 의견이 통과되어 세 사람씩 일을 하니 만사 형통이었다. 모든 사람이 이런 변화로 인해 기뻐했고 내게 또다른 아이디어는 없느냐고 물어 보았다.

내게 제일 힘들었던 것은 더러운 접시들을 식탁에서 싱크대로 옮기는 일이었다. 다른 사람들은 접시를 무릎에 잔뜩 쌓아 놓은 다음 싱크대까지 휠체어를 밀고 갔지만 어쩐지 나는 그런 식으로 일하는 것에 익숙하지 않았던 모양이다. 일단 접시를 무릎에다 쌓고 움직이기만 하면 문제가 더 커졌다. 접시를 몽땅 떨어뜨리고 내 옷에다 음식 찌꺼기를 잔뜩 묻히곤 했다. 하는 수 없이 나는 어떤 직원에게 부탁해서 플라스틱 설거지통을 하나 구해 달라고 했다. 그 설거지통에 식탁에 남아 있는 쓰레기며 접시를 담아서 옮기니까 문제가 쉽게 해결되었다.

하지만 모든 문제가 항상 그렇게 쉽게 해결되지는 않았다. 예를 들면 쓰레기통이 문제였다. 쓰레기통 뚜껑을 열고 그 안으로 커다란 쓰레기 더미를 넣을 수 있어야 했다. 하지만 뚜껑이 너무 무겁고 높아서 뚜껑 열기에도 힘에 겨웠다. 남자들이라야 겨우 그 일을 해낼 수 있는 상황이었다.

나는 재키에게 조그마한 보통 쓰레기통을 사 주면 쓰기에도 편할 뿐만아니라 나중에 직원들이 큰 쓰레기통으로 수거해 가면 되지 않겠냐고 제안했다. 그녀는 좋은 생각이라고 동의하면서도 쓰레기 버리는 일이 "개인 훈련 계획안"의 필수 과정이라고 말해 주었다. 그런데 이 "개인 훈련 계획안"이라고 하는 것은 주 정부 사회복지과에서 고안해낸 프로그램이었다.

나는 정말 그런 계획안이라는 것이 있는지 확인하고 싶었다. 그런데 어처구니없게도 쓰레기 버리는 훈련 과정이 정말로 그 계획안에 들어 있었다. 더 기가 막히는 것은 그 훈련 과정에 관계된 계획을 고안한 사람들은 나와 같은 신체 장애인이 갖고 있는 한계에 대해 아무것도 모르는 것 같았다. 왜냐하면 그런 한계를 고려하지 않고 계획을 세웠다는 명백한 증거가 여러 가지 있었기 때문이다.

자립하는 삶을 살기 위해 배워야 할 또 하나의 비현실적인 훈련이 있었는데 그것은 자루 걸레 빨기였다. 그 훈련은 정말 말도 안 되는 요구처럼 보였다. 나 같은 사람은 영원히 그런 일을 할 수 없기 때문이다.

내가 이런 사실을 재키에게 비판하자 그녀도 이해할 수 없다는 듯 고개를 흔들었다. 그리고 누가 그런 계획안을 짰는지 상식조차 없는 사람 같다고 했다. 그 후 우리는 뇌성마비 환자에게 근본적으로 불가능한 훈련 과정을 발견하기만 하면 킬킬거리고 웃곤 했다. 왜냐하면 그 계획안이 웃기게도 너무 심각한 문체로 쓰여져 마치 살고 죽는 대단한 문제인 것처럼 들렸기 때문이다. 우리는 그 계획안을 큰소리로 읽으면서 연극이나 하듯이 심각한 표정을 짓다가 배꼽을 잡고 웃기도 했다.

훈련원에 들어온 지 며칠이 안 된 어느 날 입을 옷이 하나도 없다는 것을 발견하였다. 레스에서 살 때처럼 빨래를 누가 대신해 주는 것이 아니었기 때문에 손수 빨래를 해야만 했다. 그날은 재키가 다른 일로 분주하던 차라 다른 사람한테 세탁기 쓰는 법을 배우라고 했다.

나는 그 사람이 가르쳐 준 대로 조심스레 빨래를 시작했다. 그런데 어쩐 일인지 물 비누가 자꾸 넘쳐 순식간에 온 바닥이 물 바다로 변해 버렸다. 급히 신발과 청바지를 벗은 후 세탁기를 끄려고 물 속으로 첨벙첨벙 걸어 갔다. 그리고 나서 걸레를 바닥에 넌져 물기를 닦으려고 안간힘을 썼다.

그 사고의 원인이 무엇이었는지 알 수 없었다. 하지만 세탁기는 곧 내가 그만한 일로는 눈 하나 깜짝하지 않는 사람이라는 것을 알아챘는지 다시는 내게 비누를 내뱉지 않았다. 그럼에도 불구하고 매번 빨래를 하고 나면 양말이 물어 뜯겨져 있었다. 그 세탁기가 나를 별로 좋아하지 않았기 때문이었을까?

어쨌든 집안일을 배워나가면서 나에게 맞는 방법을 고안해야 했다. 예를 들어 창고에 있는 가루 비누를 흘리지 않고 세탁기에 넣는 것도 내게는 만만치 않았다. 바닥에 떨어뜨린 가루 비누를 치우고 나면 기진맥진하기가 일쑤였기 때문이다. 그래서 나는 누르기만 하면 쉽게 나오는 물 비누 하나를 구입해서 콧노래를 부르며 빨래하기로 결정했다. 이 물 비누를 꺼꾸로 잡고 세탁기안에 쭉 밀어 넣기만 하면 되는 것이 아니겠는가. 시간과 에너지를 절약하는 이 방법! 얼마나 머리가 좋은가…. 나는 내 생애 처음으로 내가 원하는 방법으로 내 옷을 빨 수 있었다.

내가 바닥을 청소하는 것이 에베레스트 산을 정복하는 것과 비슷하다고 하면 너무 과장된 표현일까? 내가 처음 이 일을 한 날은 3시간이나 걸려서야 마칠 수 있었고 청소가 끝나자마자 바닥을 기어가 카펫에 쓰러져 잠이 들었던 것을 기억한다. 바닥을 어지럽히는 것은 식은 죽 먹기같이 쉬웠지만 그것을 청소하는 것은 너무 고된 일이었다.

시간이 흐르면서 빗자루질하는 법과 진공 청소기 사용하는 법을 금방 익힐 수가 있었다. 하지만 자루 걸레를 사용하는 것은 불가능 그 자체였다. 결국 나는 그 잘 지워지지 않는 마루를 어떻게 해야 할 지 연구하기 시작했다.

하루는 내가 바닥에 무엇을 흘린 적이 있었다. 얼른 그 위에 수건을 던져 발로 그것을 문지르기 시작했다. 그러자 기가 막힌 생각이 하나 떠올랐다.

"야! 이런 식으로 마루 청소를 하면 되겠구나!" 하며 쾌재를 불렀다. 휠체어에 앉아 돌아다니며 발로 얼룩을 지우는 것은 재미가 있었다. 나는 이것을 "발로 문지르는 청소기" 라고 이름 붙여 주었다. 정부에서 고안한 그 계획안대로 안 될 때는 이런 방법도 효과가 있었다.

나는 그런 딱딱한 일보다는 차 끓이기같이 좀더 부드럽고 고상한 일을 하는 것이 체질에 맞았다. 물론 그 일을 마스터하는 데도 꽤 시간이 걸렸지만 말이다. 어떤 날은 3시간 동안이나 휠체어에 앉아 주전자를 바라보며 어떻게 해야 저것을 잘 사용할 수 있을까 하는 생각을 했다. 일단 수평으로 붙어 있는 손잡이를 잡아야 하는데 그러기 위해서는 두 손을 사용해야 할 것 같았다. 또한 물을 따라야 하는데…, 어떻게 해야 한단 말인가….

결국 누구나 하는 식으로 차를 끓이는 것은 나에게는 불가능한 일이라고 결론을 내리고 말았다.

대안책으로 나는 구식 주전자, 즉 여과기가 달려 있으면서 꼭지가 유리로 만들어진 그런 알루미늄 주전자를 사용하기로 했다. 무엇보다도 주전자에 1인분만큼의 물만 부었다. 그렇게 함으로 물을 쏟는 위험을 감소시킬 수 있기 때문이다. 하지만 난로 위에서 부글부글 끓고 있는 주전자 안에 어떻게 차를 넣는단 말인가?

나는 주전자를 난로 위에 올려 놓기 전에 미리 꿀과 차를 물에 탄 다음 차를 끓이는 새로운 방법을 고안해냈다. 한 친구가 여과기 뚜껑에 있는 유리 꼭지를 떼어 주어 그 구멍 안에다 차를 집어넣을 수가 있었다. 그러나 한가지 문제가 발생했다. 나는 계속해서 차봉지 끝에 달려있는 꼭지를 놓치고 말았다. 그러면 차가 주전자 안으로 미끄러져 들어 가 버렸다. 그러나 나는 차 봉지에다 옷핀을 달아 놓음으로써 그것이 빠지는 것을 방지하는 데 성공할 수 있었다.

그 다음 문제는 불에 데이지 않고 난로에 있는 주전자를 옮기는 것을 해결하는 것이었다. 나는 두꺼운 헝겊 상갑을 사용해서 주전자를 잡은 다음 식탁까지 가까스로 옮겨다 놓는데 성공했다. 하지만 이제 어떻게 하면 주전자의 물을 엎지르지 않으면서 차를 따를 수 있단 말인가? 나는 이 문제를 놓고 몇 주 동안 고민했다. 마침내 빨대를 주전자 꼭지에 넣고 차를 빨아 마시는 기발한 방법을 고안해냈다.

드디어 승리를 얻게 되었다! 3개월의 부단한 연습끝에 물방울 하나 떨어뜨리지 않고 차를 끓인 다음 주전자를 식탁까지 옮겨 놓을 수 있었다.

몇 주 후 이런 승리를 나 혼자만 간직하고 싶지 않았다. 친구들을 불러 티파티를 열어야겠다고 결심했다. 하지만 어떻게 손님들에게 주전자 안에 빨대를 넣고 차를 빨아먹으라고 하겠는가? 안 되겠다 싶어 차를 컵에 따르는 방법도 생각해내기로 했다. 그러던 어느 날 TV를 보다가 좋은 아이디어를 얻었다. 실험용 로봇이 팔꿈치를 움직이지 않은 채 딱딱한 자세로 팔 운동하는 것을 보여 주는 쇼였다. 그래서 몸통이 길쭉한 도자기 찻잔을 싱크대에 놓은 다음 팔꿈치를 움직이지 않고 차를 따르기 시작했다. 이렇게 함으로써 찻잔의 반 정도 차를 따를 수가 있었다. 그 다음 역시 팔꿈치를 움직이지 않고 찻잔을 하나씩 식탁까지 옮길 수 있었다.

양철 로봇이 할 수 있는 일이라면 나도 거뜬히 해낼 수가 있다는 메시지였다.

쇼라인 지방대학을 졸업한 그해 여름 가능한 많은 집안일을 배우고, 체중을 좀 불려야겠다고 생각했다. 또 좀더 많은 시간을 글쓰는 일에 써야겠다고 계획했다. 하지만 주 정부의 규정에 의하면 내가 더 이상 학교에 다니지 않고 있었기 때문에 매일 일정 시간 동안 밖에서 활동해야 한다는 지시가 내려졌다. 그럼에도 불구하고 훈련원 책임자는 내가 새로운 삶에 적응하기 위해 시간이 더 필요하다는 것을 인정하고 좀더 기다려 주었다.

그해 가을 나는 종합뇌성마비센터에서 다시 보조 교사로 일하기로 했다. 그러던 어느 날 아침, 계단을 지나 개발실로 안내 받아 들어가는 어떤 여인을 보게 되었다. 그 여인은 흔히 볼 수 없는 특이한 목발을 짚고 있었다. 그런데 그 모습이 어디선가 많이 본듯 했다. 그리고 몇 분도 안 되어 어떤 생각이 떠올랐다.

'설마 아니겠지?'

앤 칼슨 박사가 그런 목발을 사용했다는 것을 기억해내었다.

나는 얼른 그녀를 찾기 위해 복도로 달려갔다. 역시 그녀였다. 삼십 년이 지난 그녀의 모습 물론 나이가 들어 보였지만- 은 여전히 침착하면서도 기쁨에 넘친 눈부심 그 자체였다. 그녀가 이곳을 구경하는 것을 방해하는 것 같아 미안했지만 만약 내가 그녀를 아는 척 하지 않았다면 평생을 두고 두고 후회했을 것이다.

앤 박사는 나를 보고 반가워하면서 몇 분 동안 나와 이야기했다. 또한 그녀는 나의 장래를 위해 축복을 빌어 주었다. 그리고 나서 종합뇌성마비 센터의 다른 장소를 구경하기 위해 부축을 받으며 발걸음을 재촉했다.

그날 하루 종일 나는 그녀와 그녀의 학교에 대한 생각에서 벗어날 수가 없었다. 그 시절에 대한 기억과 장면들이 머리 속에서 뱅뱅 돌았다. 그리고 그녀가 아주 가파른 계단을 끝까지 올라가는 것을 계단 밑에서 바라보던 내 모습도 떠올려 보았다. 이제 나도 그녀가 걸었던 그 길을 걸을 수 있을 것 같다는 생각이 들었다. 그녀와의 만남은 우연이 아닌 운명이었다. 그리고 내가 품었던 (어떤 것은 실현되었지만 어떤 것은 아직도 실현되지 않은) 그 꿈들에 대해 다시 한번 생각해 보았다.

칼슨 박사와의 만남이 다시 한번 나의 생각을 불사르면서 내가 조금만 더 노력하고 용감하게 그 일에 매진하면 이 뇌성마비라고 하는 한계를 깨뜨린 채 자유를 성취하리라는 꿈을 꾸었던 것을 상기시켜 주었다.

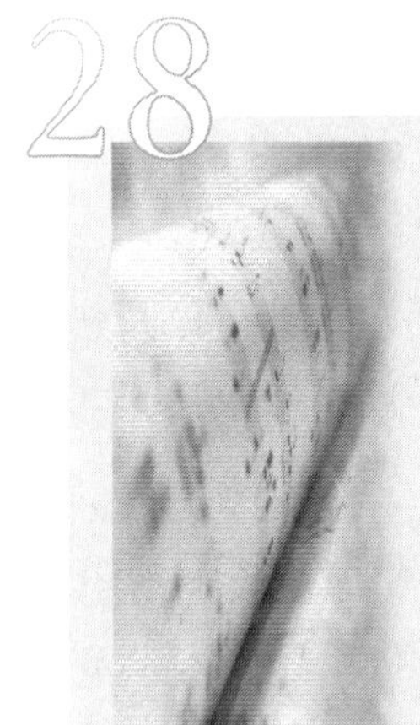

28

그 집회에서 만난 사람들을 통해 얻은 용기와 격려에 힘입어
나는 드디어 열등감을 극복하고 내 생애에 일어났던 일들에 대해
글을 쓰겠다는 다짐을 하게 되었다.

작가 수업

어느 날 저녁 내 책상 위에 있는 램프를 끄기 위해 줄을 잡아당기고 있었다. 잠시동안 캄캄한 어둠 속에 있으면서, "주님! 제가 작가가 되기 위해서는 어떻게 해야 되죠?"라고 중얼거렸다.

그러자 마치 테라스 쪽으로 불어오는 부드러운 여름 미풍 같은 주님의 음성이 들려오기 시작했다.

"네 가방을 정리해라. 어떤 편집자가 네 글을 읽으려고 그렇게 지저분한 가방을 뒤지고 있겠니? 네가 장애라는 이유로 그렇게 야무지지 못한 글을 쓴다고 더 이상 변명하면 안돼. 그 동안에 너무 많이 써먹었잖아!"

나는 그렇게 빠르면서 솔직한 기도 응답을 받게 되리라고는 상상도 못했었다. 하지만 언제나 내 기도를 들어주시는 하나님께 감사를 드렸다. 하나님께서는 참 좋으신 분이시다. 아니 내겐 둘도 없는 가장 좋은 상담자이시다. 내가 그분과 얘기할 때는 같은 단어를 되풀이해서 말할 필요가 없다. 왜냐하면 내가 하는 말 한마디 한마디를 다 알아들으시기 때문이다.

시간만 나면 그동안에 써 놓았던 글들을 다시 정리하며 타자기로 교정했다. 그리고 재키에게 부탁해 공책에다 붙여 달라고 했다. 이런 일을 하고 있으면 마치 내가 뭔가 굉장한 일을 위해 준비하고 있는 것 같다는 강한 느낌을 받곤 하였다.

몇 주 후 어느 주일, 예배를 드리고 나오는데 안내 탁자에서 "여름 강습 기회!"라고 적힌 팜플렛을 발견하게 되었다. 팜플렛을 가지고 집으로 왔다. 그날 오후 내가 만든 간식을 먹으면서 그 팜플렛을 쭉 읽어 보았다. 그때 팜플렛 안에 있던 낱장 인쇄물이 내 눈에 확 들어왔다 - 루터교 성경대학 주최 작가 집회. 그 모임은 노스시애틀에서 차로 약 45분 가량 가는 워싱턴주 이사콰라는 곳에서 열릴 예정이었다.

나는 재키에게 이 집회에 가고 싶다고 얘기했다. 그녀는 그렇게 하라고 격려하면서 집회에 입고 갈 새 옷을 사는 것이 어떻겠냐고 제안했다. 그녀는 내가 그렇게 중요한 장소에 가는데 어떻게 청바지에 티셔츠를 입고 가겠냐고 했다. 나는 나의 글로 평가받고 싶지 옷차림으로 평가받고 싶지 않다고 웃으면서 그녀에게 말했다. 하지만 그녀의 말이 틀린 말이 아니었기 때문에 등록비를 내고도 옷을 살 만한 여유가 있는지 점검해 보았다. 나는 등록 신청서와 등록비를 우편으로 보낸 다음 교통편에 대해서도 자세히 알아 보았다.

드디어 집회날이 되었다. 커다랗고 신선해 보이는 성경대학 로비에다 나의 짐을 맡긴 채 이렇게 정상인의 세계에 와 있는 나 자신을 바라보며 흐뭇해했다.

내가 등록을 받는 안내원에게 다가가자 놀랍게도 그녀는 벌써 내 이름을 알고 있었다. 그녀는 도움이 필요하면 서슴치 말고 자기에게 부탁하라고 했다. 그리고 내게 일정표를 주며 첫번 강좌가 열리는 강의실을 가르쳐 주었다.

나는 밝고 넓은 복도를 지나가면서 그 학교의 신선하고 깨끗한 분위기에 반해 버렸다. 커다란 창문들이 복도를 따라 일렬로 줄지어 있었고 창문을 통해 화초들이 곳곳에서 빛을 받고 있었다. 또한 멋진 사진들과 그림들이 벽을 장식하고 있었다. 이 학교 건물은 오랫동안 수녀들을 위한 수도원으로 사용되었었다. 그런데 제2차 바티칸 종교 회의 이후 카톨릭 교회에서는 재건축한다는 명목 하에 수녀들에게 그 건물과 그 안에 있는 그림을 팔 것을 강요하였다.

나는 내 휠체어 안에 있는 도너스 몇 개를 꺼내 그 넓직한 복도 위에 던져 보고 싶다는 강한 충동을 느꼈다. 하지만 어젯밤 아이올라가 내게 해 준 말이 기억이 났다. 그녀는 내게 첫인상이 얼마나 중요한 것인지를 강의했다. "최소한 어른같이 행동해야 돼!" 라고 그녀가 말하지 않았던가.

첫 번째 집회 시간은 그 집회에 관해 간단한 소개를 하는 형식으로 진행되었다. 집회에 참석한 사람들은 자기 자신에 대해 소개할 수 있는 기회를 가질 수 있었다. 그 중의 몇 사람은 꽤 많이 알려진 작가들이었다. 나는 최근에 대학을 졸업했고 이렇게 혼자서 여행 오기란 처음이라고 이야기했다.

집회의 주 강사는 인간에 내재하는 악한 죄성과 신성과의 대립을 이야기하고 있는 로마서 5장 12-16절을 토대로 간증문을 써 오라는 숙제를 주었다. 나는 내 휠체어에 끼어 있던 끈 하나 때문에 발생한 하나의 사건에 대해 쓰기 시작했다. 나는 이 끈을 풀어 보려고 한시간 동안이나 실랑이를 벌이다가 혼자 힘으로는 도저히 풀 수 없다는 결론을 내리고 거실까지 기어나가 사람들에게 도와 달라고 한 적이 있었다.

우리는 때때로 자기 자신이 아무것도 할 수 없다는 사실을 깨달을 때까지 분투하곤 한다. 그러나 그러한 사실을 깨닫는 순간 하나님께서는 우리의 연약함을 통해 일하시며 동시에 당신의 위대하심을 드러내신다.

이 집회에서 만났던 사람들은 그 후 몇 개월 동안 내가 여러 출판사에 글을 보낼 수 있도록 힘이 되어 주었다. 재키는 내가 어떻게 차를 끊이는데 성공했는지에 관해 쓴 글을 루터교 교회 여성 잡지인 "스코프(Scope)"에 보내 보라고 제안했다. 잡지사는 내 글과 함께 실을 사진 한 장도 보내 달라고 했다. 나는 조금씩 작가로서 인정받기 시작하는 것 같았다.

그 집회에 참석한 경험은 내게 또다른 양상으로 도전해 왔다. 즉 내 속에는 그 집회에서 받았던 것과 같은 인정과 사랑을 계속해서 받고 싶다는 갈망이 있다는 것을 시인해야 한다는 도전을 받게 되었다.

하루는 라디오를 통해 크리스천 작가들의 비평회가 근처 교회에서 열린다는 광고를 듣게 되었다. 보조원을 시켜 자세하게 알아 보았다. 그리고 다음달의 두 번째 토요일 첫번 비평회에 참석했다. 그 자리에 참석한 사람들 중에 아무도 나의 말을 이해하는 사람이 없었기 때문에 나는 발신기를 사용해야만 했다. 또한 나의 "차" 끊이기에 관한 글과 "위대한 동정"이라는 제목의 글을 가지고 갔다. 이 "위대한 동정"은 나의 친구 러셀에 관한 글이었다.

그는 심각한 뇌성마비 환자였고 사람들에게 상처받은 인생의 슬픔이 많은 사람이었는데도 팔다리가 없는 어떤 사람을 만나자 보통 사람들이 보여 줄 수 없는 그만의 깊은 동정심을 표현했었다.

그에 관해 쓴 내 글이 읽혀지자 비평회에 참석한 모든 사람이 감명을 받았다는 표시로 박수를 쳐 주었다. 비평회의 리더인 메리 해먹이란 사람은 내 글에서 고쳐야 할 부분이 어떤 것인지를 밝힌 논평을 기사 가장자리에다 적어 주었다.

그리고 몇 달 동안 매월 열리는 비평회에 참석했다. 나는 주로 훈련원에서 살면서 경험하는 것을 간증 형식으로 썼다. 하지만 되도록 독자들로 하여금 내가 장애라는 것이 느껴지지 않도록 글을 쓰려고 노력했다. 나는 의식적으로 나 자신을 숨기고 싶었다. 특히 나의 신체적 장애를 글이라고 하는 장막 뒤에 감추고 싶었던 것이다. 비평회에 참석한 사람들이 왜 나 자신에 관한 글을 쓰지 않느냐고 제안할 때면 나는 내심 움츠려들곤 했다. 장애인 작가란 이름을 듣고 싶지 않았기 때문이다.

이때쯤 나는 지역 작가협회에 가입했으므로 협회를 통해 많은 우편물을 받고 있었다. 시애틀 퍼시픽대학교에서 조만간 작가 집회가 열릴 것이라는 소식도 우편을 통해 알게 되었다. 나는 그 소식을 접하자마자 곧 등록했다.

나의 등록이 접수됐다는 소식을 전해 준 사람은 그 집회의 총 관리자인 로즈 레놀슨이었다. 그녀는 또한 나를 위해 간호사 한 사람을 보조원으로 붙여 주고 내가 도움이 필요할 땐 그녀가 보살펴 줄 것이라고 했다. 나는 로즈의 따뜻한 마음씨와 배려에 깜짝 놀랐다.

내가 그 집회에 허겁지겁 도착해 등록처를 찾고 있을 때 어떤 사람이 내 이름을 부르는 것 같았다.

"당신이 캐롤린 마틴이신가보죠. 제 이름은 로즈입니다."

그녀를 보자마자 나는 마가렛 대처 영국 전 수상이 좀더 부드럽고 다정한 표정을 지으면 이 여자 같은 모습일 것이라고 생각했다. 로즈는 대처수상과 너무나 흡사했다 - 물론 로즈 자신도 이미 훌륭한 지도자였다. 그녀의 은빛 흰머리와 차분한 분위기가 잘 어울려 그녀에겐 뭔가 심오하고 신실한 것이 있다는 인상을 받게 했다. 그래서 그랬는지 나는 본능적으로 그녀를 신뢰할 수가 있었다.

집회를 총괄적으로 관리하는 일로도 신경 쓸 일이 많았을 텐데 그녀는 내 옆에 앉아 여러 가지 자세한 이야기를 해 주었다. 그녀는 내가 글을 가져왔는지 확인하면서 내가 만나볼 편집자들의 명단을 만들어 주었고 집회 동안에 어떤 강의를 듣는 것이 좋을 것 같다는 충고까지 해 주었다.

"나는 당신이 카렌 메인스를 만났으면 좋겠어요!" 라고 그녀가 말했다. 카렌 메인스라면 이 집회의 주제 발표자이자 널리 알려진 크리스천 작가가 아니었던가! 나는 나에게 깊은 관심을 보여 준 로즈에게 감사할 따름이었다. 그녀는 나와 나의 글이 가치 있다는 것을 확인시키려는 듯이 나를 대해 주었다. 그리고 그녀는 내게 보조원 역할을 할 간호사까지 소개시켜 주었다.

언뜻 보니 대학 캠퍼스가 언덕에 위치해 있고 그 언덕 옆의 경사진 곳에 보도가 있었다. 하지만 내 옆에는 든든한 보조원이 서 있었다. 간호사는 내가 원하는 강의실에 데려다 주고 내가 필기하는 수고를 대신해 줄 소형 녹음기를 조작해 주었다.

저녁 늦게야 간호사는 내 숙소를 떠났다. 그때 로즈가 내 방이 잘 정돈되고 무슨 문제가 없는지 점검하려고 왔다. 그녀는 또한 다음날 아침 일찍 나를 식당까지 데려다주기 위해 찾아왔다. 내가 아직 준비가 안 됐다는 것을 알아차리고는 너무나 당연하다는 듯이 서슴없이 나를 도와주려고 했다.

내가 막 머리를 감았다는 것을 알아챈 그녀는 나보고 어떻게 머리를 감느냐고 물어 보았다. 나는 의식적으로 퉁명스럽게 대답했다.

"물과 샴푸로 감지요. 당신은 어떻게 감으시는데요?" 라고 했다.

그녀는 깜짝 놀라는 표정을 지으며 당황해 하는 것 같았다. 그러나 곧 내 말의 속뜻을 알아차리고 정신없이 웃기 시작했다.

"당신이 무슨 말하는 줄 알겠어요. 그런 식으로 대답해 줘서 고마워요!" 라고 말했다.

내가 빙그레 웃는 사이에 그녀는 내 곁에 조용히 다가와 나를 꼭 안아 주었다. 그리고 내가 자기의 무례함을 내가 농담으로 얼버무려 주어 기쁘다고 했다. 그날 아침 우리의 우정은 그렇게 부쩍 자랐다.

그날 저녁, 낮 동안 들었던 강의를 정리하려고 숙소로 일찍 돌아왔다. 그러나 일을 시작하기 전에 먼저 목욕을 하고 방을 정리한 다음 전기 휠체어와 발신기를 충전시켰다. 그리고 나서 타자기 앞에 앉아 똑딱거리며 치려고 하는데 누군가 방문을 두드렸다. 내 숙소를 방문한 사람은 엘리자베스라는 여자였다. 그녀는 사정이 있어 집회에 불참했다고 하면서 내 녹음한 테이프를 같이 들을 수 없겠느냐고 했다.

그리고 몇 분 후에 우리는 대화하기 시작했다. 그녀는 한번도 손가락 모양으로 된 오타 방지기를 본 적이 없다면서 매우 흥미있어 했다. 손을 잘 사용하지 못하기 때문에 이 장치가 타자치는 것을 도와준다고 설명했다. 그것을 사용하면 대부분의 경우 손가락이 정확한 위치에 놓여질 수 있었다. 나는 그 얘기를 그만하고 그녀에 대해 알고 싶어 했다. 그러나 그녀는 "나는 손가락이 타자기 위에서 마음먹은 대로 움직이는 것이 당연하다 생각했는데 그것에 대해 별로 감사해본 적이 없는 것 같군요!" 라고 고백했다.

내 근육의 움직임은 언제나 지그재그식이라 특별한 장치를 사용해야만 일을 처리할 수 있고 나 또한 그것을 당연하게 생각해 왔다고 그녀에게 말해 주었다.

나는 엘리자베스가 편한 기분이 들도록 여러 가지 이야기를 해 주었다. 그러나 그녀는 두리번거리면서 나의 전기 휠체어와 발신기를 쳐다보았다. 그러면서 자기가 그동안 너무나 당연한 것으로 여겼던 일들이 얼마든지 또 있음을 알고 충격을 받은 듯한 표정으로 나를 쳐다보았다.

나는 그녀가 나 때문에 죄책감을 느끼는 것을 원치 않았다. 그래서 사람들이 많은 일들을 당연하게 받아들이는 것이 예사가 아니겠느냐라고 위로해 주었다.

"나는 완치 될 수 없는 것을 당연하게 생각하는 걸요. 그러니까 이제 저한테 미안해 하실 필요 없어요!" 라고 말했다. 그러자 그녀는 웃으면서 자기 자신에 대해 이야기하기 시작했다. 조금 있다가 다른 여자들 몇 명이 더 와서 수다떠는 바람에 내 방은 잔칫집 같은 분위기로 변했다. 그리고 노트

정리하는 것은 아예 꿈도 못 꾸게 되었다.

다음날 아침 로즈는 내가 카렌 메인스와 만날 수 있도록 약속 시간을 정해 주었다. 그런데 카렌 메인스는 벌써 내가 견본으로 가져온 글을 읽고 나와 만날 준비를 하고 있었다. 그녀는 내 문체에서 어떤 신선함을 느낄 수 있었다고 하면서 그것을 잘 개발시켜 보라고 격려했다. 그녀가 가장 인상 깊게 읽은 것은 도나에 관한 글과 내가 훈련원 관리자를 위해 쓴 "우리들의 손과 익숙해지십시오!"라는 제목의 글인 것 같았다. 그녀는 또한 "차 끓이기"라는 제목의 글도 재미있었다고 했다.

그녀는 내가 유능한 작가가 될 소질을 충분히 갖고 있다고 했다(물론 이것이 내가 가장 듣고 싶었던 말이었다!). 그러나 그녀가 그 다음에 한 말은 그렇게 유쾌한 충고처럼 들리지 않았다.

"제 생각에는 당신의 자서전적인 글을 써보는 게 좋을 것 같은데요!"

나중에 로즈가 카렌 메인스와 한 이야기를 나한테 전해 주었는데 그녀는 내 글에 굉장한 관심을 보이면서 "캐롤린의 눈빛에는 베스트 셀러 작가가 될 재능이 숨이 있어요!"라고 했다는 것이나.

그 집회에서 만난 사람들을 통해 얻은 용기와 격려에 힘입어 나는 드디어 열등감을 극복하고 내 생애에 일어났던 일들에 대해 글을 쓰겠다는 다짐을 하게 되었다. 하지만 내게 있어서 문제라면 기독교인들이 그들 안에 있는 분노와 고통을 믿음이라는 불꽃으로 승화시킨다는 그런 상투적인 자서전들을 모방하려고 했다는 것이다. 나는 내 안에 존재하는 분노와 실망이라는 사실을 활자화시키면 하나님의 얼굴에 먹칠을 하는 것이 아닌가 하는 두려움 때문에 유능한 크리스천 작가가 되기 위해선 나의 과거 속에 숨겨진 모든 고통을 십자가 뒤에 감추어야 한다고 생각했었다.

이런 생각은 마치 깨지기 쉬운 유리 상자 안에 슬픔, 고통, 그리고 분노

같은 물건들을 보관하고 있는 것이나 마찬가지였다. 나는 유리 상자가 깨지지 않을까 걱정하면서 그것을 조심스레 봉해 놓고 있었다. 하지만 어떤 때는 글을 쓰면서 나도 고통을 경험한 사람이라는 식으로 힌트를 주며 최소한 나는 두 얼굴의 여자가 아니라는 듯이 스스로 위로하곤 하였다. 그러나 사실 그것은 위선이었다.

나는 계속해서 그 유리 상자를 열지 않았다. 그래서 결국은 요양원에서 살았던 때부터 글을 쓰기 시작했다. 그래야만 내가 알래스카 학교를 다닐 때 느꼈던 실망이나 불완전한 나의 가정 환경 또 내가 신뢰했던 목사님으로부터 당했던 성적·영적 희롱에 대해 쓸 필요가 없었던 것이다.

얼마나 나는 영리한 여자인가! 요양원 이후의 이야기만으로도 얼마든지 작가로서 버틸 수 있다고 생각하다니… 설상가상으로 내가 다니던 비평 단체 회원들도 그 글들을 인정하고 칭찬해 주었다.

그럼에도 불구하고 나는 사실을 사실대로 이야기하라는 주님의 음성을 듣지 못하고 있었다 - 나의 독자들에게도 아니며, 비평 단체 회원들과 친구들에게도 아니며, 네 자신에게 말하라는 그 분의 음성을….

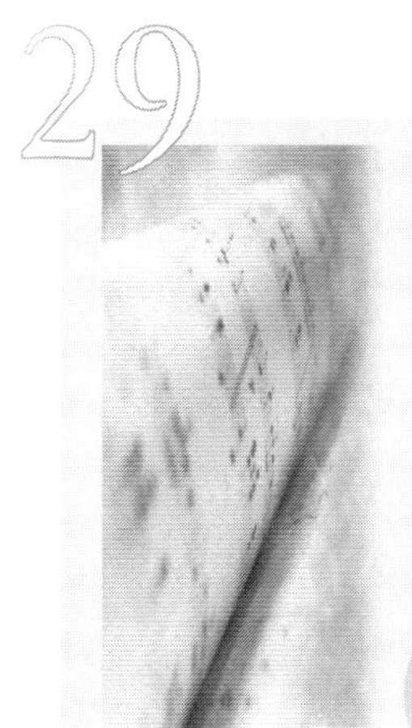

29

루터교 성경대학

작가로서의 가능성이 많다는 사람들의 칭찬에도 불구하고 나는 자꾸만 어떤 의심에서 헤어날 수가 없었다. 비록 내가 작가가 된다 할지라도 나의 다른 목표 -보호받는 환경에서가 아닌 진짜 바깥 세상에서 생계를 유지하는 것- 를 어떻게 이룰 것인가?

나는 종합뇌성마비센터와 같은 그런 보호 시설이 되어 있지 않은 정상인들이 살아가는 세계로 뛰어 들어야겠다고 결심했다. 그리고 루터교 성경대학에 연락해서 학교 안내서와 등록에 관계된 서류를 보내 달라고 했다. 내 뜻을 라슨 목사님에게 말씀드리자 목사님은 조금 염려하는 투로 말했다. 목사님은 주 정부와 종합뇌성마비센터의 허가를 받는 것이 얼마나 힘든 것인지 미리 알고 있었다. 하지만 일단 내가 그런 결심을 한 이상 그런 것들에 겁먹을 내가 아니라는 것도 알고 있었다.

"캐롤린, 당신은 선구자야. 당신이 레스와 훈련원에서 어떻게 했는지 다 알아요. 이제 성경대학에 가서 새로운 일을 시작할 때가 된 것 같군요!" 라고 하며 고개를 끄덕였다.

"저는 루터교 성경대학에 입학하는 첫 번째 저능아가 될 거예요!" 라고 하자 목사님이 어리둥절해 했다. 나는 왜 그런 표현을 써야만 했는지 목사님에게 설명했다. 내가 어떤 획기적인 일을 할 때마다 엄마와 나는 내가 태어났을 때 의사가 한 말 - 정신박약자 - 을 떠올리며 웃곤 했었다. 즉 나는 "고등학교를 졸업한 첫 번째 저능아" 였으며 "대학을 졸업한 첫 번째 저능아" 였다고 목사님에게 말했다. 내 설명을 다 들은 후 목사님은 너무 신나게 웃다가 눈물까지 흘리고 말았다.

목사님은 한참 웃고 나서 "만약 그 학교에서 추천서를 보내 달라고 하면 나는 캐롤린은 대단한 여자라고 쓸 것입니다." 라고 했다. 목사님은 또한 나의 유머 감각을 살려 그 학교의 학생들에게 삶의 여유가 어떤 것인지 보여 주라고 했다.

루터교 성경대학에 가겠다는 결심을 했다고 그곳에 들어갈 수 있다는 것을 의미하는 것이 아님을 곧 깨닫게 되었다. 산더미 같은 서류를 작성하는 것과 정부 보조로 훈련원에서 사는 나 같은 사람이 일주일 중 며칠을 학교 기숙사에서 살아야만 할 이유를 밝히는 데는 몇 개월이 걸렸던 것이다. 훈련원 관리자는 나와 함께 싸워 주었고 그래서 주 정부 사회복지과에서는 내가 훈련원에서의 임무를 다하고 동시에 계속적인 향상을 보이면 내게만 특별한 예외로 그 학교에 다니도록 허락하겠다고 했다.

드디어 첫 번째 난관은 해결이 되었다. 하지만 성경대학에 입학해야 하는 두 번째 난관이 남아 있었다. 가을이 황금색으로 물든 9월의 어느 날 오후, 나는 학교의 생활 지도 위원회와 면담을 하게 되었다.

면담을 하는 동안 어떤 사람도 나의 최고 학력이나 왜 내가 그 학교에 오려고 하는지에 대해서는 질문하지 않았다. 오히려 그 사람들이 던진 질문은 좀더 실제적인 것이었다. 훈련원에서 완수해야 할 나의 임무를 어떻게 학업과 병행할 것인지를 물어 보았다. 또한 내가 병들기라도 할 경우에 의료 보험이 어떻게 되는지, 또한 식사 관리는 어떻게 할 것인지 따위의 질문이었다.

나는 가능한 솔직하게 대답하려고 노력했다. 하지만 학업을 훈련원에서의 임무와 어떻게 병행할 지에 대해서는 자신이 없었다. 그러나 누구라도 살다 보면 기필코 극복해야만 하는 난관에 직면하는 것은 필수적이라는 것이 나의 생각이었다. 또한 누구라도 아플 때가 있는 법이고 또 아프면 당연히 남의 도움을 필요로 한다. 아무리 불구지만 내 숟가락에 얹어 놓을 수 있을 만큼 잘만 으깨져 있다면 어떤 음식이라도 먹을 수 있다고 대답했다.

면담 위원들은 내가 별로 두려워하는 것 같지가 않다고 하며 내가 나 자신을 인정하는 것처럼 그들도 나를 받아주겠다고 했다. 결국 나는 그해 겨울 학기부터 공부를 시작할 수 있게 되었다.

루터교 성경대학에서의 새로운 모험을 기다리고 있던 그해 가을에 우리 교회에서는 성인들을 위한 토론회를 개최할 예정이었다. 나는 좋은 기회라고 생각하고 얼른 등록했다. 그 토론회의 강사로는 루터교 성경대하의 기독교 교육학과 학과징인 조시 조단 교수었다.

조단 교수는 침착하면서도 매우 박식한 분위기를 풍겼다. 검은색 정장이 약간의 흰머리가 섞인 그녀의 흑발과 잘 어울렸다. 그녀의 강의를 들으면서 자신이 가르치는 분야에 얼마나 많은 심혈을 기울이는지 알 것 같았다.

첫 번째 강의가 끝난 후 그녀와 곧 친하게 되었다. 그녀는 나의 발신기에 큰 흥미를 보였다. 내가 이번 겨울 학기부터 그녀가 재직하는 학교에서 공부하려고 한다고 하니까 그녀도 이미 내가 주 정부의 허락을 받기 위해 대전쟁을 치루었다는 소문을 들은 바 있다고 했다. 그녀는 또한 주 정부가 정해 놓은 규정이라는 것이 도리어 장애인들의 삶을 얼마나 제한시키는 것인지 모르겠다고 했다. 나도 덩달아 내가 경험했던 짜증스러웠던 일들을 이야기하기 시작했다.

즉, 주 정부와 연방 정부가 얼마나 불합리한 방법으로 뇌성마비 환자들과 신체 장애인들을 다루는 지를 불평했다. 그들은 항상 하나의 법규를 모든 경우에 끼어 맞추는 식이었다. 획일적인 규정을 각 개인의 필요에 맞게 고치게 하기 위해서는 누군가가 그 사람 입장에 서서 힘을 써 주지 않으면 안 되는 것이었다.

조단 교수는 내가 자기 학교에서 공부할 것에 대해 순수한 관심을 보여 주었다. 나를 가르치게 될 지도 모르는 교수를 알게 됐을 뿐만 아니라 친하게 되어 참 기뻤다. 하지만 그녀와 그 이상의 친분을 갖게 될 것이라고는 상상도 못했다.

사람이 뜸해지는 늦은 저녁 시간이 되면 나는 기도할 장소를 찾아 학교의 웅장한 예배실을 찾아가곤 했다. 나는 나의 미래에 대해 기도했다. 또한 최근 훈련원에서 다른 사람들과 잘 지내지 못함으로 인해 화가 나 있던 나의 못된 성질을 용서해 달라고 간구했다.

한밤중에 느껴지는 예배실은 마치 방음 장치를 한 것 같이 적막했다. 하얀색 제단 위에서 흔들거리는 한 가닥의 전기불만이 내가 느낄 수 있는 유일한 빛이었다. 갑자기 예배실이 무섭게 느껴졌다. 찬란한 제단 앞에 너덜너덜한 신발을 신고 누더기 같은 분홍색 담요로 무릎을 덮고 휠체어에 앉아 있는 나의 모습은 너무나도 작고 보잘것없는 존재처럼 느껴졌다.

하늘에 계신 하나님이 나를 내려다보시며 당신의 아들한테 "나는 캐롤린에게 정말로 실망했어. 저 애는 문제만 일으킨단 말야." 라고 이야기하시는 것이 아닐까 생각했다. 아니면 과연 "나는 캐롤린이 실수를 저지른다 해도 나를 기쁘게 하기 위해 노력한다는 것을 다 알고 있어. 저 애는 아직도 내 귀중한 딸이야. 나는 저 애를 사랑한단다. 그리고 네가 저 애를 위해 죽기까지 했었잖아." 라고 하실지 궁금했다.

나는 훈련원에서 있었던 문제를 학교에 있는 그 누구한테도 얘기하지 않았다. 왜냐하면 예배실의 침묵 가운데도 하나님께서는 나와 함께 하셨고 내 기도를 다 들으셨다는 것을 깨달았기 때문이다. 또한 학교 복도에 늘어서 있는 커다란 창문 사이로 미소짓는 밝은 햇빛 속에서 그분의 음성을 들을 수 있었기 때문이다.

나는 매일 보행기를 가지고 건물 뒷 쪽에 있는 복도를 왕복하는 운동을 했다. 그러던 어느 날 나는 복도 벽에 걸려 있는 예배용 깃발을 발견하게 되었다. 그리고 그 깃발 이 나에게 담대하게 선포했다 :

"두려워 말라. 내가 너와 함께 하리라."

복도를 뒤뚱거리며 걸어가다가 나는 가끔 루실 여사와 마주치곤 했다. 그녀는 다름 아닌 짐 목사님의 어머니였으며 교수님의 부인이었다. 그녀는 나와 마주칠 때면 언제나 내게 힘이 되는 그런 긍정적인 이야기를 해 주었다. 나와 이야기하며 시간을 나누는 것 만큼 유익한 시간이 없다고 솔직하고 친절하게 이야기해 주며 언제나 나를 격려해 주었다. 한번도 길게 이야기한 적은 없었지만 그녀를 만날 때마다 마치 하나님께서 낡은 가죽 부대에 새 포도주를 부어 주시는 것 같은 신선함을 느꼈다.

성경대학에선 매일 아침 예배를 드렸다. 내게는 언제나 똑같은 장소에 앉는 이상한 버릇이 있었다. 우리 교회에서 만났던 조시 조단 교수는 항상 내 옆에 앉아 찬송가 페이지를 찾는 것을 도와주었다.

우리는 예배를 전후해서 몇 분 동안 이야기하곤 했다. 조시는(그녀가 나보고 그렇게 불러 달라고 했다) 언제나 내가 살고 있는 기숙사의 형편이 어떤지 궁금해 했다.

"밤에 따뜻하게 자나요? 만약에 추우면 기숙사 관리자한테 히터를 올려 달라고 하세요. 주중에 어떤 도움이 필요하면 나한테 연락해요!" 전에 내가 감기에 걸려 몇 시간 동안 추운 방에 대책 없이 혼자 있었다는 것을 그녀가 알게 되었다. 그래서 예배실이 약간이라도 쌀쌀하다 싶으면 그녀는 자기 웃옷을 벗어서 내 어깨에 걸쳐 주곤 했다. 나는 그녀에게 춥지 않느냐고 물어 보았다. 그러자 그녀는 빙그레 웃으며 자기 피는 따뜻하기 때문에 괜찮다고 했다.

시간이 지나면 지날수록 그녀는 나에 대한 여러가지 질문들을 점점 많이 하기 시작했다.

"당신 가족은 어디 살아요? 어째서 이곳 시애틀에 혼자 있는 거예요? 장애로서 가장 힘든 일은 뭐예요?…" 나는 솔직하게 대답하려고 했다. 하지만 한꺼번에 너무 많은 이야기를 하는 것이 아닌가 하고 조심했다. 만약에 조시가 나의 진짜 모습을 발견하고 실망이라도 하면 어쩔까? 나는 진심으로 그녀를 신뢰할 수 있을까?

가끔가다 그녀는 질문을 하다가 내게 사과하곤 했다 :

"내 질문이 너무 사적인 것을 물어 보는 것 같으면 대답할 필요 없어요. 괜히 꼬치꼬치 물어 보려고 한 것은 아니에요!"

시간이 지나도 나에 대한 그녀의 태도는 한결같았다. 내 머리를 빗어 주거나 옷깃을 제대로 세워 주거나, 내 휠체어에 있는 가방에다 책을 챙겨 주는 일 따위를 해 주면서 말이다. 그녀는 정말로 나를 챙겨 주고 염려해 주는 것 같았다. 그것도 결코 가식이 아닌….

내가 제일 존경하는 교수 중의 한 분인 B 목사님에게 조시에 대해 물어 봐야겠다고 생각했다. 그분은 내가 철석같이 믿을 수 있는 분이었고 사실이라면 있는 그대로 얘기하실 분이었다. 그러나 다행히도 수업이 끝난 어느 날 내가 그 교수에게 다가가 질문하기 전에 그분이 먼저 내게 말을 걸었다.

"어젯밤에 조시 조단 교수와 저녁 식사를 같이 했는데 대화 중에 캐롤린 자네 얘기가 나왔어. 그녀가 그러는데 당신이 그녀에게 특별한 사람이라고 하던데. 당신을 진심으로 사랑하게 되었다고 하면서 말야. 당신은 행운아예요. 그런 사람을 친구로 삼았으니 말야!"

이렇게 해서 내가 갖고 있던 의문이 자연스럽게 해결되었다.

그녀가 그렇게 진심으로 나를 사랑한다면 나도 그녀를 꺼려할 필요가 없지 않은가. 그래서 그녀가 어떤 질문을 하든 기꺼이 대답하기로 했다. 하지만 나는 "조시, 솔직히 말해 당신은 변호사보다도 더 많은 질문을 해요!"라고 하며 그녀를 놀려 주었다.

그러자 그녀는 깜짝 놀라며 사과했다. "캐롤린, 나는 그저 당신이 어떤 사람인지 또 당신이 어떤 어려운 일을 겪었는지 알고 싶었을 뿐이에요!"

그 후 몇 개월 동안 우리는 학교 식당에서 거의 매일 점심을 같이 먹었다. 그녀가 나중에 고백한 것인데 처음 얼마간은 나하고 같이 밥을 먹는 것이 곤욕이었다고 했다. 나의 불완전한 근육 조정 때문에 나는 음식을 몽땅 섞어서 으깬 후에 먹었다. 게다가 삼키는 것도 쉬운 일이 아니었기 때문에 보는 사람으로 하여금 식욕을 떨어뜨리는 그런 지저분한 분위기를 연출하곤 했었다

"마침내 주님께서 내가 비위가 강해질 수 있도록 도와주셨어!" 라고 그녀가 말해 주었다.

그녀가 내게 느낀 그대로 솔직하게 말해 주니 나도 몸둘 바를 모를 정도로 기뻤다. 그녀와 식사를 하면서 조시도 완벽한 사람이 아니라는 것을 알게 되었다. 그녀는 쿠키를 훔치는(?) 일에 능숙했던 것이다. 부페 식당 벽 위에 **"한 사람에 쿠키 하나씩"**이라는 표시가 있는데도 조시는 내가 좀더 살이 찌지 않으면 날아갈 것 같다고 하며 식사가 끝나면 쿠키 몇 개를 내 가방에 넣어 주었다. 그러나 살찌는 것만은 누가 잔소리를 한다고 해서 쉽게 해결될 문제가 아니었다.

"만약 조시 당신이 과자를 가지고 나가다가 들키면 어떻게 해요? 사람들

이 당신을 뭐라고 생각하겠어요? 만약에 또 내가 들키면 어떻게 해요? 그런데 이상하게도 훔치기는 당신이 훔치는데 과자가 항상 내 가방 안에 들어 있으니 어떻게 하면 좋아요?" 라고 내가 투덜거렸다.

그녀는 미소를 지으며 순진하게 말했다.

"만약에 들키면 나는 캐롤린이 휠체어에서 내려서 걸어가 과자를 한 주먹 집어 왔다고 얘기할거야!"

내가 기막혀 어이없어 하자 그녀는 이것이 모두 나의 잘못이라고 주장했다 - 그녀가 나와 어울리기 전에는 그런 일을 해 본 적이 없다는 것이었다.

조시의 연구실에 가보면 그녀가 얼마나 다양한 취미를 가졌는지 알 수 있었다. 그녀의 연구실에는 멋진 예술품들이 걸려 있었다. 커다란 책꽂이 위에는 수많은 장난감과 인형들이 진열되어 있는 것을 발견할 수가 있었다. 또 책상 위에는 귀여운 개구리 모양의 전화기가 놓여 있었다. 그리고 무엇보다도 눈에 띄는 것은 책꽂이 꼭대기에 할머니처럼 숄을 쓰고 밀짚모자를 쓴 채 앉아 있는 쥐 인형이었다.

예배가 끝난 어느 날 아침, 나는 예전처럼 나의 발신기를 사용하여 그녀와 이야기하고 있었다. 그때 그녀는 내 눈을 빤히 쳐다보며 이렇게 이야기했다.

"발신기 때문에 내가 당신을 더 잘 이해하지 못하는 것 같애. 당신 목소리로 이야기하는 것을 듣는 게 나을 것 같은데…" 내가 손을 높이 들자 그녀는 휠체어에 있는 받침대를 치워 주었다. 그리고 그녀는 제단 앞 난간에 받침대를 기대고 앉은 다음 나와 함께 오랫동안 이야기했다 - 나와의 진정한 대화를…

그날 아침 우리는 진심으로 서로를 이해하는 시간을 가질 수 있었다. 조시는 훌륭한 교수였을 뿐만 아니라 훌륭한 학생으로서의 자세를 보여 주었다. 그녀는 금새 나의 말하는 패턴과 특이한 표현법을 알아차렸다. 그리고 잘 이해하지 못하는 말이 나오면 추측을 해서라도 내 말을 이해하려고 애쓰곤 하였다. 그녀가 나를 이해하려고 애쓰며 내 목소리를 듣고 싶어하는 열정으로 인해 나는 그녀를 더욱 사랑하게 되었다.

나는 대화란 것이 주고받는 맛이 있어야 재미있는 것이 아니겠느냐고 하며 그녀 자신에 대해 이야기해 보라고 추궁했다. 결국 나는 그녀를 알면 알수록 더 존경하고 사랑하게 되었다.

수년 동안 꿈꿔 왔음에도 불구하고 나는 정말로 혼자 독립해서 삶을 살수 있을 지 걱정했다. 나는 마치 껍데기를 벗어야 하는지 아니면 벗지 말아야 하는지 고민하고 있는 미래가 모호한 애벌레 같다는 생각을 했다.

성경대학에서의 새로운 삶의 경험은 내게 또 다른 소망을 심어 주었다 - 단지 조시와의 우정이나 다른 교수들하고의 긍정적인 관계 뿐만아니라 동료 친구들하고의 새로운 관계 형성 때문이었다. 그리고 특별히 어떤 재미있는 사건이 나의 눈을 뜨게 했다.

내가 존경하는 교수인 B 목사님이 변증론 시간에 아주 까다로운 신학적 질문을 하나 던졌다. 학생들이 그 질문을 해석하고 답하려고 애쓰는 동안 침묵이 온 방을 감싸고 있는 것처럼 조용했다. 몇 분 후 나는 용기를 내어 내 나름대로의 답을 발신기로 적어 내었다.

B 목사님은 내가 쓴 답에 아주 흡족해 하면서 다른 학생들에게도 칭찬했다. 나는 다른 학생들이 교수님이 내게 보여 주는 각별한 관심을 어떻게 생각할까 하면서 내심 걱정했다.

그러한 의아심은 수업이 끝나자마자 많은 학생들이 나를 둘러싸고 있을 때 해결이 되었다.

"캐롤린, 당신의 그 똑똑한 척하는 것에 우리 모두 신물이 났어요" 라고 한 학생이 말했다.

"학기 초부터 교수님이 누굴 제일 예뻐하는지 다 알았다구요!"

그러자 또 다른 학생이 얘기했다 :

"캐롤린의 저 잘난 발신기와 받침대를 치워 보자. 그것 없이 그녀가 얼마나 똑똑한지 한번 보자구!"

"좋은 생각이지!"

누군가가 내 받침대를 치우자 모두 깔깔거리며 웃기 시작했다.

"애들아, 우리가 전에는 누구하고도 한번도 이런 식으로 싸운 적이 없었잖아. 이것 너무 쉬운데… 그저 이 발신기만 치우면 되는 거라고. 그러면 저 여자가 대답하는 것을 들을 필요도 없어!" 라고 내 발신기를 들고 있던 남학생이 얘기했다.

나는 학생들에게 그것이 있어야 나도 할 말을 할 수 있다고 하면서 발신기를 돌려달라고 설득했다. 나는 "B 목사님의 칭찬을 받은 것은 내 책임이 아니야!" 라고 말했다.

"너희들 중에 어떤 사람이 정답을 얘기했어도 B 목사님은 나한테 하셨던 것처럼 똑같이 그 사람을 칭찬해 주셨을 거야. 그리고 나는 교수님의 강아지가 아니야. 그냥 상황이 그렇게 됐을 뿐이고 나도 그것에 대해선 어떻게 할 수가 없었어!"

"그리고 나는 너희들보다 20살이나 더 먹었어. 정답을 알고 있는데 어떻게 가만히 있겠니? 어쨌든 B 목사님이 나한테 너무 티를 내시는 것은 나도 잘 알아!" 라고 덧붙였다.

그러자 우리반 학생들 모두 껄껄 웃으면서 이번 한번만 봐주겠다고 했다. 그러나 다음에 또 내가 그러면 발신기와 받침대를 숨겨 버리겠다고 했다.

나는 그들이 한 말에 동의했다. 그리고 그들이 나한테 그런 식으로 장난을 치며 내 콧대를 꺾을 정도로 나를 자유롭게 대해준 것에 깊이 감사했다.

그들이 나를 인정해 줄 뿐만 아니라 내가 장애라는 것을 아무렇지 않게 대해 준 것이 고마왔다. 또한 장난기 어린 방법이지만 내가 장애이기 때문에 특별한 대우를 받아서는 안 된다는 것을 알게 해 주어서 기뻤다.

　루터교 성경대학에서 일어났던 어떤 일보다도 그 사건으로 말미암아 나는 바깥 세계에서 나 자신의 삶을 꾸려갈 수 있을 것 같은 자신감을 얻게 되었다. 사람들은 내가 가지고 있는 한계 이상의 존재로서 나를 보기 시작했던 것이다.

　그러나 나는 아직도 그들이 진짜 내 모습을 보는 것을 원하지 않았던 것 같다.

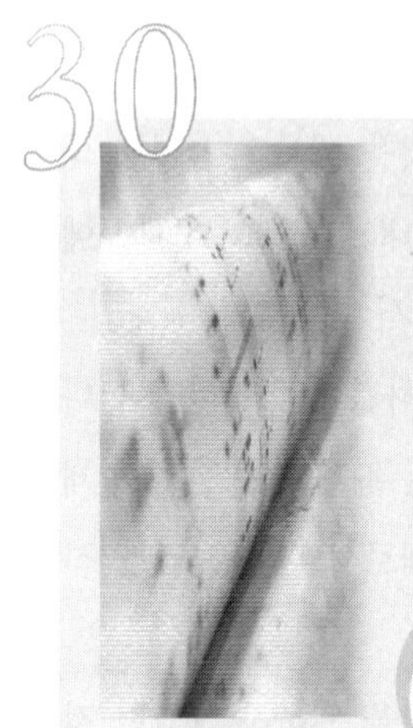

30

Foundation of My Dreams

내 꿈을 쌓으며

 루터교 성경대학에서는 나 캐롤린 마틴은 꿈을 추구하기 위해 부단히 노력하는 크리스천 신인 작가로서 교수님과 학생들의 주목과 존경을 받는 사람이었다.

하지만 훈련원에서는 여러 가지 다양한 삶의 기술을 배우는데 큰 진보를 보였음에도 불구하고 나는 여전히 옛날의 그 캐롤린 마틴이었다 - 복잡하고 규칙적인 훈련원 생활에서도 여전히 나만의 평화와 개인 생활을 추구하는 그런 캐롤린. 나는 종종 내 자신이 모범적인 그리스도인이 아니라는 것 때문에 좌절하며 분개했다.

내가 이 시기에 가졌던 가장 큰 문제는 새로운 룸메이트와 잘 지내지 못했다는 것이다. 나의 첫 번째 룸메이트였던 디에드라가 결혼을 하려고 떠난 후 나는 얼마 동안 나 혼자만의 황홀한 시간을 즐길 수가 있었다. 얼마나 멋진 삶이었던가?

그러나 그 후 나의 두 번째 룸메이트인 제니퍼가 들어왔다. 나는 그녀를 시리지에 있을 때부터 알고 있었다. 그녀는 내 또래쯤 되었는데 어렸을 때

소아마비가 되어 오른쪽 팔을 못쓰게 됐으며 발을 심하게 절고 있었다. 게다가 최근에는 당뇨병까지 걸린 상태였다. 그녀는 또한 요양원에서 아주 오랫동안 에이미라는 여자와 함께 방을 썼다.

에이미는 감정적으로 매우 불안정하여서 항상 제니퍼의 도움을 받으려고 하는 그런 여자였다. 어쨌든 두 사람은 떼어놓을 수 없는 관계였고 서로의 부정적인 면을 잘 보완(?)해 주는 그런 사이였다. 그들은 자신들의 문제가 다른 어떤 사람들의 문제보다 훨씬 더 심각하다고 보는 그런 종류의 사람들이었다. 만약 자신들의 사적인 필요가 충족되어지지 않으면 TV 뉴스에 나오는 무서운 사건을 보는 양 호들갑을 떨며 염려하곤 했다.

나는 한번도 그 둘 중의 한 사람하고도 친해 보려고 한 적이 없었다. 그래서 제니퍼가 훈련원에 나의 룸메이트로 들어온다는 소식을 들었을 때 내 귀를 의심했다.

제니퍼는 내가 자기의 또다른 에이미가 되어 주었으면 하는 것 같았다 - 감정적으로 그리고 신체적으로 그녀에게 의지하는 그런 사람. 내가 그녀의 그런 요구를 거절하기라도 하면 나를 속물처럼 생각했다. 나는 감정적으로 누구의 도움도 필요로 하지 않는 그런 자유롭고 독립적인 사람이 되고 싶었다. 그래서 그녀도 그녀 자신의 정신적인 문제를 혼자 해결해야 된다고 생각했다. 그녀가 무엇인가 화가 나서 나한테 화풀이라도 하면 나는 조용히 들어주었다.

하지만 내가 그녀의 화난 것에 대해 동조하지 않고 조용히 내 책상으로 가서 책을 읽으려 하면 그녀는 나한테 상처를 받고 화를 내곤 했다. 이것은 마치 내가 단 일분일초도 그녀를 떠나지 않고 그녀 곁에 있어 줘야 한다는 것같이 보였다.

그녀와 내가 힘들어 했던 또 하나의 문제는 프라이버시였다. 나는 여느 때처럼 나만의 프라이버시를 갖기 원했다. 하지만 그녀는 내가 방문을 닫

기라도 하면 무슨 위협이라도 받고 있는 것처럼 소스라치게 놀라는 것 같
았다.

제니퍼는 불구라는 문제 말고 또 다른 장애를 갖고 있었다. 한번은 훈련
원에 사는 거주자들이 모이는 회의에서 그녀는 이렇게 이야기했다.

"나는 당뇨병이 있으니까 여기 있는 여러분들이 하는 그런 일을 다할 수
없을 것 같아요. 그리고 만약 나를 화나게 하면 나는 혼수 상태에 빠져 죽
을지도 모른다는 것을 기억해 주세요!"

나는 그녀가 자신이 다니는 교회 목사님과 상담을 시작한다고 하기에 그
녀가 좀 나아졌으면 하고 바랬다. 하지만 나의 그런 바램은 허사였다. 왜냐
하면 그 상담이 그녀에게 전혀 도움이 되지 않았기 때문이다. 그녀는 분명
히 상담 시간의 대부분을 내가 얼마나 나쁜 여자인지를 이야기하는데 썼던
것 같다. 상담이 끝나고 나면 그녀는 내게 이렇게 이야기하곤 했다.

"우리 목사님이 그러시는데 너는 정신과 의사를 만나야 한데. 네가 나한
테 너무 야비하게 군다고 하시면서 말야!"

나는 또 그녀가 내가 제일 좋아하는 내 흔들의자에 앉아 내 전화기로 자
기 교회 사람들한테 전화해 몇 시간 동안 나에 대한 흉을 늘어놓는 것을 참
을 수가 없었다. 더군다나 나에 대해 거짓말까지 하는 것은 더 이상 견딜
수가 없어 그녀에게 당장 전화기와 의자를 사라고 말했다.

나는 여러 번 사무실에 찾아가 더 이상 제니퍼와 같이 살 수 없다고 호
소했다. 하지만 매번 내게 안됐다는 말은 하면서도 그녀가 새로 이사갈 방
이 없다고 했다. 모든 방이 꽉 찼던 것이다. 제니퍼와 나는 서로에게 질려
있었다.

제니퍼에게 있어서 가장 이상한 것이 있다면 그녀의 말솜씨였다. 그녀가
거짓말을 하거나 헛소문을 퍼뜨릴 때면 청산유수같이 말을 잘했다. 하지만
사실이나 사실과 다름없는 이야기를 하려고 하면 내가 바늘에다 실을 끼는

것보다 더 어렵게 말을 더듬기 시작하는 것이었다. 남이 믿든 말든 그녀가 그런 식으로 이야기하기 시작하면 훈련원의 다른 사람들은 그녀가 하는 말을 이해하지 못하고 나한테 통역해 달라고 했다.

나는 그녀와 사이좋게 지내지 못하는 것 때문에 늘 죄책감을 느꼈다. 나는 심리학을 공부해야 되는 것이 아닌가 하고 생각했다. 왜냐하면 나를 영향력 있는 모범 기독교인이라고 인정해 주는 사람들이 있는 성경대학에 다니고 있으면서도 내 룸메이트하고는 이렇게 심란한 관계에 있었기 때문이다.

어느 날 창 밖을 내다보다가 레스에서부터 알고 지낸 러셀이라는 친구가 번쩍거리는 전기 휠체어에 앉아 있는 것을 발견했다. 나는 그가 전기 휠체어를 소유하기까지 2년을 넘게 기다렸다는 것을 잘 알고 있었다. 그의 그런 모습을 보고 너무 기뻐 그에게 축하한다는 포옹을 해 주기 위해 휠체어를 타고 쏜살같이 내려가려고 했다. 그때 내 뒤에서 중얼거리는 제니퍼의 말소리를 그냥 지나칠 수가 없었다 :

"저것 봐! 또 나를 혼자 내버려두고 가네!"

나는 그 소리를 듣고 멈춰서 그녀에게 말했다

"그럼 나하고 같이 러셀의 멋신 휠체어를 구경하러 가자!"

그러자 그녀가 얘기했다.

"나는 너처럼 빨리 갈 수가 없어. 만약 그렇게 하면 혼수 상태에 빠질지도 몰라!"

"그러면 너는 여기 가만히 앉아 있어. 나는 가야 하겠으니까!" 라고 말했다. 내가 현관 복도쯤 왔을 때 그녀가 엉엉 울고 있는 소리가 들려왔다. 누가 와서 자기 하소연을 들어 달라는 식으로 말이다. 그러나 아무도 그녀 애기를 들어주려고 하지 않았던 것 같다.

다른 사람들이 내가 다른 것은 잘하면서 왜 제니퍼하고는 잘 못 지내는지 궁금해 하면 괜히 화가 나곤 했다. 내가 그녀에게 그런 감정을 갖고 있다는 것 자체가 싫었다. 용서를 간구하며 하나님 아버지께 그녀와 잘 지낼 수 있는 은혜를 주십사 하고 기도드렸다. 하지만 이상하게도 계속해서 제니퍼하고도 잘 지내지 못하고 하나님을 기쁘시게 하지도 못하는 것 같았다.

제니퍼가 자살하고 싶다는 이야기를 하자 제니퍼에 대한 나의 감정은 더욱 악화되었다. 그녀는 자기가 자살을 한다면 그것이 다 나 때문이라고 말하고 싶었던 것이다. 더 이상 들을 수 없어서 그녀에게 이렇게 말했다.

"내가 만약 네 쇼에 넘어간다고 생각하면 큰 오산이야. 여기서는 네가 불구라고 해서 너를 특별 대우해 줄 사람이 아무도 없다는 것을 알아둬. 여기 있는 사람 모두 다 문제가 있으니까. 이 정신나간 아가씨야. 정신 좀 차려라. 게다가 자살을 할거라고? 그러면 그렇게 하시지 그래? 그런데 그렇게 죽고 싶으면 샤워나 하고 죽어. 그래야 청소하기가 쉬울테니까 말야!"

나는 내가 이렇게 못된 말을 하고 있다는 것조차 화가 났다. 예상했던 대로 제니퍼는 머리끝까지 화가 나서 몇 십 번이고 자기는 자살하고 말거라고 떠들어댔다. 그러자 나는 잽싸게 대꾸했다.

"그러면 빨리 해라. 그렇게 떠들기만 하고 실행도 하지 않는 것에 신물이 났으니까 말야!"

어떤 것도 나와 제니퍼와의 문제를 해결해 줄 수 없을 것 같았다. 심지어 기도를 하고 성경책을 읽어도 마음이 편하질 않았다. 더군다나 내게 문제가 있을 때마다 내 어두운 심령을 밝혀 주던 바하의 음악도 도움이 되지 않았다. 내가 원했던 것은 단지 내 침대 위에 올라가 마음이 편해 질 때까지 실컷 울고 싶은 그런 공간을 갖고 싶었다. 하지만 그런 사치는 내게 허락되지 않았다.

그 주말에 제니퍼가 외출한 틈을 타 기분 전환을 할까 해서 마룻바닥을 쓸고 설거지를 해야겠다고 생각했다. 뜨거운 비눗물에 접시를 집어넣으려고 하는데 조리대 위에 놓여 있는 커다란 식칼이 눈에 들어왔다. 나는 내가 자살을 할 만큼의 용기가 있고 몸을 잘 움직여서 그 행위를 실행할 가능성이 있는지를 생각하며 꽤 오랫동안 그 식칼을 응시했다. 그러나 이왕에 자살을 시도한다면 꼭 성공하고 싶다고 생각했다.

그러한 결정을 하기 전에 나는 또다른 생각이 떠올랐다. 나는 벌받아 마땅하다는 그런 생각이었다. 그런데 그 징벌의 방법이 하나 있었다. 그 방법이란 내 책상 서랍과 상자 안에 들어있던 글들을 꺼내어 침대 위로 마구 던지는 것이었다. 그런데 그렇게 어지럽게 널려 있는 종이들을 한참 쳐다보며 생각에 젖게 되었다. 내가 썼던 저 한자 한자의 글들이야말로 내 삶의 전부가 아니었던가!

나는 저 글을 위해 살았고 일하지 않았던가! 내 눈물과 고통의 유산들! 그것들을 파괴하는 것은 나 자신을 파괴하는 것을 의미했다.

나는 종이 한 장을 들어 갈기갈기 찢기 시작했다. 그리고 그것을 쓰레기통에 다 던져 버렸다. 이것은 마치 나의 손목을 톱으로 켜는 듯한 고통이었다. 나는 다른 종이를 집으면서 목놓아 울었다. 그러나 이것은 내가 진정으로 원하는 것이 아니라는 것을 깨닫게 되었다. 주님께서는 내가 이제껏 썼던 이 글들이야말로 내 삶과 내 꿈의 기초였다는 것을 알게 하셨다. 또 그 꿈은 주님으로부터 온 것이었는데…그런데 나는 하찮은 하나의 불행한 상황 때문에 거의 40년이란 세월을 보내며 일했던 그 글들을 파괴하려고 한단 말인가…

나는 조심스레 종이를 한 장 한 장 챙겨서 제자리에 갖다 놓았다. 그리고 쓰레기통에 있던 조각들을 주섬주섬 모으기 시작했다. 그 종이는 내가 4번이나 교정을 본 글이었다. 그것을 깨닫자 웃음이 터져 나오고 말았다. 한순간은 기가 죽어 어쩔 줄 몰라 하다가 금방 웃고 있는 나 자신을 보니 기가 막혔다. 나는 나 자신을 그리고 그러한 상황을 이해할 수가 없었다.

하지만 한가지는 확실하게 알 수가 있었다. 나는 살고 싶다는 것을, 그리고 계속 글을 쓰고 싶다는 것을 말이다.

그 다음주 짐 목사님이 찾아왔다. 나는 그 동안에 일어났던 일들을 모두 말씀드렸다 - 제니퍼 하고의 갈등과 자살 충동을 느꼈던 것, 그리고 내 글을 다 찢어 파괴하려 했던 것까지. 목사님은 내가 제니퍼의 허세를 꺾은 것은 잘한 일이라고 했다.

"그녀가 당신의 인생을 망치게 해서는 안 되지요!" 라고 했다.

나도 그 말에 동의했다.

"하지만 만약 그녀가 진짜 혼수 상태에 빠져 죽거나 아니면 나 때문에 화가 나서 자살이라도 하면 어떻게 하죠?" 라고 물어 보았다. 목사님은 의자에 똑바로 앉더니 진지하게 말했다.

"그녀가 무엇을 하든지 그것은 그녀의 책임이지 캐롤린 당신의 책임은 아니에요. 물론 상황이 그렇게 되면 불행한 일이지요. 하지만 하나님께서는 그녀에게 자유 의지를 주셨어요. 그러니 그녀는 그녀의 자유 의지 안에서 분노와 고통을 다루는 것을 배워야 해요. 캐롤린 당신도 가장 불행하다고 생각하는 순간에 당신 자신을 저지하고 하나님의 음성을 들었잖아요. 제니퍼도 그렇게 할 수 있는 능력이 있는 거예요!"

하지만 나로서는 나의 감정을 그렇게 혼란스럽게 하는 사람과 얼마나 오래 살 수 있을지 알 수가 없었다. 짐 목사님은 내가 원하면 언제든지 다시 찾아오겠다고 약속한 후 내 방을 떠났다.

그러나 떠나기 전에 이러한 시련을 겪는 동안 글을 쓰는 것이 어떻겠느냐고 조언했다. 왜냐하면 목사님은 내가 눈물과 고통 중에 있을 때 최고의 작품이 나올 수 있다는 것을 믿었기 때문이다. 그분은 나의 꿈이 계속해서 실현될 수 있도록 그렇게 나를 밀어 주었다.

그 후 몇 달 동안은 제니퍼와의 관계가 조금 나아지는 것 같았다. 어느 주말 그녀의 이전 룸메이트가 찾아오기 전까지만 해도 말이다. 제니퍼와 에이미는 내가 마치 귀머거리라도 된 듯이 내 앞에서 내가 지난 20년 간 얼마나 못된 사람이었는지 모르겠다고 하며 떠들고 있었다. 처음에 나는 그들의 그런 대화를 못들은 척하며 무시하려고 했다.

그러나 우리 셋이 모두 식탁에 앉아 과자를 먹고 있을 때 나는 드디어 폭발하기 일보직전에 이르렀다.

"너도 캐롤린이 어떤 줄 알잖아. 저 애는 언제나 야비하고 속물 같은 애야!" 라고 에이미가 말했다.

내가 감정을 조절하려고 애쓰고 있음에도 불구하고 제니퍼는 내가 속에서 부글부글 끓고 있다는 것을 알아차린 모양이었다. 그녀는 그녀가 잘 써먹는 방법으로 나의 화를 부채질하기 시작했다.

"만약 네가 나한테 화를 내면 우리 목사님한테 말씀드릴거야. 목사님이 그러셨는데 너는 정신과 의사한테 가봐야 한다고 했어!"

급기아 화를 참지 못하고 폭발해 무거운 플라스틱 숟가락을 제니퍼에게 던지고 말았다. 우습게도 그 장면은 그녀를 놀라게 한 것보다 나 자신을 더 놀라게 했다. 왜냐하면 숟가락이 정확하게 그녀의 손등을 내리쳤기 때문이다. 보통 때는 내가 무엇을 던지면 그것은 정반대 방향으로 날아가 내 의자 뒤에 떨어지곤 했었다.

제니퍼는 복수의 의미로 뜨거운 커피를 내게 던지며 자기는 곧 혼수 상태에 빠져 죽을 것이라고 협박하기 시작했다. 이때 에이미는 발을 구르며 소리를 지르고 허공에다 삿대질을 하며 난리를 치고 있었다. 설상가상으로 사람들이 모여들기 시작했고, 그들은 이런 광경을 보고 무슨 재미있는 구경이라도 되는 듯 소리치며 웃고 있었다.

보조원 한 명이 싸움을 말리려고 급히 뛰어왔다. 그녀가 문 밖의 사람들을 조용히 시키는 사이 나는 훈련원의 뒤쪽으로 몸을 피했다. 그리고 그곳에서 더 이상 울 수 없어 지칠 때까지 계속해서 울었다.

'왜 나는 내가 원하는 사람이 될 수 없을까? 나는 왜 나의 분노조차 조절하지 못하는 것이란 말인가?'

드디어 보조원이 나를 찾아와 말했다. "가엾은 아가씨. 자신을 너무 학대하지 말아요. 불화가 너무 오랫동안 지속되어서 그랬을 뿐이잖아요. 내일 내가 와서 모든 것을 공평하게 처리해 줄께요!"

그 다음 주간 초에 제니퍼는 독방을 쓸 수 있도록 배정을 받았다. 짐 목사님은 그 다음주에 나를 방문했다. 나는 말씀드릴 것이 너무너무 많았다. 내가 싸웠다는 말씀을 드리자 웃으면서 말했다.

"그녀가 죽지 않을 거라고 내가 얘기하지 않았던가요?"

하지만 내가 얼마나 죄책감을 느끼고 있는지 말씀드리자, "치유가 시작되기 전에 때때로 우리는 문제를 표면화시켜야 할 때도 있는 거예요!" 라고 했다. 목사님은 하나님께서 아직도 나를 사랑하시며 나를 이해하고 계신다는 것을 상기시켜 주었다.

몇 주 후에 제니퍼는 훈련원에 있기보다 좀더 조직화된 프로그램이 있는 그런 곳에 살아야 할 정도라는 것을 모든 사람이 알게 됐다. 그녀가 이사를 갈 때 나는 약간의 죄책감을 느꼈다.

'그녀와 긍정적으로 잘 지내기 위해 화를 내지만 않았더라도 내가 그녀와 또 하나님과의 관계에서 실패하지 않았고 그녀도 저렇게 쫓겨 가지는 않았을텐데…' 라고 생각하면서 말이다.

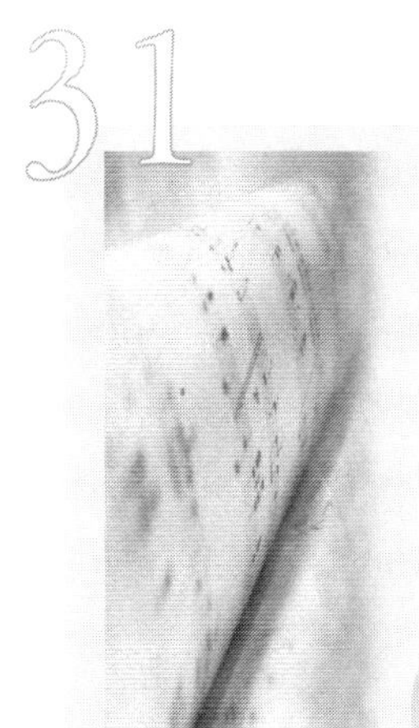

31

One Naked Soul

벌거벗은 영혼

우리 교회에 다니는 한 사람이 2학년 가을 학기부터 루터교 성경대학에 같이 다니게 되었다. 나는 그와 함께 매일 통학을 했기 때문에 기숙사에 살 필요가 없게 되었다. 통학을 쉽게 할 수 있음으로써 과목 선택하는 일에도 융통성이 생겼다 - 일주일에 5과목만 수강을 해도 되었던 것이다. 그런데 이런 상황이 내게 도움이 되기보다는 오히려 어려움이 되었다. 통학을 하는 이유로 나는 매일 피곤을 느끼는 데다가 2-3시간씩 걸려 숙제를 해야 했고, 또한 매일 훈련원에서 요구하는 집안일도 다 마쳐야 했기 때문이다.

학기 중간쯤 되었을 때 나는 학과에서 뒤지고 있다는 것을 깨닫게 되었다. 조시는 내가 당면한 문제가 무엇인지를 곧 알아차렸다.

"당신이 피곤하다는 것을 잘 알아요. 그러나 여기서 학점이 더 나빠지면 학사 경고를 받게 될거야. 난 당신을 믿어요, 캐롤린. 조금만 더 노력하면 해낼 수 있어!"

훈련원에 돌아오사마사, 나는 나의 새로운 보소원인 로빈에게 한가지 부탁을 했다. 나를 이번주 토요일과 주일날 만이라도 완전히 공부에 몰두할 수 있게 해 주면 그 다음주에 훈련원에서 해야 할 임무를 다 마치겠다고 했다. 조시가 내게 보여준 그녀의 신뢰와 염려로 인해 나는 주말 내내 공부에 열중할 수 있었다.

월요일 아침 나는 활짝 웃으며 하루를 시작할 수가 있었다. 그리고 조시에게 "나 다 했어요!" 라고 말하고 싶어 견딜 수가 없었다. 그러면 그녀는 내게 큰 포옹을 해 줄 것이다. 조시가 교실 안에 들어오자 나는 휠체어에 있는 내 책가방을 열려고 했다. 하지만 어쩐지 가방이 너무 가볍다는 생각이 들었다. 뭔가 잘못 됐던 것이다. 나는 얼른 가방 안을 들여다보았다. 그런데 그 안에는 아무것도 없었다. 내 숙제가 없어졌던 것이다. 또 한번 찾아봤다. 그러나 그 안에는 티슈 외에는 아무것도 없었다.

나는 휠체어에 놓여 있는 받침대에 엎드려 울기 시작했다. 조시가 깜짝 놀라 무슨 일인지 알아보려고 뛰어왔다. 나는 그녀에게 텅 빈 가방을 보여주며 "숙제를 다 잃어버렸어요!" 라고 말했다.

그녀는 어쩔 줄 몰라했다. "가엾어라. 혹시 집에 놓고 온 것 아니야? 화가 나서 우는 것은 괜찮아. 하지만 이제 진정해야겠어. 수업을 끝내야지. 수업 후에 어떻게 해야 할 지 생각해 보자!" 그녀는 내가 화가 난 것에 대해서는 괜찮다고 했다. 하지만 더 이상 아무 말도 하지 않고 내 스스로가 내 울음 소리를 들으며 감정 조절을 할 수 있도록 도와주었고 곧 진정할 수가 있었다. 그런데 그것은 꼭 기적같이 느껴졌다.

내가 나의 감정을 조절할 수가 있게 되었던 것이다!

숙제를 찾는 것은 불가능한 일이었다. 하지만 나는 첫 번째 써 놓았던 초안을 찾아 다시 숙제를 할 수 있게 되었다. 몇 문제를 완전히 다시 해야 하는 것만 빼놓고 말이다. 어쨌든 그 순간에도 비극이라고 느꼈던 그 문제로 인해 나는 나의 평생 습관이었던 덜렁거리는 것을 버리게 되었다. 로빈은 지퍼가 달린 공책을 하나 사서 내 숙제를 정리할 수 있도록 도와주었다. 그리고 지퍼 끝의 고리에다 신발끈을 달아 열고 닫기에 편하게 해 주었다. 나는 천천히 학과목을 따라잡을 수 있었고 내 점수는 조금씩 오르기 시작했다.

10월의 마지막 주 토요일, 꽤 많은 훈련원 사람들이 추운 겨울이 닥치기 전 자연을 즐긴다는 명목으로 베인브리지 섬으로 야유회를 갔다. 나는 나 혼자만의 장소를 찾기 위해 꽤 오랜 시간을 소비했다. 그러나 드디어 안개가 얇게 깔려서 신비하게 보이는 퓨젓사운드(워싱턴주 북서부에 있는 태평양의 긴 만(灣) - 편집자)를 혼자 앉아 감상할 수 있는 조용한 오솔길을 찾았다. 나는 다시 한번 나 자신의 모습을 인지하면서 바다와 동화될 수 있는 시간을 가졌다. 나 자신의 진정한 실체와 나를 둘러싸고 있는 다른 사람들 속에서의 나를 생각하면서 말이다.

연락선을 탄 후 곧바로 차를 타 피곤해져 꾸벅꾸벅 졸며 집으로 왔다. 훈련원 주차장에서 하차하는 시간이 되어 나는 여느 때처럼 휠체어를 내리는 기계쪽으로 후진시켰디. 그런데 누군가가 오판을 했거나 정신을 차리지 않고 있었던 모양이다. 그 기계가 거기 없었다. 순간 나는 차 뒤쪽으로 튀어나가 휘청거리며 떨어지고 말았다. 안전벨트를 매고 있던 나는 휠체어와 함께 시멘트 바닥으로 내동댕이쳐지고 말았다.

나는 떨어지면서 기절했고 정신이 들어 깨어났을 때 로빈은 혹시 골절된 것이 없나 하고 점검하고 있었다. 다행히도 골절은 없었다. 그는 나를 자기 팔에 안아 조심스레 침대에 눕혀주고 나서 멍든 데가 아프지 않도록 아스피린 두 알을 주었다. 그는 내가 땅바닥에 기절해 누워 있으면서 "조시"를 불렀던 것을 기억할 수 있겠냐고 물었다. 나는 전혀 기억이 나지 않는다고 했나. 그는 그런 부의식의 상태에서는 감정적으로 가장 가깝다고 느끼는 사람을 찾는 법이라고 했다.

그날 저녁 통증이 오는 것을 잊고 잠을 자려고 뒤척이면서 로빈이 한 말을 다시 한번 생각해 보았다. 다음날 아침 어깨와 허리가 너무 아파 교회는 가지 못하고 오후 늦게까지 잠을 잤다. 나는 일어나서 조시에게 전화해서 무슨 일이 있었는지 말해 주려고 했다. 그러나 얼마동안 통화하지 못하다가 초저녁이 되어서야 그녀와 통화할 수가 있었다. 그녀와 전화로 이야기하는 것이 처음이라 그녀가 내 말을 이해할 수 있을 지 확신이 가질 않았다. 하지만 다행히 그녀는 내 말을 알아들었고 그녀와 이야기하면서 기분이 훨씬 좋아졌다. 그녀는 잠을 더 자라고 말했다. 그리고 내가 그 다음날 학교에 가겠다고 고집을 부리자 학교에 오면 자기부터 찾아오라고 했다.

내가 학교에 도착하자 조시는 아스피린이 가득 든 봉지를 들고 현관 앞에서 나를 기다리고 있었다. 그녀는 내가 엉망으로 보인다고 속상해 하며 정말 공부할 수 있겠느냐고 물어 보았다. 나는 점심 시간 동안에 낮잠을 자겠다고 약속했고 조시는 학생 한 명을 선임해서 나를 매시간마다 강의실까지 데려다주도록 부탁했다. 내가 싫다고 하자 그녀는 내가 휠체어를 밀다가 목이 더 악화되면 어떻게 하느냐고 걱정을 했다. 어쩔 수 없이 그녀의 명령에 복종해야 했고, 그녀 같은 성자하고 말다툼을 해봐야 소용이 없다는 것을 알았기 때문이다.

그날 오후 몇 분 동안 그녀와 이야기할 수 있는 시간이 있었다. 그때 조시는 내가 당했던 사고에 대해 꼬치꼬치 물어 보았다. 그녀는 직원들이 조금 더 신중하지 않았던 것에 대해 화가 난 것 같았다. 내가 그 사람들을 변명해 주려고 하자 조시는 더 화를 냈다.

"그래도 그 사람들이 좀더 조심했어야지!" 라고 다그쳤다.

조시가 그렇게 강하게 표현하는 바람에 나는 깜짝 놀랐다. 그리고 순간 나는 그녀가 나를 얼마나 생각해 주는 지를 알게 되었다.

'내가 차에서 떨어진 것을 가지고 조시가 저렇게 신경을 써 주는데 내가 화를 주체 못하는 것과 그 끔찍했던 나의 비밀을 털어놓는다 해도 변함없이 나를 돌봐 주지 않겠는가!'라는 생각을 해 보았다.

이때쯤 나는 그녀가 매우 신실한 크리스천이라는 것을 알고 있었다 - 그녀는 매사에 성경적인 관점으로 삶을 살려고 노력하는 사람이었다. 그녀는 언제나 내게 마음의 문을 열고 있었다. 내가 그녀에게 나의 고통과 분노를 다 털어놓는다 해도, 그녀는 결코 민망해 하거나 실망하지 않을 것이다. 나는 드디어 때가 왔다는 것을 알고 마음을 정했다.

그 주간에 나는 조시에게 나와 이야기할 시간이 있는지 물어 보았다. 그녀는 자신의 우편함을 점검한 후에 기숙사 앞에서 나를 만나겠다고 약속했다. 우리는 사람이 아무도 없는 그런 후미진 구석으로 장소를 옮겼다.

나는 조시가 "화가 난 것 같네!"라고 말하기 전까지 어떻게 말을 꺼내야 할 지를 몰랐다. "로빈이 당신하고 얘기해 보라고 했어요!"라고 내가 말했다. 그러나 사실 로빈은 내가 진짜로 무엇을 이야기하고 싶어하는 지에 대해서는 아무것도 몰랐다. 내가 말을 못 꺼내고 있는 것을 눈치챈 조시는 침착하게 이야기했다.

"진짜로 당신이 화가 난 이유가 무엇인지 얘기해 봐요!" 나는 아주 오랜 세월 동안 어느 누구에게도 말할 수 없었던 그것을 말하려고 노력했다. 그러나 말이 혀에서만 돌고 입 밖으로 나오질 않았다. 조시는 내가 고민하고 있는 것을 알아차리고 내 손을 잡아 주었다.

"만약 당신이 얘기하는 것이 하루가 걸린다 해도 다 들어 줄꺼야. 그러니 염려하지 말고 마음을 편하게 먹어요!"라고 그녀가 이야기했다. 나는 다시 한번 입을 열어 이야기해 보려고 했다. 하지만 아무 말도 할 수가 없었다. 그리고 그 순간부터 몸짓으로 이야기를 하기 시작했다.

나는 손가락으로 그곳을 가리켰다.

"성적 학대를 당했다고?"

조시가 질문을 하자 나는 고개를 끄덕거렸다.

"최근에?"

나는 아니라고 머리를 저었다.

"그럼 어렸을 때?"

나는 다시 고개를 끄덕거렸다.

"당신 아버지한테?"

나는 빨리 머리를 흔들었다.

"그럼 누구한테?"

나는 다시 내 쪽으로 손을 가리키며 교회 모양의 표시를 만들었다.

"교회가 있고…, 종 탑이 있는데…." 나는 집게손가락을 사용해 종 탑을 만드는 시늉을 했다. 조시가 내 말을 이해하고 있다는 것과 그녀가 화가 났다는 것을 알 수 있었다.

"목사가?"

나는 그렇다고 고개를 끄덕였다.

"어디서? 알래스카에서?"

나는 다시 한번 고개를 끄덕였다. 마침내 자물쇠가 열렸던 것이다. 나의 유리 상자가 열리고 그 안에 감춰져 있던 어두운 과거들이 빛 속에 환히 드러나게 되었다. 나는 마치 내 영혼의 큰 닻이 내려지며 자유의 항해가 시작되는 것을 느낄 수가 있었다. 동시에 닫혔던 입도 열리면서 말을 할 수 있게 되었다. 나는 조시에게 나 자신이 얼마나 부끄럽고 실망스러웠는지 이야기했다. 또한 내 안에 존재해 온 분노가 나를 파괴할 것같이 느낀 적이 많았다고 이야기했다. 그리고 그런 소동이 한바탕 왔다가 지나가면 죄책감과 고독에 시달리다가 몇 시간 동안 울곤 했다고 말했다.

이렇게 내 영혼 어두운 곳에 숨겨져 있던 비밀을 꺼내어 이야기하려니까

심신이 피곤했다. 그러나 마음이 안정되면서 기쁨의 눈물이 흘러나왔다. 조시가 나를 안고 있는 사이 내가 눈물 콧물을 흘리는 바람에 그녀의 검은색 치마가 엉망이 되어 버렸다. 하지만 그녀는 그런 것 따위로 신경쓰는 것 같지 않았다. 더 중요한 것이 진행되고 있었기 때문이다. 조시는 나를 안은 채 조용히 이야기했다.

"당신 안에 그런 고통이 있는 줄 짐작했어요. 가끔가다 아주 꼬치꼬치 캐물어 봐 귀찮았을텐데 이렇게까지 나를 신뢰해 줘서 고마워요!" 조시는 우는 것은 부끄러운 것이 아니라고 했다. 그래서 나는 계속 울었다. 하지만 죄책감 때문에 운 것이 아니라 내 생애에 일어나고 있는 놀라운 변화 때문이었다.

조시는 내가 당했던 그 성적 학대가 낫기 위해 감정적 상처를 치유받기 위한 전문가의 도움을 받아야 하지 않겠느냐고 이야기했다. 하지만 나는 주 정부의 복잡한 절차를 거쳐야 하거나 더 나아가 신뢰하지 못할 그런 사람들한테 내 비밀을 다 털어놓고 싶지는 않다고 했다. 그러자 조시는 나에게 크리스천 정신분석학자 한 사람을 소개시켜 주었다. 그리고 짐 목사님은 자기 교회의 재정으로 상담 비용을 해결해 주었다.

나는 처음부터 그 상담자를 좋아하게 되었다. 그 상담자의 이름은 비키였는데 그녀는 생각이 깊고 하나님 안에서 신실한 믿음을 소유한 지혜로운 여인이었다. 나는 내가 강간을 당했던 것과 그때 내가 어떻게 했는지에 대해 자세히 편지를 써서 그녀에게 주었다. 그녀는 내 편지를 읽으면서 어찌할 줄 몰라하며 고통스러워 했다. 나는 언제나 그 목사가 그런 짓을 하도록 놔두었던 나 자신을 혐오해 왔던 것이다. 비키는 그때의 나로서는 어떻게할 수 없었다고 말하며 내가 신체적으로나 감정적으로 그 사람을 이겨낼 힘이 없었다는 것을 이해시키려 했다. 그녀는 또한 내가 그런 일을 당했을 때의 나의 감정 성숙도는 거의 6살 정도 아이의 감정밖에 안 되었다는 것을 판단했다. 그때 나는 내가 못생겼고 사랑받지 못하는 존재라고 느꼈었다. 하지만 그 목사는 내가 예쁘다고 느끼게 하면서 그것을 미끼로 나를 농락했던 것이다.

아! 마침내 나는 그 사건이 나의 실수 때문이 아니라는 것을 알게 되었다. 하지만 이런 깨달음은 나에게 또 하나의 새로운 분노를 일으켰다 - 나에게 그런 짓을 했던 그 목사에 대한 분노와 그것이 나의 실수였던 것처럼 느끼게 했던 그의 교활함. 그리고 오랜 세월동안 나를 그런 상처의 고통 속에서 헤매게 했던 모든 것들에 대한 분노가 솟아올랐다.

비키와 나는 분노와 강간에 대해 많이 이야기했다. 또한 내가 어떻게 화를 냈었고 내 육체를 얼마나 혐오했으며 또한 그 혐오 자체가 어떤 덫이 되었던가 하는 것 따위도 이야기했다. 나는 어린아이로서 언제나 절실할 정도로 사랑받고 싶어했다. 하지만 언제나 내 분노를 절제하지 못했기 때문에 사랑받지 못한다고 느꼈었다. 나는 하나님께 착한 소녀가 되게 해달라고 간구하곤 했었다. 그럼에도 불구하고 나의 발끈하는 성격 때문에 부모님들도 나를 놓고 옥신각신하시지 않았던가. 나는 이런 이야기를 비키에게 다 말했다.

그리고 그녀에게 나의 진짜 문제는 뇌성마비라는 장애가 아니라 분노라는 장애라고 고백했다. 나는 언제나 신체적 장애를 극복하는 데는 그럭저럭 잘 견뎌내고 있었다. 하지만 나의 분노에 관해서는 그 어떤 것도 도움이 될 수 없다는 좌절에 빠져 있었던 것이다.

그 후 3년 동안 비키는 천천히 내가 나의 분노와 죄책감을 극복할 수 있도록 지도해 주었다. 그녀는 나 자신을 용서하는 것과 하나님 앞에서 내 자신이 분노할 수 있도록 허용하는 것도 가르쳐 주었다 - 솔직하게 하나님께 나의 고통을 보여드리는 것이다.

하나님께서는 진실을 원하신다. 왜냐하면 그분 자신이 진실하시기 때문이다. 그분은 우리가 무엇을 감추는 것을 원치 않으신다. 내가 모든 것을 다 솔직하게 노출하고 나의 모든 분노를 다 터뜨린다 해도 하나님께서는 아직도 그곳에 계시면서 언제나처럼 나를 사랑해 주시는 분이시다. 그분 앞에서는 가장이나 꾸밈이 필요하지 않다.

하나님 앞에서 솔직해짐으로써 진정한 내가 누구인지를 알게 되었을 때 나 자신에게뿐 아니라 다른 사람에게도 더 솔직해질 수 있다는 것을 깨닫게 되었다.

루터교 성경대학에서의 2학년 과정이 다 끝나가던 즈음에 나는 새로운 눈으로 나 자신을 보게 되었다. 또한 나는 장애가 아닌 정상인 친구들과 그 전에 경험하지 못했던 친밀하면서도 의미있는 관계를 경험하게 되었다. 그러나 무엇보다도 중요한 것은 이제 특별한 보호를 받지 않는 바깥 세계에서 살 수 있을 것 같다는 확신이 들었다는 것이다. 장애인들만이 모여 사는 그런 장소에서 많은 세월을 보낸 나로서는 이런 확신이 놀랍게만 느껴졌다.

학기가 거의 다 끝나가던 어느 날 나는 예배 시간에 다른 학생들 앞에서 연설을 해달라는 부탁을 받았다. 나는 내 인생 여정 동안에 일어났던 일들과 내가 무엇을 배웠는지에 대해 말하고 싶었다. 그리고 그 연설을 하기 위한 성경본문을 찾았는데 고린도후서 4장 7-11절까지의 말씀을 인용하기로 했다 :

"우리가 이 보배를 질그릇에 가졌으니 이는 능력의 심히 큰 것이 하나님께 있고 우리에게 있지 아니함을 알게 하려 함이라 우리가 사방으로 우겨쌈을 당하여도 싸이지 아니하며 답답한 일을 당하여도 낙심하지 아니하며 핍박을 받아도 버린 바 되지 아니하며 거꾸러뜨림을 당하여도 망하지 아니하고 우리가

항상 예수 죽인 것을 몸에 짊어짐은 예수의 생명도 우리 몸에 나타나게 하려 함이라 우리 산 자가 항상 예수를 위하여 죽음에 넘기움은 예수의 생명이 또한 우리 죽을 육체에 나타나게 하려 함이니라"

나는 예배 시간에 말할 내용을 종이에 적어 조시에게 주었다. 내가 단위에 서 있는 동안 나 대신 조시는 그것을 강하고 청아한 목소리로 읽기 시작했다. 처음에는 내가 쓴 글이 다른 사람에 의해 저렇게 강한 목소리로 잘 읽혀진다는 것이 이상하게 들렸다. 그러나 곧 하나님께서 내게 또 하나의 목소리를 주셨다는 것을 깨닫게 되었다. 그리고 나의 글을 통해 바울이 이야기했던 그 질그릇 같은 육체의 연약함을 이길 수 있다는 것에 감사드렸다. 그리고 또한 나의 삶은 의미있고 가치있다는 것을 확신하게 되었다.

32

The Sparrow Has Found Her Nest

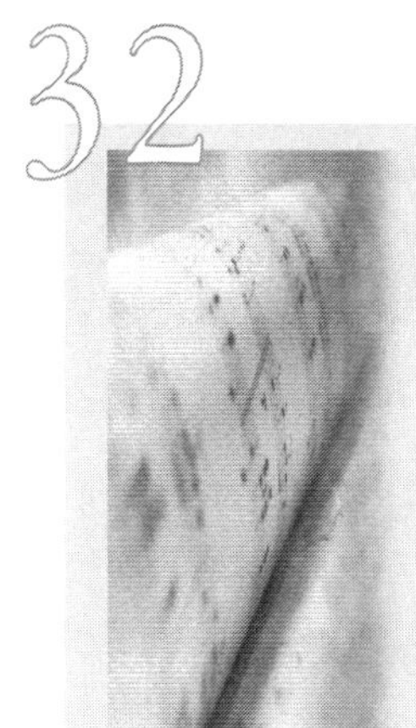

제 집을 찾은 참새

종합뇌성마비협회가 노스시애틀의 호돈힐스라는 동네에 아파트 단지를 짓기 위해 땅을 파기 시작한 때는 춥고 바람이 많이 부는 겨울날이었다. 이 공사는 그 협회의 종합계획 중의 마지막이자 세 번째 계획안이었다. 즉, 첫 번째는 환자촌의 설립이었고, 두 번째는 훈련원이있으며, 세 번째가 혼자서 살 수 있는 사람늘을 위한 아파트 단지를 만드는 것이었다.

설계도는 각 아파트마다 거실이 딸리도록 되어 있었다; 장애인들 높이에 맞추어 만들어진 부엌, 휠체어용 조리대, 싱크대 그리고 주방용품들; 현관 쪽에서 멀리 떨어져 있는 화장실; 양면으로 옷을 넣을 수 있는 양복장이 가운데 있는 2인용 넓고 큰 침실.

시간이 화살같이 지나가면서 아파트가 완공되어 갔다. 미혼이든 기혼이든 상관없이 24시간 동안 보조를 받을 필요가 없는 사람이면 누구든지 이 아파트에 입주할 수가 있었다. 나는 즉각 입주 신청을 했다. 이 새로운 아파트 공사를 진행하고 있는 책임자의 말에 의하면 내가 이 아파트에 입주

하는 첫 번째 사람이 될 것이라고 했다.

나는 몇 주 동안 내 아파트를 어떻게 꾸밀까 계획하면서 시간을 보냈다. 내가 옛날부터 꿈꿔 오던 이상적인 집을 머리에 그려 보면서, 식탁 위에 양초를 놓고 예쁜 바구니들을 여기저기에 놓을 것이며 거실 장식장에는 골동품 인형들로 장식할 것이다 - 그리고 분홍색 옷장 위에는 외할머니의 오래된 거울을 걸어 놓을 것이다.

하지만 이런 것들보다도 현실적인 계획이 먼저 마련되어져야 했다. 침대와 식탁, 의자 그리고 거실용 가구가 필요했던 것이다. 그래서 훈련원에 기증품으로 들어온 가구들부터 모으기 시작했다. 로빈은 침대를 주었고, 다른 사람들은 자기들이 오랫동안 쓰지 않고 창고에 넣어 놓았던 가구들을 기증했다. 믿을 수 없을 정도로 순식간에 모든 것이 해결되었다. 내 친구들 모두 나의 기쁨을 자기들의 기쁨으로 여겼던 것이다.

1982년 6월 1일. 이날은 내가 내 아파트를 선택할 수 있는 날이었다. 훈련원 직원 중의 몇 사람이 나한테 "마침내 똥차를 치울 수 있게 됐구만!"이라고 놀리며 거의 완공된 아파트에 같이 가 주었다. 직원 중의 한 사람이 아파트 빌딩의 맨 구석에 있는 집이 어떻겠느냐고 말했다. 이 집은 나무 사이에 둥우리를 친 것같이 나무로 둘러싸여 있었고 앞에는 꽃밭을 만들 수 있는 작은 공간이 있었다. 그녀의 말이 맞았다. 이 집이야말로 내가 이사오기를 기다리고 있는 집처럼 보였다.

아파트 단지의 입구는 왠지 오래 전에 외할머니와 내가 같이 시간을 보냈던 해변가의 그 작은 오두막 같다는 인상을 주었다.

집집마다 현관문을 열면 조그만 울타리가 쳐 있는 뜰로 통할 수 있도록 서로서로 연결이 되어 있었다. 내가 마음에 찍어 놓았던 구석에 있는 집은 도시 안에 형성된 녹색 오아시스의 계곡 끝에 있는 것 같았다. 나중에 알게 된 것인데 관목과 덤불 사이에 각양각색의 새들이 둥우리를 치고 나무에 매달린 채 무아지경에 빠져 있는 다람쥐들이 이곳으로 모여든다는 것을 알게 되었다. 또한 이곳은 가끔가다 어기적어기적 거리며 뒤뜰에서 산보를 하는 너구리 가족들의 보금자리이기도 했다.

나는 그 집 문을 열고 안으로 들어가 보았다. 모든 것이 새집답게 보였다. 또한 모든 것이 휠체어에서 활동해야 하는 사람에게 완벽하도록 배치되어 있었다. 벽은 깨끗하게 단장되어 있었으며 모든 모퉁이는 전기 휠체어가 움직일 때 부딪히는 것을 방지하기 위해 둥그렇고 완만한 모양으로 만들어져 있었다. 화장실은 넓고 큼직했다. 또한 현관 옆에 빗자루와 외투를 걸어놓을 수 있는 벽장이 있는 거실과 부엌이 있었는데, 이것은 마치 훈련원에 있는 것을 약간 축소시켜 놓은 것같이 보였다. 그리고 2개로 나뉘어져 있는 방은 침실과 서재로서의 완벽한 조화를 이루고 있었다.

나는 거실의 커튼을 열고 나무로 울창한 계곡을 내려다보았다. 창문 바로 앞에 서 있는 오래된 양버들나무가 시야에 들어왔다. 그 나무 줄기에는 대각선으로 큰 흠이 파여져 있었다. 그리고 뿌리가 바깥으로 삐쳐 나와 엉망이 되어 있었는데 마치 거칠은 아프리카의 한 장면을 연상케 했다. 나는 금방 그 나무와 사랑에 빠졌다. 그 고목은 싱처투성이였지만 여전히 아름다웠으며 울창하게 뻗어있는 모습은 마치 오랜 인생 여정 후에 생의 애착을 깊이 느끼고 있는 듯한 모습을 자아내고 있었다.

드디어 입주할 날이 다가왔다. 며칠 동안 로빈과 나는 새로 이사해 갈 동네의 환경을 익히기 위해 여기저기 돌아다녔다. 그런데 이상하게도 내 아파트의 초록색 지붕과 그 건물 외벽에 붙어 있는 판자를 볼 때마다 기억은 안 나지만 어디선가 봤던 "작은 집"이 자꾸 눈에 어른거렸다. 그런데 어디서 보았더라? 도저히 기억이 나질 않았다.

로빈은 내가 아마도 외할머니와 살았던 해변가의 집으로 착각하고 있는

지도 모른다고 했다. 물론 아파트의 정면이 그 오두막과 비슷한 점은 있었다. 하지만 그 오두막의 색깔은 회색이 아니었던가? 어쨌든 한가지 분명한 것은 내가 그 아파트하고 아주 똑같은 집을 어디선가 본 적이 있었다는 것이다.

나는 안타까워 쩔쩔매고 있었다. 이런 나의 모습을 본 로빈은 호탕하게 웃으면서 언젠가는 생각날테니 너무 안달하지 말라고 했다.

그런데 이사가기 전날 바로 그 집을 보았던 기억이 되살아났다 : 나는 그 아파트를 20년 전 요양원에서 살 때 꿈에서 보았던 것이다. 그때는 비가 주룩주룩 내리는 토요일 오후였다. 나는 도나에게 낮잠을 재운 다음 담요로 몸을 싼 채 흔들의자에 앉아 책을 읽고 있었다. 그러나 곧 꾸벅꾸벅 졸다가 잠이 들고 말았다. 그때 나는 앞뜰에는 꽃이 피어있으면서 나무로 둘러싸여 있는 작은 집에 대한 꿈을 꾸었다.

꿈속에서 나는 그 집 현관으로 다가가고 있었다. 그때 누군가가 안으로 들어가 보라고 했다. 그러나 나는 그렇게 하는 것은 무례한 짓이라고 생각했다. 왜냐하면 누군가 그 집에 살고 있을텐데 예고도 없이 불쑥 들어가는 것이 실례라고 생각했기 때문이다. 그러나 그 집이야말로 평소에 내가 갖고 싶어했던 멋진 고목들로 둘러 쌓여있는 그런 크기의 집이라고 생각했다. 그러다가 꿈에서 깨었는데, 꿈이 너무 생생했기 때문에 꼭 그런 집에서 살았으면 좋겠다고 생각했었다. 그러나 스스로에게 그것은 단지 꿈이었다고 말하면서 그 꿈을 잊어 보려고 노력했었다.

나는 로빈에게 그 꿈에 대해 말해 주었다. 그러자 로빈은 인생이란 소설보다 더 극적이라는 나의 생각에 동의했다.

다음날 레스 환자촌에서 나의 빨래를 세탁해 주던 제니가 찾아왔다. 그녀는 내 아파트를 방문한 첫 번째 손님이 되었다. 제니는 낸시와 죠 부부도 곧 들이닥칠 거라고 했다. 낸시와 죠는 내가 요양원에 있을 때부터 알았던 부부인데 옆집으로 이사올 예정이었다.

제니는 그들이 도착하기 전에 토스트와 커피를 준비해 놓으라고 명령했다. 나는 원래 커피를 마시지 않으니 그녀더러 커피를 직접 끓여 마시는 것이 어떻겠느냐고 했다. 하지만 토스트는 내가 만들겠다고 약속했다. 그런데 문제가 하나 발견되었다. 내 아파트에 있는 모든 콘센트가 너무 새것이라 플러그가 잘 들어가지 않았다. 나는 낸시부부가 올 때까지 기다려야만 했다. 왜냐하면 제니가 나대신 플러그를 꼽아줄 리가 없기 때문이었다.

제니는 언제나처럼 괜히 퉁명스럽게 투덜거렸다.

"돈 들여서 책 사주고 대학까지 보내줬는데도 플러그 하나 못 꼽아?"

그러면서 한심하다는 듯이 하늘을 쳐다보며 중얼거렸다.

"오 주님, 저를 본향으로 데려가 주세요!"

나는 너무 우스워 배꼽을 잡았다. 주 정부에서 요구하는 서류만 통과되면 제니는 일주일에 3번씩 내 아파트에 와서 음식도 해 주고 여러 가지 집안일을 하며 나를 도와줄 수 있을 것이다. 나는 너무 감사하기만 했다. 물론 주 정부가 만들어 놓은 제도라는 것이 비논리적이기는 했다. 왜냐하면 보조원이 와서 도와주기 전 2주일 동안은 나 혼자 모든 것을 해야 한다는 것이 필수 요건이었기 때문이다. 그래서 나는 새 집에 이사온 2주 동안 모든 것을 혼자 해야만 했다.

나도 모르게 어느덧 생일이 다가왔다. 나는 친구들한테 선물 따위는 걱정하지 말라고 했다. 하나님께서 이렇게 좋은 집을 주셨는데 무엇을 더 바란단 말인가? 그러나 내가 이사하던 날 출장을 갔던 탓으로 이사하는 것을 도와주지 못했던 조시는 내 생일날 시간을 내어 완전히 나와의 하루를 보내 주었다.

그녀는 내 집을 보고 너무 마음에 들어하면서 다른 사람들이 했던 것처럼 똑같은 말을 했다 :

"당신한테 꼭 맞는 집이야!"

나는 이 말을 듣자 꼬마가 자기 치수에 맞게 무엇을 고르는 것 같다는 어감을 받게 되었다. 그래서 나는 꼬마가 아닌데 사람들이 왜 나를 자꾸 꼬마 취급하는지 모르겠다고 투덜거렸다. 조시는 내가 투덜거리는 것을 보고 웃으면서, "나무로 우거진 이 집은 역시 꼬마에게 잘 어울린단 말야!" 라고 말했다.

그녀는 벽에다 그림을 달아준 후 주문해 온 생일 케익을 옆집 사람들한테 돌렸다. 그리고 나와 함께 성대한 집들이를 할 것을 계획했다. 나는 짐 목사님에게 그날 예배를 인도해 달라고 부탁드렸다. 목사님은 "영광입니다." 라고 하면서 기꺼이 승낙했다. 나는 조시에게 내가 아는 모든 사람을 다 초대하고 싶다고 했다 – 시리지의 요양원에서 알았던 사람들부터 새로 이사온 동네의 교회 사람들까지.

"아마 멋진 날이 될거야. 하지만 그 사람들이 다 들어올 수 있을까?" 라고 조시가 말했다.

집들이를 하기 전날 밤 멋지게도 웅장한 폭우가 들이닥쳤다. 나는 번쩍거리는 번갯불 때문에 도저히 잠을 잘 수가 없어서 방에 있는 불을 다 켜놓고 자야만 했다. 내일은 틀림없이 우중충한 날이겠거니 하면서 겨우 잠이 들었다.

예상했던 것과는 달리 그날 아침은 밝고 빛이 나는 깨끗한 날이었다. 마치 삶의 승리를 축하하는 듯한 냄새가 온 자연에 충만한 것같이 느껴졌다. 하늘은 빗줄기를 거두었고 땅은 가장 아름다운 색깔로 자신을 치장한 것같이 보였다. 나는 이 자연의 조화에 감명을 받은 대가로 그날의 집들이를 최대한 가장 멋지게 차려야겠다고 생각했다.

조시와 성경대학 B 목사님의 사모님이 집에서 직접 만든 음식과 펀치를 가지고 음식을 차리기 시작했다. 오후가 되어서야 손님들이 왔다. 그들은 사랑과 웃음의 선물을 한 보따리 안고 들이닥쳤다. 아이올라, 루스, 도로시, 그리고 성경대학에서 사귄 친구들과 새로 다니고 있는 교회 사람들까지 모두 한자리에 모였다.

시간이 지나자 조시는 각 사람에게 어떻게 나와 알게 되었는지 설명해 달라고 부탁하면서 그날의 파티를 시작했다. 제일 먼저 재활원에서 선교 사업을 시작했던 그 장난꾸러기 같은 존이 나를 어떻게 만났는지 이야기했다. 그는 설명을 마친 후 결론적으로, "나하고 내 아내 메리는 캐롤린의 웃기게 생긴 저 얼굴에 반했어요. 그래서 그녀하고 친해진 거예요!" 라고 이야기했다.

짐 목사님은 미소를 지으며 나하고 처음 만났던 시간을 회고했다.

"나를 캐롤린과 연결시켜준 사람은 아이올라와 루스였지요. 아마 두 사람이 캐롤린을 어떻게 다루어야 할지 몰라 나한테 소개해 줬던 것 같아요!"

모든 사람이 이런 식으로 자기 소개를 하고 서로의 연결점을 찾는 순서를 마치자 짐 목사님이 시편 84편을 읽으심으로 입주 예배를 드리기 시작했다.

"나의 왕, 나의 하나님, 만군의 여호와여 주의 제단에서 참새도 제 집을 얻고 제비도 새끼 둘 보금자리를 얻었나이다."

"참새 두 마리가 한 앗시리온에 팔리는 것이 아니냐 그러나 너희 아버지께서 허락지 아니하시면 그 하나라도 땅에 떨어지지 아니하리라." 하고 말씀하셨던 주님의 따뜻한 사랑이 온 몸에 느껴졌다.

우리는 작은 참새보다 귀한 존재가 아니던가? 하지만 주님께서는 또한 참새의 주인이시기도 하다. 그렇기 때문에 참새가 안식하며 꿈을 키울 수 있는 보금자리를 허락하시는 분이시다.

짐 목사님은 내가 새 집에서 새로운 삶을 시작할 수 있도록 축도하시며 그날의 예배를 마쳤다. 우리는 모두 손을 잡고 다같이 축복송을 부르며 서로의 우정을 확인했다.

집들이가 끝나고 집으로 돌아가는 모든 손님에게 감사의 인사를 드렸다. 그리고 이렇게 귀한 친구들을 허락하신 주님께 다시 한번 감사의 찬송을 드렸다. 또한 내게 베풀어 준 아름다운 친구들의 사랑에 감사하며 언젠가는 그들의 사랑에 보답할 수 있게 해 달라고 기도드렸다.

친구들이 모두 떠나간 시간 내 아파트는 그 어느 때보다 더 조용하게 느껴졌다. 그때 창 밖의 새들이 짹짹거리며 즐거운 합창을 하는 소리가 은은하게 들려왔다.

얼마나 오랫동안 나는 이런 보금자리를 동경해 왔던가? 그런데 주님께서는 그런 내 마음의 소원을 다 들어주시고 감당할 수 없는 것으로 내 잔을 채워 주셨다.

흔들의자에 앉아 피곤을 풀면서 잠이 들기 전 나는 다시 한번 나만의 시간을 가졌다. 그리고 과거에 내가 어떤 생각을 했었던가 하고 기억을 더듬어 보았다 :

"갈 길이 아직 멀기만 하구나. 하지만 나는 마침내 이루고 말거야 - 1 센티미터씩 추진하면서. 그리고 잠에서 깨면 내 꿈을 공책에 적어봐야지…."

에필로그

내가 이 아파트로 이사온 지도 어느덧 10년이 넘었다. 나는 아직도 이 곳에 살고 있으면서 내 꿈을 다 이루기 위해 열심히 일하고 있다.

나는 루터교 성경대학에서 요구하는 4년 과정의 과목을 거의 다 끝냈다. 그리고 이 책이 출판되고 있을 때쯤이면 아마도 다른 책을 쓰기 위해 전속력으로 매진하고 있을 것이다.

물론 내게 있어 전속력이라고 하는 것은 한번에 1cm를 의미한다. 그러나 나는 최근 몇 년 동안 일상 생활에서 꽤 많은 진전이 있었다. 나의 멋없는 친구 세니는 내가 아직노 하기 힘는 집안일 몇 가지를 도와주기 위해 일 주일에 2-3번쯤 내 집을 방문해 내가 시간이 없을 때를 대비해 미리 음식을 만들어 주고 간다. 그러면 나는 냉장고에서 그것을 꺼내 전자렌지에 넣고 데워 먹기만 하면 된다. 어떤 사람들은 차편을 정기적으로 제공해 준다. 또 조시는 아직도 귀찮을 정도로 가까이서 나를 간섭한다. 또다른 친구들은 내게 필요한 것이 없는지 점검하려고 전화를 하거나 때때로 방문한다. 수십 년 동안 사생활이 없는 여러 공공시설에서 보내다가 이렇게 나만의 공간을 가지며 자유를 누릴 수 있게 되니 얼마나 감사한 지 모르겠다.

그러나 육체적으로는 그 어느 때보다도 더 악화된 상태에 있다. 평생 동안 부자연스러웠던 몸 움직임이 뒤뚱기리며 걷는 걸음걸이와 축 늘어진

목 위에서 끊임없이 흔들거리던 머리의 진동 때문에- 마침내 척추가 심하게 상하게 되었다. 그 결과로 움직이는 일은 더 많은 제한을 받고 있으며 어떤 때는 고통이 너무 심해 잠을 자지 못할 때도 있다.

마음과 영혼은 "일어서!" 라고 하는데 몸뚱이는 "안돼, 안 된다 말이야!" 라고 비명을 지르는 때가 점차 잦아지고 있다. 그러면 나는 내 몸에다 대고 "다수결의 원칙이야! 마음과 영혼은 움직이려 해. 너도 싫든 좋든 따라와야지!" 라고 다그쳐 본다.

나는 서서히 현실적인 사람이 되어가고 있다. 내게는 바늘에다 실을 끼우는 그런 세밀한 일과 등산같이 거창한 일 둘 다 불가능하다는 것을 잘 알고 있다. 그러나 그 중간의 일이라면 어떤 것이든 기꺼이 시도하고 말 것이다.

나와 같은 지체장애인들의 자립을 더 많이 도와줄 수 있는 법안이 1992년 연방 정부에서 통과됨으로써 큰 일보를 내딛게 된 것은 얼마나 잘된 일이었는지 모르겠다. 하지만 아직도 많은 문제들이 숙제로 남아 있다.

나를 가장 좌절시켰던 문제는 결코 법으로 해결되지 못할거라는 생각이 든다. 왜냐하면 그것은 사람들의 태도에 깊게 뿌리를 내리고 있기 때문이다. 내가 당황했던 것은 물론이거니와 좌절할 수밖에 없었던 것은 일상 생활에서 만나는 사람들에게 나의 사고 능력을 증명해야 한다는 슬픔이었다. 사람들은 나의 지성을 증명하기 전까지는 마치 나를 정신박약아, 아니 심지어는 주의를 기울일 필요도 없는 그런 존재인 것처럼 취급했다. 무엇보다도 나를 못 견디게 했던 사람들은 나 자신이나 또는 나의 계획이나 하는 일들을 알기 위해 나와 직접 대화하는 것이 아니라 내 친구나 나를 도와주는 사람과만 이야기하는 사람들이었다. 이런 사람들의 눈에 내가 어떻게 비춰지는지는 바로 그들이 길 잃은 개를 만나 쓰다듬고 다독거리는 모습을 보면 알 수 있다.

나는 아직도 장애인들을 무시하는 사회적 편견에 화가 나 있다. 왜냐하면 너무나 오랫동안 인간으로서의 기본 권리를 무시당했기 때문이다 - 내 능력이 미치는 데까지 교육을 받는 것과 자유를 존중받는 그런 삶의 기회를 무시당했기 때문이다. 이 인간의 기본권을 회복하기 위해 신체장애인들은 TV 쇼에 나오는 서커스 동물같이 행진을 하며 데모하곤 한다. 그때 나는 이렇게 소리치고 싶다.

"우리도 자유 민주주의 사회의 한 일원이란 말이오. 어째서 우리는 정상인들이 사는 것처럼 우리 삶을 그렇게 자유롭게 살 수 없는지 이해가 안가오. 우리들에게는 왜 그렇게 많은 제한과 규칙을 정해 놓은 거예요?"

나는 또한 하나님한테도 화가 날 때가 있다. 물론 이런 감정이 들 때마다 나 자신도 깜짝 놀라며 부끄럽고 죄스러워서 어떻게 해야할 줄을 모르겠다. 하지만 하나님께서는 "분노"도 그가 우리에게 선물로 주신 감정의 일부라는 것을 너그럽게 가르쳐 주셨다. 하나님께서는 나의 "분노"때문에 위협을 받으시거나 놀라실 분이 아니시다. 내가 나의 육신의 부모님들께 화를 냈을 때 그분들이 나한테 하셨던 것 같이 하지 않으시고 하나님 아버지께서는 언제나 변함없이 나를 사랑하신다. 그분은 내가 당신께 화를 낸다고 해서 상처받으시거나 내게 다시 화를 내시는 그런 연약한 하나님이 아니신 것이다.

심지어 어떤 때 나는 하나님께 "지옥이나 가세요!" 라고 저주한 적도 있다. 그러나 이제는 사도신경에 나오는 3번째 절을 이해함으로써 그런 극단적인 감정을 완화시킬 수 있게 되었다.

"십자가에 못 박혀 죽으시고, 장사한지 사흘만에 죽은 자 가운데서 다시 살아나시며, 하늘에 오르사, 전능하신 하나님 우편에 앉아 계시다가…" 주님께서는 이미 우리를 위하여 죽으심으로 지옥에 갔다오신 것이다! 이 사실을 깨닫게 되자 나의 분노는 감사와 찬양으로 변하게 되었다.

그래서 요즘 나는 화가 나서 하나님께 욕하고 소리지르려고 하다가도 마침내는 울음과 웃음으로 범벅이 된 그런 기도를 드리게 된다. 하나님 앞에서 이렇게 적나라한 내 모습을 드러낼 때 나의 영혼은 자유함을 느낀다. 하나님 아버지께서는 그러한 나의 모습을 보면서도 여전히 자비로우시며…, 오래 참으시는 참 좋으신 분이시다. 그분은 우리가 고통과 자학과 죽음을 택하는 것 보다 오히려 "분노"를 지닌 채 당신 앞에 나오길 원하시는 것이다.

또한 나는 아직도 나 자신한테 화가 날 때도 있다 - 특별히 내가 아직도 좀더 상냥하고 성숙한 사람이 아니라는 것을 깨닫게 되어 낙담할 때도 있다. 그러나 이 부분에 있어서도 중요한 교훈을 배우고 있다.

나는 꽤 오랜 세월동안 내 자신이 사랑받을 만하고 인정받을 만한 사람이 되지 않으면 하나님께 사랑받을 수 없다고 믿어왔다. 그러나 이제는 하나님께서 사랑하는 캐롤린은 내 모습 그대로의 캐롤린이라는 것을 깨닫게 되었다. 그리고 나 자신을 그렇게 인정하고 사랑하는 것이 어떻게 나의 삶을 변화시키고 있는지를 알게 되었다. 너무나 오랫동안 나는 하나님의 사랑을 받기 위해 좀더 나은 사람이 되어야 한다고 생각했었다 : 그렇기 때문에 늘 실패자라는 패배감에 빠져 있었던 것이다. 하지만 지금은 어떠한가? 하나님의 무조건적인 사랑을 인정하면서 그분이 내 안에 만드시고자 하는 그 형상을 다 이루시기까지 나 자신을 그분께 맡겨드리기만 하면 된다.

하루는 TV를 보고 있는데 덫에 걸린 곰의 모습이 화면에 나왔다. 그 곰은 화가 나서 자기 발목을 잡고 있는 덫을 떼어보려고 안간힘을 쓰며 소리를 지르고 있었다. 나는 이 장면을 보며 어떤 깨달음을 얻게 되었다. 즉, 그 곰이 느끼고 있는 바가 무엇인지를 알게 되었다. 나 또한 그 곰이 그랬던 것처럼 지칠 때까지 화를 내곤 했다는 것을 기억하게 되었다. 내가 그렇게 난폭하게 화를 내며 나 자신을 몰아세우려고 하였지만 그런 식으로 회피하는 것이 도움이 되기보다는 오히려 나를 더 상하게 했던 것이다. 나의 싸움은 너무 길고 무익하기만 했다. 그리고 나는 그 결과로 무력감에 쌓여서 살았던 것이다. 그러나 그러한 사실조차도 부인하려고 노력했었다 - 나의 한계와 실패를 부정하려고 하면서.

궁극적으로 내가 깨달은 사실은 바로 이것이다 : 내가 무력하고 연약한 존재라는 것을 인정할 때가 바로 내 안에 계신 하나님의 임재와 그분의 능력을 경험할 수 있는 시간이라는 것이다. 이것이야말로 사도 바울이 고린도서에서 말하고 있는 말씀의 실례라고 생각이 든다.

"내가 약할 그때에 곧 강함이라."

나의 약점을 인정한다는 것은 내가 완벽하지 않다는 것을 인정하는 것이다. 그리고 그런 인정함이 있을 때 다른 사람과의 관계도 더 편안해질 수가 있다.

몇 해 전 나는 어떤 이웃사람에게 불친절하게 대한 적이 있었다. 그런데 그것이 속상해 울고 있던 어느 날 우리 교회 목사님이 잠깐 방문한 적이 있었다. 목사님은 내가 울고 있는 사이 내 의자 옆에 서서 조용하게 "지금 그 모습이 좋아요!" 라고 말했다. 자세한 이야기를 다 들은 후에도 여전히 목사님은 모든 사람과 다 잘 어울리지 못한다 해도 괜찮다고 했다. 목사님의 이러한 사랑의 태도와 나를 인정해 주시는 말씀은 마치 하나님의 은혜와 사랑이 그분을 통해 전해지고 있다는 느낌이었다. 그리고 그러한 경험을 통해 나는 전에 다른 사람들과의 인간 관계에서 느끼지 못했던 평화를 누릴 수 있었다.

이러한 내적 치유는 내 안에 있는 또 하나의 깊은 상처를 치유할 수 있는 디딤돌이 되었다. 목사님이 오기 며칠 전 나는 친구 화가에게 부탁해서 내 수필의 내용에 맞는 삽화를 그려줄 수 있느냐고 물었다. 그가 그렇게 해

줄 수 있다면 그 그림을 글과 같이 실어 출판하고 싶었기 때문이었다. 그러나 존 목사님의 나는 그저 "나"이기만 하면 된다는 온유한 격려가 내 눈을 열게 해 주었다.

만약 하나님께서 "내"모습 그대로 나를 받아주신다면 나도 내 방식대로 그림을 - 마치 3살 짜리 아이가 그리는 그런 그림을-그려도 된다고 생각했다.

수년 전 나는 그림 그리기를 포기한 적이 있었다. 왜냐하면 내 그림은 어른이 그린 그림처럼 세련되고 성숙해 보이길 원했기 때문이다. 이렇게 내가 그림 그리기를 포기하도록 영향을 준 사람이 있었는데, 그 사람은 내가 대학에 다닐 때 미술사를 강의한 여자 강사였다. 그 여자 강사는 내가 그림에 소질이 없는 것 같다고 말했다. 지금 와서 생각해 보니 내가 그 강의를 잘못 택했던 것이다. 게다가 그 시간에 썼던 도구들은 -손에 잡기도 힘든 목탄과 얇은 연필- 나한테 부적당한 도구였었다.

존 목사님과의 그런 대화가 있은 후 나는 용기를 얻어 내가 그림 그리기에 적당한 도구 -커다란 도화지, 두꺼운 연필, 뚱뚱한 크레용- 를 사기 위해 화구점에 갔다. 그러나 이 도구들을 샀음에도 불구하고 그림을 그리기 시작하기까지 몇 주일이 걸렸다. 내 안에 있는 그 완벽주의가 또 한번 고개를 내밀었기 때문이다. 나는 내 방식의 그림이라 할지라도 완벽한 그림을 그려야 한다고 생각했다.

그러나 몇 주 동안의 고민 끝에 기발한 결론을 내리게 되었다 - 나는 완벽주의자가 될 필요가 없다는 것이다. 나는 그림을 통해 오히려 내가 완벽한 사람이 아니라는 것을 표현할 수 있는 것이다. 이런 결정을 내리자 내 마음은 하나님을 향한 감사로 차고 넘쳤다. 내가 화가 나거나 기쁘거나, 울거나 또는 무엇을 하든지 불완전할 때라도 하나님께서는 당신의 전능하신 팔로 나를 안아주시고 자비와 은혜를 베풀어주신 참 좋으신 분이라는 사실에 대해 찬송을 하지 않을 수가 없었다.

나는 최근에 있었던 아버지의 장례식 안내 기사에서 한 문장을 택하기로 했다 : "성장이란 고통스러운 것이지만 아름다운 것이다." 그리고 그 문장을 타자 친 바로 밑의 여백에다 크레용으로 울긋불긋한 꽃바구니 하나를 그렸다. 나는 그 그림을 자세히 들여다 보기 시작했다. 그런데 놀랍게도 그 그림은 정말 꽃이 가득한 바구니처럼 보이는 것이 아닌가!

내가 왜 그림 그리는 것을 포기했던가 하고 후회스러워 기억을 더듬자 갑자기 진지한 생각들이 내 마음과 영혼에 홍수처럼 밀려오기 시작했다. 내가 나아닌 다른 사람이 되려고 했던 까닭에 얼마나 많은 기쁨과 만족을 상실했던가? 얼마나 자주 내가 불구가 아닌 것처럼 생각하며 행동하면서 나 자신에게 몹쓸 짓을 했던가? 나 자신이 불구라는 사실이 드러날까 봐 내 삶과 삶의

경험에 대해 쓰기를 꺼려함으로 얼마나 많은 기회를 놓쳤던가? 그리고 삶의 의미와 가치를 추구하면서 얼마나 자주 나 자신의 정체를 감추려 했던가?

나 자신이 내 앞에서와 다른 사람들 앞에서 또 하나님 앞에서 불완전한 존재라는 것을 인정하자 내가 평소에 누려워했던 다른 사람들도 나와 별다

를 바가 없다는 것을 깨닫게 되었다. 아니, 우리들 중의 그 어느 누구도 완벽한 사람은 없다. 인간은 모두가 불완전함이라는 병에 걸려 장애인처럼 사는 것이다. 그리고 그것이 하나님 앞에서의 우리 본연의 모습인 것이다.

나는 이제 그 진실을 볼 수 있게 되었다 : 나를 진짜 불구로 만들었던 것은 신체적 장애가 아닌 비열한 인간의 속성이라는 장애였다. 복음의 핵심은 하나님께서 우리의 영적인 필요를 채워주기 위해 자신의 신성을 버리셨다는 이야기가 아니던가! 전능하신 창조주께서 우리의 고통을 대신 져 주시기 위해, 우리의 죄를 다 담당하시기 위해, 또 우리가 하나의 건강한 인격체로 영원히 자유하며 살 수 있게 하시려고 당신의 신성을 버려 인간이라는 육체를 입고 이 땅에 오신 것이 아니였던가!

때때로 나는 하나님한테 나는 왜 이렇게 살아야 하느냐고 물어보고 싶었다. 그러나 이제는 그 대답을 들을 필요도 없는 어떤 깨달음에 이르게 되었다. "저는 당신의 종입니다. 만약 제가 불구가 된 것에 어떤 이유나 의미가 있다면 저를 당신의 뜻대로 사용하십시오!" 라고 말할 수 있게 되었다.

하나님께서는 나를 불구로 만들거나 절뚝발이로 만들거나 아니면 무능하게 만드시려고 의도하신 적이 없었다. 그렇기 때문에 만약 내가 나의 불완전한 육체를 핑계로 내 영혼까지 불구로 만들려고 한다면, 그것은 모두 나의 책임인 것이다.

그러나 내가 육체의 한계를 극복함으로써 내 영혼과 마음에 승리를 안겨다 준다면, 나는 더욱 강한 사람이 될 것이다. 나는 그렇게 육체의 연약함을 극복할 수 있는 사람이 되기 위해 매일같이 의미있는 연습을 한다. 즉, 차를 끓이는 일을 하거나 주 정부 사회복지과에서 일하는 사회 봉사 요원에게 나 스스로 결정을 내릴 수 있다는 것을 설득시키는 일을 하면서 말이다.

그렇지만 나의 장애됨이 내 생애동안 어떤 역할을 맡게 될지는 아직도 확실하게 모른다. 아니 어쩌면 영원히 모를지도 모른다. 하지만 한가지 분명하게 아는 것이 있다. 내가 장애라는 것을 내 삶의 사실로 받아들였던 것이 내 삶의 여정 가운데 하나의 획기적인 전환점이 되었다는 것을….

내 인생 여정에 있어서 또 하나의 중요한 이정표는 가장 고통스럽고 어두웠던 그 사건의 종말이었다. 비키와 상담을 하면서 내적 치유를 받던 6년 전에 나는 그 사건을 모두 잊고 극복했다고 생각했다. 왜냐하면 그때 나는 그 목사에게 하나님의 도움으로 당신을 용서할 수 있게 되었다라는 내용의 편지를 씀으로써 모든 고통과 상처를 씻어버렸다고 여겼기 때문이다.

그 편지를 보내는 것 자체가 내게는 치유의 역사였다. 수십 년 동안의 고통, 분노, 그리고 증오 후에 드디어 용서를 통한 자유와 해방을 맛본 나는 이제 모든 것이 다 끝났다고 생각했다. 하지만 그것이 끝이 아니었음을 곧 알게 되었다.

몇 개월 후 나는 그 목사가 죽었다는 소식의 편지를 사모로부터 받게 되었다. 그녀는 또한 내 편지가 도착했을 때 너무 오랜만에 나한테서 온 소식이라 흥분한 나머지 자기 남편 앞으로 온 편지임에도 불구하고 자기가 먼저 읽어보았다고 했다.

그날 밤 남편이 돌아오자 그녀는 남편에게 그 편지 이야기를 했다고 했다. 그러자 남편은 그런 사실이 없다고 하며 나한테 답장하지 말 것을 신신당부했다고 한다. 그러나 이제 남편이 죽자 그 부인은 남편의 사망소식과 함께 나한테 사과를 하기 위해 편지를 썼던 것이다. 즉, 그녀는 내 편지가 사실이라고 믿기로 했던 것이다.

그녀와 나는 그 후 몇 개월 동안 몇 통의 편지를 주고 받았다. 그녀와의 편지를 주고 받으면서도 나는 그녀가 왜 나와 계속 연락을 하고 싶어하는 건지 알 수가 없었다. 아마 자기 남편이 했던 일 때문에 양심의 가책을 느꺼서 그랬는지 모르겠다. 아니, 어쩌면 나한테 그 사건에 대해 다른 사람한 테는 아무 말도 말아달라는 부탁을 함으로써 자기 남편의 명예를 지키고 싶어 그랬는지도 모른다. 또 어쩌면 나에 대한 동정과 걱정이라는 순수한 동기에서 그랬는지도 모르겠다.

여하튼 그녀의 편지는 내게 어떤 치유의 역할을 하지 못했다. 그녀의 편지를 한 장씩 받을 때마다 잊혀진 듯한 상처가 조금씩 드러나면서 옛날의 상처로 되돌아가는 듯한 느낌을 받았다. 나는 마침내 그녀에게 그 동안 나에게 신경 써주어 고맙다는 말과 함께 더 이상 답장을 보내지 말라는 고별 편지를 보냈다. 나는 다시 한번 아니, 영원히 그 고통을 잊고 싶었다.

나는 내가 다시는 보고싶지 않은 것들을 넣어두는 벽장에다 그 편지들을 꼭꼭 숨겨 놓았다. 다시는 그 편지들을 보고싶지 않았기 때문이었다. 그 후 몇 년이 지난 어느 겨울 아침 그 편지를 다 없애 버려야겠다는 생각이 들었 다. 나는 먼저 그것들을 다 찢어서 내 아파트 뒤에 있는 계곡에다 버려야겠 다고 생각했다.

하지만 그렇게 하기 전에 먼저 낸시와 상의했다. 그러자 그녀는 이 책을 내기 위해서는 그 편지가 필요하다고 했다. 그리고 그렇게 찢어서 버리는 것보다는 고통스런 기억들을 하늘로 날려보내는 것이 더 상징적 의미가 되 지 않겠느냐고 제안했다.

그녀는 또한 나의 공동 집필자인 그레그가 이 책의 배경 서류로써 그 편 지의 복사본을 갖고 있어야 한다고 했다. 그래서 그녀는 그 편지를 가지고 복사를 한 다음 하나님께서 그것을 내 집에다 두는 것을 원하시지 않는다 는 것 같다는 나의 말에 순순히 따라 주었다.

그로부터 몇 주 후인 어느 해맑은 주일날 아침, 나와 낸시 그리고 그레그 는 현재 짐 목사님이 담임하고 있는 교회를 찾아갔다. 그리고 아침 예배를 드린 후 우리 모두는 목사님 댁으로 가 테라스에 둘러앉았다. 그때 목사님은 편지들을 커피 깡통에 넣으신 다음 그 안에 불을 지폈다. 불꽃이 타오르기 시작하면서 종이가 재로 변하자 우리는 모두 영광의 찬가를 불렀다. 몇 년 전 내가 목사님을 신뢰하게 된 일에 대해 먼저 감사의 기도를 드렸다. 그리고 내 생애동안에 일어났던 치유의 역사에 대해서도 주님께 감사드리며 그 편지를 태우는 것을 찬양과 희생의 행위로 받아달라고 간구하였다.

불꽃이 완전히 꺼지자 우리는 모두 유람선을 타며 오후를 즐겼다. 친구들의 부축을 받으며 유람선 난간에 서서 퓨젓사운드의 깊은 물 속에다 나의 모든 고통을 던져버렸다. 그 희생물의 재 덩어리는 물 속으로 떨어지면서 배가 만들어낸 물거품과 합쳐 웅장하고 조용한 그러면서도 무관심하게 보이는 바다의 파도와 함께 멀리멀리 떠밀려갔다.

그날 유람선 위에서 신성한 장례식이 거행되었다. 나의 고통은 바다같이 깊고 넓은 하나님의 사랑에 의해 모두 씻겨져 버렸다. 그 고통스러웠던 기억은 단 몇 분 안에 묻혀 버렸다. 그리고 그 상처의 흔적은 천천히 사라져갔다.

내가 어렸을 때부터 어른이 될 때까지 언제나 정상이었던 꿈속의 사람이 되고자 오랫동안 꿈꿔 왔었나. 꿈에서는 나는 걸을 수도 있고 뛸 수도 있었다. 그러나 꿈에서 깨어나면 뇌성마비에 걸려 꼬이고 제약을 받고 있는 육체의 덫에 걸린 채 무자비한 현실을 직면해야만 했다.

나는 몇 년 전부터 꿈 속에서도 현실과 똑같이 휠체어에 앉아 있는 나의 모습을 보게 되었다. 그리고 과거에 그랬던 것처럼 꿈에서 깨어나면 아직도 잘 움직이지 않는 내 육체의 한계를 극복해야 하는 상황과 부딪혀야 한다. 그렇지만 이제 나는 그전에는 생각도 못했던 자유와 평화를 누리고 있다.

나는 다른 사람처럼 정상이었으면 좋겠다는 생각을 하곤 했었다. 그리고 그런 자세로 내 일생동안 멋진 행진을 해 나가겠다는 착각에 빠져 너무나 많은 시간과 에너지를 소모했었다. 내가 그런 행진을 하기에는 불가능하다는 것을 깨닫기까지 46년이란 시간이 걸렸다. 그렇지만 이제는 아무래도 괜찮다.

왜냐하면 오늘 나는 하나님의 도우심으로 웃으며 이렇게 말할 수 있기 때문이다. "나는 걸을 수 없다. 그래서 춤추는 것을 배우기로 했다."

미션 바라바

미션 바라바
Mission Barabbas

KBS 〔아침마당〕 긴급 생방송!
KBS 〔인간극장〕 제5부작 전격 방영!
MBC 〔생방송 화제집중〕 전격 방영!
많은 언론, 방송, 잡지 매체에서 기사화!

전(前)야쿠자 전도집단 미션 바라바 지음
최경희 옮김/신국판변형/값 7,800원

새끼손가락이 잘린 손, 온 몸의 흉측한 문신, 마약과 도박, 화려한 전과 경력…. 하고 싶은 일은 무엇이든 마음대로 되는 일본 야쿠자의 세계에 인생을 맡겼던 그들이 아내들의 조건 없는 사랑과 간절한 기도로 목재 십자가를 짊어지고 예수님의 사랑 속으로 뛰어들었다. 이제 다시 새롭게 시작하는 8인의 전(前)야쿠자들의 처절하고 충격적인 인생역정!

야쿠자의 마지막 선택

야쿠자 경력 20년. 야마구치 구미와 "오사카 전쟁"이라고 불리는 항쟁을 담당했던 마츠다 조직 산하에 있는 오야붕으로 일본 최대의 환각제와 권총의 중간상이기도 했다. 한국 여성과 결혼하고 그 아내의 헌신적인 기도와 사랑으로 야쿠자에서 돌이켜 예수 믿고 교회 장로가 된 파란만장한 저자의 인생역정이 기록되었다.

요시다 요시유키 지음/엔도 마치코 엮음
전시검 옮김/신국판변형/값 6,500원

 예배와 삶의 일치

복음에는 하나님의 의가 나타나서

믿음으로 믿음에 이르게 하나니; 기록된바,

"오직 의인은 **믿음**으로 말미암아 살리라" 함과 같으니라.

로마서 1 : 17

비**전북**은 줄자추 와 하늘사다리 가 연합한 출판사로서

주님이 다시 오실 그날까지 오직 믿음으로 주님을 섬기려고 존재하며,

이 땅에 하나님 나라의 확장을 위하여 꿈과 비전을 가지고,

삶의 모든 영역 속에서 예배와 삶의 일치를 이루는 출판 공동체입니다.

걷지 못하면 **춤**을 추어라

저자 : 캐롤린 마틴 / 역자 : 박진호

발행처 : **비전북출판사**

전화 : (02)3141-9090 / 팩스 : (02)3144-6620

공급처 : **비전북**

전화 : (031)907-3927 / 팩스 : (080)403-1004

값 9,000원

예배와 삶의 일치
복음에는 하나님의 의가 나타나서 믿음으로 믿음에
이르게 하나니 기록된 바 오직 의인은 믿음으로
말미암아 살리라 함과 같으니라
로마서 1 : 17

비전북은 줄과추 도서출판 와 하늘사다리 가 연합하여 설립한 출판사로서
오직 믿음으로만 살았던 개혁신앙을 계승 발전시키고 다시오실 주님
의 길을 예비하는 마음으로 21세기에도 역동적인 신앙을 세우는데
꿈과 비전을 품고 예배와 삶의 일치를 이루는 출판 공동체입니다.